干部 **应知应会** 法律知识精讲系列

封丽霞 / 总主编

宪法及相关法
——— 知识精讲 ———

中共中央党校（国家行政学院）政治和法律教研部

王 勇 等 / 著

中央党校出版集团
国家行政学院出版社
NATIONAL ACADEMY OF GOVERNANCE PRESS

图书在版编目（CIP）数据

宪法及相关法知识精讲 / 王勇等著 . -- 北京：国家行政学院出版社，2024.6
ISBN 978-7-5150-2901-6

Ⅰ.①宪… Ⅱ.①王… Ⅲ.①宪法—中国—学习参考资料 Ⅳ.① D921.04

中国国家版本馆 CIP 数据核字（2024）第 085740 号

书　　名	宪法及相关法知识精讲
	XIANFA JI XIANGGUANFA ZHISHI JINGJIANG
作　　者	王　勇　等　著
统筹策划	刘韫劼
责任编辑	刘韫劼　李　东
责任校对	许海利
责任印制	吴　霞
出版发行	国家行政学院出版社
	（北京市海淀区长春桥路 6 号　100089）
综 合 办	（010）68928887
发 行 部	（010）68928866
经　　销	新华书店
印　　刷	北京盛通印刷股份有限公司
版　　次	2024 年 6 月北京第 1 版
印　　次	2024 年 6 月北京第 1 次印刷
开　　本	170 毫米 × 240 毫米　16 开
印　　张	20.75
字　　数	245 千字
定　　价	64.00 元

本书如有印装质量问题，可随时调换，联系电话：（010）68929022

序言

做尊法学法守法用法的模范

为深入贯彻落实习近平法治思想，依据《法治中国建设规划（2020—2025年）》等要求，中央办公厅、国务院办公厅联合印发《关于建立领导干部应知应会党内法规和国家法律清单制度的意见》，对领导干部应知应会党规国法的重点内容进行明确，突出强调领导干部作为全面依法治国的"关键少数"在法治社会建设中的示范带头作用。这对于推动领导干部自觉遵守党规国法、提升运用法治思维履职尽责能力，督促领导干部严于律己、严负其责、严管所辖将产生积极深刻的影响与裨益。

学法懂法是守法用法的基础和前置环节，也应作为领导干部履职从政的必修课。仅有简单的直觉产生不了法治意识，更不可能具有科学性质的法治思维。法律知识是各级领导干部知识体系中的基础内容。这是因为，领导干部具体行使党的执政权和国家立法权、行政权、监察权、司法权。如果不了解国家法律"应知应会"的一般性知识，就根本谈不上依法用权和正确履职，也谈不上运用法治思维和法治方式去化解经济发展和社会治理中的各种难题。

现实当中，尽管依法治国早已被确定为党治国理政的基本方式，但还有一些领导干部仍然不学法、不懂法，甚至是不屑学法，有的连基本法律常识都不知道。习近平总书记指出："在那些违法乱纪、胡作非为的领导干部中，相当多的人是长期不学法、不懂法。许多腐败分子在其忏悔录中都谈到，不知法是自己走向腐败深渊的一个重要原因。各级领导干部或多或少都学过一些法律知识，但同全面推进依法治国的要求相比，还很不够，必须加强学习，打牢依法办事的理论基础和知识基础。要系统学习中国特色社会主义法治理论，准确把握我们党处理法治问题的基本立场。"习近平总书记还强调："法律规定白纸黑字摆在那儿，要多学学、多看看，心中高悬法律的明镜，手中紧握法律的戒尺，知晓为官做事的尺度。法律是行使权力的依据，只有把这个依据掌握住了，才能正确开展工作。"

显然，各级领导干部要真正做到"法无授权不可为"和"法定职责必须为"，就要求领导干部知道有哪些法定职责，哪些可为，哪些不可为，弄明白党内法规和国家法律规定怎么用权，什么事能干、什么事不能干，心中高悬法律法规的明镜，手中紧握法律法规的戒尺，知晓为官做事的尺度，而这些必须通过学法的过程来获得。为此，领导干部必须养成经常"充电"、常规化学习法律知识的习惯，把学习应知应会的党内法规和国家法律作为履职从政的必修课，把学习法律法规作为学习的"新常态"，真正做到先学一步、先学再干。只有掌握了基本的法律法规知识，才能在脑子里绷紧法律底线这根"弦"，才能把宏观抽象的依法治国转变为具体的法治思维和行为方式，才能真正养成依法用权和依法办事的行动自觉。

中央办公厅、国务院办公厅《关于建立领导干部应知应会党内法规和国家法律清单制度的意见》列明了领导干部应当掌握的最基本的国家法律，主要包括认真学习宪法、总体国家安全观和国家安全法、推动高质量发展相关法律、民法典、刑法和公职人员政务处分法、行政法律以及与履职密切相关的其他法律。

第一，宪法是领导干部要认真学习的。宪法是国家的"母法"和根本大法，是法律体系之统帅，具有最高的法律地位、法律效力和法律权威。关于领导干部学习宪法的必要性，习近平总书记专门指出，我们就是在不折不扣贯彻着以宪法为核心的依宪治国、依宪执政，我们依据的是中华人民共和国宪法。每个党政组织、每个领导干部必须服从和遵守宪法法律。因此，作为维护宪法权威和保证宪法实施的最直接责任者，各级党政机关尤其是党政主要领导干部务必学好宪法、学懂宪法、学透宪法。

第二，学习总体国家安全观和国家安全法。国家安全是中华民族复兴的根基，也是推进党和国家各项工作的前提。通过学习保守国家秘密法、网络安全法、生物安全法、突发事件应对法、反恐怖主义法、反间谍法、数据安全法等法律制度，领导干部要增强国家安全意识和素养，统筹发展与安全，提高运用法律武器防范化解重大风险的能力，增强依法斗争本领，把维护国家安全贯彻到党和国家工作的各个方面和全部过程。

第三，学习高质量发展相关法律。高质量发展是全面建设社会主义现代化国家的首要任务，也是当前各地区各部门的工作中心。与之相关的法律主要包括循环经济促进法、乡村振兴促进法、预算法、科学技术进步法、中小企业促进法、外商投资法等，以及与建设现代化产业体系、优化营商环境、全面推进乡村振兴、推进高水平对外开放、实施科教兴国战略、推动绿色发展等相关的法律。通过这方面法律知识的学习，领导干部要坚定以法治为引领推动经济高质量发展的信心与自觉，依法保护民营产权和企业家权益，依法规范和引导资本健康发展，营造市场化、法治化、国际化一流营商环境。

第四，学习民法典。民法典是新中国成立以来我国第一部以法典命名的法律，在中国特色社会主义法律体系中具有重要地位，是一部固根本、稳预期、利长远的基础性法律。民法典颁布之后，中共中央政治局专门就"切实实施民法典"进行集体学习。习近平总书记要求，各级领导干部要做学习、遵守、维护民法典的表率，提高运用民法典维护人民权益、化解矛盾纠纷、促进社会和谐稳定能力和水平。领导干部学习民法典，才能了解政府在维护人民生命健康、财产安全、交易便利、生活幸福、人格尊严等方面的法定职责，更好保障人民合法权益。

第五，学习刑法和公职人员政务处分法。刑法是关于犯罪与刑罚的规范性文件的总称，专门规定犯罪的构成要件、罪名以及刑罚的主要种类。一方面，通过学习刑法，领导干部能够了解和掌握罪刑法定、平等适用、罪责刑相适应等刑法的基本原则，在实践当中既要依法打击犯罪又要依法保障人权。另一方面，学习关于国家工作人员职务犯罪、单位犯罪等方面的刑法规定及公职人员政务处分法，有助于领导干部树立底线思维，不触碰法律红线。

第六，学习行政法。行政法的价值首先在于"限权"，即把公权力关进法律法规所铸就的制度之笼，借此来保证各项权力在法治的轨道上运行。行政法的另一重大价值在于"保民"，即以法律形式规定政府的权限范围，要求政府"法无授权不可为""法定职责必须为"。领导干部应当学习行政诉讼法、行政强制法、行政复议法、行政处罚法、行政许可法、国家赔偿法、公务员法等，从而有效规范行政许可、行政处罚、行政强制、行政裁决等活动，提高依法决策、依法用权的能力。

为落实中央办公厅、国务院办公厅《关于建立领导干部应知应会党内法规和国家法律清单制度的意见》，提高领导干部学习应知应会国家法律的精准性、科学性、系统性、实效性，中央党校（国家行政学院）政治和法律教研部策划并组织撰写了这套"干部应知应会法律知识精讲系列"丛书。本丛书以广大领导干部为主要阅读对象，紧贴领导干部的工作需要，力求集理论性、实践性、可读性于一体。希望这套丛书对于领导干部学习掌握应知应会国家法律，认真践行习近平法治思想有所启发和帮助。

封丽霞
2024年5月

前 言
PREFACE

宪法是迄今为止人类法治文明发展的最高成就，浓缩着法治的核心要义与基本精神。宪法不仅是一部法律文本，是国家治理的核心，保障公民权利和自由的基石，更是一部承载着国家理想和价值观的生命之书。制定和实施宪法，是人类文明进步的标志，是人类社会走向现代化的重要支撑。我国宪法以国家根本法的形式，确认了党领导全国各族人民奋斗的成果，规定了我国人民民主专政的国体和人民代表大会制度的政体，明确了公民基本权利与义务，体现了鲜明的社会主义性质，并以其至上的法治地位和强大的法治力量，有力保障了人民当家作主。作为国家的根本法，我国现行宪法是我们党长期执政的根本法律依据，要始终坚持依宪治国、依宪执政。习近平总书记强调："宪法是国家的根本法，是治国安邦的总章程，是党和人民意志的集中体现，具有最高的法律地位、法律权威、法律效力。""维护宪法权威，就是维护党和人民共同意志的权威。捍卫宪法尊严，就是捍卫党和人民共同意志的尊严。保证宪法实施，就是保证人民根本利益的实现。"

全面建设社会主义现代化国家、实现中华民族伟大复兴的中国梦，必须更加注重发挥宪法作用。我国现行宪法是在党的领导之下制定的，是引领、规范和保障我国社会主义现代化事业乘风破浪并取得辉煌成就的根本法治保障。党的二十大报告强调"在法治轨道上全面建设社会主义现代化国家"，"完善以宪法为核心的中国特色社会主义法律体系"，"加强宪法实施和监督"。宪法作为实现中国式现代化的有力支撑，在国家治理体系中居于核心地位，是确保国家各项事业健康发展的基本保障。宪法不仅是国家治理的最高规范，也是各项法律法规和政策措施的根本依据。通过宪法的引领作用，能够确保各项发展政策和措施与宪法精神和原则相一致，确保高质量发展的方向正确、措施有力，从而以"宪法之治"推动"中国之治"。

法治素养是领导干部素质不可或缺的内容，提高领导干部法治素养的核心和关键在于提升其宪法素养。"小智治事，中智治人，大智立法。治理一个国家、一个社会，关键是要立规矩、讲规矩、守规矩。"宪法是治国理政最重要的规矩，必须对宪法法律始终保持敬畏之心。党政机关是国家治理体系中的重要机关，领导干部是党和国家事业发展的"关键少数"。习近平总书记在部署全面建设社会主义现代化国家、全面深化改革、全面依法治国、全面从严治党等各方面工作中都一以贯之、始终强调必须抓住"关键少数"。他指出："在我们国家，各级领导干部的信念、决心、行动，对全面推进依法治国具有十分重要的意义。"各级领导干部必须认认真真讲法治、老老实实抓法治，坚决贯彻落实党中央关于全面依法治国的重大决策部署，"不断提高运用法治思维和法治方式深化改革、推动发展、化解矛盾、维护稳定、应对风险的能力"。领导干部带头尊法学法守法用法对全社会具有重要的示范带动作用，要把依法办事作为重要准绳，思想上时刻绷紧这根弦，行动上时刻对准这个表，严格依照法定权限、规则、程序行使权力、履行职责，做到法律面前不为私心所扰、不为人情所困、不为关系所累、不为利益所惑。

法安天下，德润人心。"宪法宣传教育是法治建设一项基础性工作。""宪法法律的权威源自人民的内心拥护和真诚信仰，加强宪法学习宣传教育是实施宪法的重要基础。"宪法的根基在于人民发自内心的拥护，宪法的伟力源于人民出自真诚的信仰。领导干部学习宪法，是增强宪法意识、树立法治信仰的必要途径。只有各级领导干部从心底真正尊宪，才会主动学宪、知宪，并在行为上守宪、用宪、护宪，最终形成法治信仰、树立法治权威。这要求领导干部提高法治理论水平，成为宪法的自觉遵守者、忠实践行者、坚定捍卫者。

在世界百年未有之大变局加速演进的当下，为实现中国式现代化，领导干部必须以身作则提高运用宪法服务高质量发展的能力。新时代，领导干部宪法素养提升是领导干部依法履职的必然要求、完成法治职责使命的有力保障、运用法治思维和法治方式能力的重要基础、提高治国理政水平的强力支撑。习近平总书记强调："要加强管理、强化监督，设置领导干部法治素养'门槛'，发现问题就严肃处理，不合格的就要从领导干部队伍中剔除出去。"领导干部要牢固树立"宪法法律至上、法律面前人人平等、权由法定、权依法使等基本法治观念"，彻底摒弃人治思想和长官意识，决不搞以言代法、以权压法。

鉴于此，为促使各级领导干部树立宪法至上、权由法定、有权必有责的法治观念，结合中央办公厅、国务院办公厅印发的《关于建立领导干部应知应会党内法规和国家法律清单制度的意见》，我们对宪法的历史渊源、理念原则、目标任务、理论基础、发展路径、框架结构以及实践运用作出全面且生动的讲解，通过化繁为简的编写方式，概括、凝练出宪法中干部应知应会的、与履职工作密切相关的知识要点，力图让读者系统掌握我国宪法、掌握核心法律知识，提升在实际工作中运用宪法思维和宪法方式解决问题的能力，更加深刻地理解宪法的核心要义和实践要求，更加自觉地尊重和维护宪法权威，带头执行宪法规定，推动全社会形成尊崇宪法、遵守宪法、维护宪法的良好氛围。

全书共分六讲，分别为：第一讲宪法概说，第二讲中华人民共和国宪法概述，第三讲我国现行宪法主要内容，第四讲其他宪法性法律相关要点，第五讲常见宪法问题，第六讲典型宪法案例。前述各讲，分别由中共中央党校（国家行政学院）王勇、中共中央党校（国家行政学院）周婧、中共四川省委党校（四川行政学院）胡业勋、中共中央党校（国家行政学院）段传龙、中共北京市委党校（北京行政学院）耿姗姗进行编写。

  我国有古老的文明，丰富的宪法实践，也需用自主知识体系、本土法治视野阐述特色宪法现象，以彰显我国宪法智慧。在新时代新征程的历史起点上，中国特色社会主义法治道路正在不断拓展和深化，宪法作为国家法治的基石和灵魂，必须全面提升领导干部的宪法素养和能力，确保宪法在新时代中国特色社会主义事业中的核心地位，为实现中华民族伟大复兴的中国梦提供坚实的宪法保障。期待本书成为广大读者学习和探索宪法知识的有力工具，帮助理解宪法的内容和精神，引发对民主、法治、人权等重要问题的思考，对在实际生活与工作中坚定宪法自信、弘扬宪法理念、坚持宪法思维、树立宪法权威、深化运用宪法有所助益。

目 录
CONTENTS

第一讲　宪法概说

一　人民主权理论是宪法的理论核心　/ 003

二　宪法解决人民如何行使主权，如何予以宪法监督问题　/ 005

三　宪法宣示公民基本权利，解决公民与国家权力之间的关系　/ 008

四　宪法解决国家机关之间的关系，是国家公权力的组织大法　/ 011

五　宪法调整国家整体与部分之间的关系，解决国家结构问题　/ 014

第二讲　中华人民共和国宪法概述

一　中华人民共和国宪法的产生与发展　/ 020

二　我国宪法的价值与原则　/ 031

三　我国宪法的修改　/ 066

四　我国宪法的实施　/ 078

第三讲　我国现行宪法主要内容

一　宪法序言 / 088

二　宪法总纲 / 099

三　公民基本权利与义务 / 105

四　国家机构 / 117

五　国旗、国歌、国徽、首都 / 136

第四讲　其他宪法性法律相关要点

一　国家机关组织法 / 146

二　中华人民共和国全国人民代表大会和地方各级人民代表大会选举法 / 170

三　中华人民共和国立法法 / 188

四　中华人民共和国民族区域自治法 / 205

第五讲　常见宪法问题

一　宪法惯例 / 226

二　宪法宣誓 / 242

三　其他宪法问题 / 260

第六讲　典型宪法案例

一　用人单位可以完全主观地设置招聘条件吗？ / 272

二　言论自由是无限制的吗？ / 275

三　如何理解法律面前一律平等？ / 277

四　"不知者无罪"是否可以成为挡箭牌？ / 279

五　被"自愿"退学会获得宪法保护吗？ / 283

六　遇到法律规定冲突时如何适用？ / 285

七　如何践行"宪法至上"原则？ / 289

八　宪法是否保护公民的举报权？ / 291

九　国旗的宪法权威如何落实？ / 293

十　如何落实行政不得干预司法？ / 295

十一　如何对待技术时代的权力滥用？ / 298

十二　如何实现有效"质询"？ / 303

十三　宪法与部门法如何实现互动？ / 305

十四　能否拒收现金医保费？ / 308

十五　如何理解地方规范性文件备案审查的现实适用？ / 311

宪法概说

第一讲
CHAPTER 1

宪法作为国家根本大法，规定了国家的基本经济制度、基本政治制度、公民的基本权利等重要内容。习近平总书记在纪念现行宪法颁布30周年大会上的讲话中指出："宪法是国家的根本法，是治国安邦的总章程"，"依法治国，首先是依宪治国；依法执政，关键是依宪执政"。中国特色社会主义进入了新时代，对党和国家推进全面依法治国特别是依宪治国、依宪执政提出了新的更高要求。党的二十大报告提出，"发挥领导干部示范带头作用，努力使尊法学法守法用法在全社会蔚然成风"。中共中央印发的《法治中国建设规划（2020—2025年）》也明确要求，"建立领导干部应知应会法律法规清单制度，推动领导干部做尊法学法守法用法的模范"。身为领导干部，一方面需要了解宪法，维护宪法权威，"维护宪法权威，就是维护党和人民共同意志的权威"；另一方面需要积极推进实施宪法，"任何法律，即使是最好的法律，如果不能贯彻执行，不过是一张废纸"[①]。

了解宪法，重要的就是要切实认识宪法的功能。世界各国，尽管其宪法内容不尽相同，但是宪法所解决的主要问题大致都包括人民与国家的关系、人民如何行使主权、公民与国家权力之间的关系、国家机关之间的关系、中央与地方的关系等。只因为宪法有这些重要作用，所以它才是治国理政的总章程。新时代，我们对宪法的认识更加深化了。"习近平同志赋予'总章程'和'根本法'以新的时代内涵，并创造性提出了宪法是'总依据''根本依据'等创新性概念，指出'宪法是国家各种制度和法律法规的总依据''宪法是治国理政总依据''全面依法治国的总依据''宪法是我们党长期执政的根本法律依据'

---

① 许崇德：《中国宪法》，中国人民大学出版社1996年版，第65页。

等。"①这些论断不仅彰显对宪法本质特征认知的深化,亦从法理角度证成了依法治国首先就要依宪治国,依法执政首先就要依宪执政。

宪法作为国家根本大法,规定了国家的基本政治制度、公民的基本权利等重要内容,这些方面需要得到落实,才能真正发挥宪法的作用。实践中,需要"用科学有效、系统完备的制度体系来保证宪法实施"②,而这个制度体系,正是以宪法为核心的法律体系和以党章为核心的党内法规体系所构成的有机统一整体。

宪法实施是社会主义法治国家极其重要的课题。"党领导人民制定、执行宪法和法律,党自身亦须在宪法和法律规范内活动。"③鉴于此,需要在具体的制度构建上围绕宪法的主要内容展开,建立与完善宪法监督制度,积极实施宪法。

一 人民主权理论是宪法的理论核心

人民主权理论指导宪法解决人民与国家的关系问题,确定国家主权归属。现代意义上的人民是作为公权力的来源和宪法合法性的"整体"的概念,是一切对社会历史起着推动作用的人们。我国宪法规定"中华人民共和国的一切权力属于人民"。人民主权的观念在现代社会已深入人心,人民享有国家主权,是国家主权的归属者。一国的人民

---

① 张文显:《习近平法治思想的基本精神与核心要义》,载《东方法学》2021年第1期。

② 栗战书:《在第五个国家宪法日座谈会上的讲话》(2018年12月4日),载《中国人大》2018年第23期。

③ 李墨:《论习近平的宪法与法治思想》,载《学术探索》2015年第6期。

得到了独立自由，这正是作为制宪权的主体"人民"着手制定宪法的基础。那么，"人民"作为一个整体，如何通过法律层面予以体现出来呢？国家主权又是怎样归属于人民呢？对这些重大问题，宪法理论予以回答，并通过宪法制度的设计予以解决。

国家主权是近现代社会的一个宪法基础理论问题。主权是国家的固有权利，它指的是一个国家独立自主处理自己内外事务，管理自己国家的最高权力。国家主权理论的奠基者是法国著名思想家博丹，他在1576年所撰写的《共和六书》中第一次系统地论述了主权的概念及其归属，提出国家主权是共同体所有的绝对且永久的权力，当时意义上的权力归属是一国之君主。但是，随着社会的发展，主权的重心随之渐渐移向作为独立范畴的民族国家了，并通过宪法予以确认。特别是第二次世界大战后，独立的主权国家既包括政治上的独立，又包括经济上的独立等，这种独立通过一国宪法予以肯定，宪法赋予了国家独立存在的合法性。

那么，国家独立存在了，其主权的归属主体是谁呢？

现代宪法理论认为，一个国家的主权只能归属该国的全体人民，只有人民才是国家主权的归属者，如果说宪法制定权是"关于国家政治存在样式和形态的具体的总决断的政治意志"[1]，那么，只有人民才是一国宪法制定的唯一制宪权主体。这正是宪法确定的人民主权原则。人民主权意味着，永远准备着为人民而牺牲政府，而不是为政府而牺牲人民。[2]

---

[1] 转引自芦部信喜《制宪权》，王贵松译，中国政法大学出版社2012年版，第3页。

[2] 卢梭：《社会契约论》，何兆武译，商务印书馆1980年版，第76页。

人民主权理论虽然从历史起源上可以追溯到雅典民主时期，但是，真正具有现代意义烙印的人民主权理论则是民族国家形成以后的产物，它兴起于启蒙时代，针对当时封建的君权、神权、特权，法国思想家卢梭曾系统阐述了反君权、反特权的人民主权理论，该理论在法国大革命期间也曾得到实践。法国大革命时期颁布的纲领性文件《人权和公民权宣言》（简称《人权宣言》）就典型地体现了人民主权思想。至今，它作为一个宪法性文件仍然光彩熠熠，影响深远。

　　人民主权解决的是国家权力的最终归属问题，即合法性问题。马克思主义理论认为，人民群众才是历史的真正创造者，这正是对人民主体地位的充分肯定和发展。从法理上，人民主权以国家主权理论、自然法、社会契约论为理论基础，这为现代意义上的宪法诞生奠定了基础。反之，宪法诞生后首先要解决的问题就是国家权力的归属问题。

　　我国宪法作为一部社会主义宪法，明确宣告"中华人民共和国的一切权力属于人民"，充分肯定了人民的主体地位。世界上有很多国家的宪法也明确了人民主权原则。这样，通过宪法解决了人民与国家的关系，确定了国家主权归属问题。国家主权归属于人民，人民享有宪法监督权利。

二　宪法解决人民如何行使主权，如何予以宪法监督问题

　　国家的一切权力属于人民。那么，人民是如何行使权力，如何监督宪法实施的呢？人民主权的思想和保障宪法监督问题主要通过宪法

制度的精巧设计体现出来。

人民如何行使国家权力，如何通过监督推动宪法实施，这不仅需要理论上的支撑，更重要的是要把理论用于实践，这是一个复杂的过程。在古希腊时期，由于城邦制度的存在，在规模有限的城邦政治中，每一名公民原则上都能直接参与公共事务的讨论及决策，所以，直接民主是实现人民主权的主要形式。但是，现实中，有的国家全面实行直接民主却是有困难的，因为"直接民主不仅需要人口少、面积小、公民时间充足等条件，而且易于导致制度丧失对危机的防范力、总和为零的政治及制度功能性失衡"[1]。所以，潘恩首先提出平等的代议制政府[2]是管理一个庞大的共和国的最好方式。代议制原理的核心，就是论证人民只有通过选举代表才能更好地行使自己的主权。虽然只有人民才能通过组成立法机关和指定由谁来行使立法权，选定国家的形式[3]，但是，人民也是需要通过选举代表来实现自己主权的。这种理论在诸多国家得到认可，并付诸实践。

构建代议制政府，需要完善的选举制度，通过选举形成国家的立法权主体，这就是卢梭所说的政治体的立法权，在这同时，一并建构国家行政权。立法权与行政权是分离的。在卢梭看来，主权者假如具有行政权的话，那么，权利与事实就会混淆不清，以致人们再也弄不

---

[1] 参见萨托利·乔《民主新论》，冯克利、阎克文译，东方出版社1993年版，第282—287页。
[2] 洛克：《政府论》，叶启芳、翟菊农译，商务印书馆2004年版，第88页。
[3] 关于代议制，"一方面，卢梭的主权者在现代代议制政治中一般情况下是退隐的，而卢梭又坚决地反对主权的代表制；另一方面，卢梭坚持个人平等的参与权，反对中间的社会组织……"，但是，"现代代议制的政治结构已经演变为主权者—主权代表—政府—中间社会组织—臣民"。参见陈端洪《政治法的平衡结构——卢梭〈社会契约论〉中人民主权的建构原理》，载《政法论坛》2006年第5期。

清楚什么是法律，什么不是法律。①该理论对各国宪法制度的建设影响深远。在我国，全国人民代表大会和地方各级人民代表大会都由民主选举产生，对人民负责，受人民监督；国家行政机关、司法机关、监察机关都由人民代表大会产生，并对它负责，接受人民代表大会的监督。这样，人民通过选举自己的代表，定期召开人民代表大会，通过人民代表大会制度实现人民的权力，而人民权力实现的同时，宪法监督制度也大概确立，进而推动宪法实施。

我国宪法不仅很好地解决了人民如何行使主权的问题，而且对宪法监督予以了制度设计。具体来说，《宪法》第六十二条规定，全国人民代表大会监督宪法的实施，改变或者撤销全国人大常委会不适当的决定；《宪法》第六十七条规定，全国人大常委会解释宪法，监督宪法的实施。根据宪法上述规定，我国对法律、行政法规、规章等规范性文件的审查权，主要由全国人大及其常委会来行使，全国人大常委会是我国常设宪法监督机关。当然，宪法只是一种原则性的设计，它为宪法监督制度的确立与完善提供了依据，虽然全国人大常委会是我国常设宪法监督机关，但并非专门宪法监督机关。②尽管广义上的宪法监督主体是多元的，甚至也包括了公民，但是，对于违宪问题，还是专门的机关予以判定更有说服力。著名学者王世杰、钱端升在其所著《比较宪法》一书中关于违宪问题曾专门指出："要决定一种法律或命令是否违反宪法，所应注意者不外两点。一为法律或命令的成立，曾否具备宪法上所规定的条件。……一为法律或命令的条文，有无违反宪法条

---

① 卢梭：《社会契约论》，何兆武译，商务印书馆1980年版，第124页。
② 刘茂林、陈明辉：《宪法监督的逻辑与制度构想》，载《当代法学》2015年第1期。

文的规定。这是法律或命令的实质问题。"[1]对此，两位学者分别引用了美国和奥地利两国不同的制度分析了如何对待违宪的法律或命令，而所引用的制度都是法院作为专门机关的违宪确认制度。可见，依靠专门司法性质的机关予以宪法监督、裁判违宪问题更为普遍。专门机关的违宪审查制度是宪法监督方式上最权威、最有效的监督方式。要意识到，违宪审查是监督宪法实施的一种手段，[2]违宪审查实质上是对国家机器运转的审查，是保证国家机器在宪法的轨道上正常地运行、纠正国家机器越出宪法轨道的行为，它不仅关系到宪法的权威和公民的人权保障，而且对国家生活会产生非常重大的影响，有时甚至直接影响到国家的前途和命运。所以，该制度的建立非常重要。

对此，2023年《中华人民共和国立法法》予以修改，确定了我国合宪性审查的主体为宪法和法律委员会，这丰富了我国宪法监督制度，有力推进了我国宪法实施。

三 宪法宣示公民基本权利，解决公民与国家权力之间的关系

公民是指具有一国国籍并依据该国宪法和法律享有权利和义务的自然人。公民具有独立的人格，是现代社会中对于个体身份所施加的无差别的称呼，代表了现代政治的参与精神和现代法治的平等理念。

---

[1] 王世杰、钱端升：《比较宪法》，中国政法大学出版社1997年版，第301—303页。

[2] 李步云主编《宪法比较研究》，法律出版社1998年版，第385页。

所以，公民是个现代概念，不同于传统社会中的市民、臣民。现代公民"逐步整合了市民的理性自由选择、臣民的义务消极服从与选民的投票积极参与三种特质，并在法国大革命之后以法律形式完全确立了角色形态"[①]。正因为这样，近现代宪法确定的是公民的基本权利。

公民基本权利也称宪法权利，是宪法规定的公民享有的最高法律位阶的权利，是公民政治地位、法律地位的体现。公民基本权利是公民享有的必不可少的权益，是公民实施某一行为的可能性。国家权力属于人民，国家机关只是权力的行使者，如果说人民指的是"整体"的话，那么公民就是一个个的"个体"了。宪法的最高价值就是保障公民基本权利，即保障公民的宪法权利。公民基本权利是国家权力的基础，国家权力是公民基本权利的保障。宪法的实现依赖公民基本权利与国家权力之间的良性协调；保障公民基本权利，就需要协调好公民基本权利与国家权力之间的关系。如何解决这一问题呢？

首先，宪法明确自己的最高目标追求是保障公民的基本权利。对公民基本权利的保障是世界大多数国家宪法的最终目标追求，之所以精巧地设立宪法制度，适当地分权监督，就是为了防止公民基本权利受到公权力侵犯。宪法最高的价值与追求就是充分保障公民基本权利。在宪法监督制度实践中，如果法官忽视宪法所保障的基本权利，就视为公权力的侵害，公民可以据此提起宪法诉讼。[②]

其次，宪法明确宣示了公民基本权利的具体内容。公民基本权利内容丰富，宪法一般明确这些基本权利：政治权利和自由，即选举权

[①] 巴特·范·斯廷博根：《公民身份的条件》，郭台辉译，吉林出版集团有限责任公司2007年版，译者序第2页。

[②] 陈新民：《德国公法学基础理论》（上册），山东人民出版社2001年版，第313—314页。

和被选举权，以及言论、出版、集会、结社、游行、示威权等；社会经济权利，即财产权、劳动权、劳动者休息权、退休人员生活保障权、获得物质帮助权、受教育权等；获得救济的权利，即申诉、控告权、取得国家赔偿权、补偿权等；社会生活权利，即宗教信仰自由权利、教育科学文化权利和自由等。当然，各国宪法所明确的公民基本权利内容不尽相同。我国宪法明确享有基本权利的主体十分广泛，确认并保障的公民权利和自由的范围也十分广泛。从一定意义上来讲，公民基本权利实现的过程，也是公民监督宪法实施的过程。

最后，宪法通过具体的制度设计约束与控制国家公权力的行使。"一切有权力的人都容易滥用权力，这是万古不易的一条经验。"[①]宪法制度的设计意味着对公权力的控制，一般通过三种方式：一是限制国家权力行使的方式和范围，并明晰公权力的界限。比如，宪法具体规定最高国家行政机关的权力内容。二是将国家权力按照一定标准划分，并合理配置给不同的国家机关。比如，立法权赋予议会，司法权赋予司法机关，行政权力赋予最高行政机关等。三是明确公民对公权力的监督权利。前两种方式，是为了更好地实现对公民基本权利的保障，第三种方式，是为了让公民直接监督与约束公权力的行使。比如，我国《宪法》第二条规定人民"通过各种途径和形式，管理国家事务，管理经济和文化事业，管理社会事务"。第二十七条规定："一切国家机关和国家工作人员必须依靠人民的支持，经常保持同人民的密切联系，倾听人民的意见和建议，接受人民的监督，努力为人民服务。"监督原则实质是赋予了公民直接监督公权力的权力，也是具体解决公民

---

① 孟德斯鸠：《论法的精神》（上），商务印书馆1961年版，第154页。

与国家权力之间关系的重要原则。

这样，宪法明确其最高价值追求是保障公民基本权利，通过法治原则、分权原则等去合理地配置国家权力，防止公权力的滥用，并通过公民对公权力的监督、约束，保障公民基本权利的实现。

所以，宪法的价值、制度的设计、公民基本权利的实现紧密融为一体，让作为人类政治文明重大发明的宪法熠熠闪光。

四 宪法解决国家机关之间的关系，是国家公权力的组织大法

宪法是法律，自然要调整一定的社会关系，与其他法律所不同的是，宪法不调整一般的社会关系，它调整的是国家的重大社会关系，包括国家机关之间的关系。

宪法调整国家机关之间的关系，实质就是一国如何构建政权组织形式的问题。政权组织形式是指国家权力的组织形式以及国家权力的实现或运作机制，它反映着政权组织内部的结构状况以及各个组成部分之间的关系。一个国家建立什么样的政治体制，采用何种权力运行方式，是由一个国家的国情决定的。由于各国对主权理论的理解不同，对人民内涵的理解也不尽相同，同时各国的历史文化传统也有较大差别，所以不同国家的宪法中关于政权组织形式的制度设计存在诸多差别。

在政权组织形式上，世界上主要有这样几种类型：一是君主立宪制。这种形式是指国家的最高权力实际上或名义上由君主一人掌握。

当代社会，实行君主立宪制国家的君主一般只是一种象征地位，如英国、日本、瑞典等。在这些国家中，议会具有主导地位，是最高权力机关，内阁掌握实际的权力，内阁对议会负责。二是共和制。这包括：议会内阁制，如德国、意大利等，即由在议会中占多数席位的政党组成政府，对议会负责；总统共和制，如美国，即由选举产生的总统直接组成政府，对选民负责；委员会制，如瑞士，即由议会选举若干委员组成联邦委员会，集体行使国家管理权；半总统制，如法国，即政府对议会负责，总统与总理分享权力，总统不是政府首脑，但是可以主持内阁会议，与总理相比，总统享有更多的权力。可见，各国的政权组织形式不一样，这与各国的文化、历史传统是息息相关的。只要符合各自国家国情，只要宪法确立了人民主权原则，不同的政权组织形式，都值得研究。

我国政权组织形式是人民代表大会制度，这不同于以上各国。《宪法》第二条明确规定："人民行使国家权力的机关是全国人民代表大会和地方各级人民代表大会。"我国的人民代表大会制度让人民主权落在实处，使宪法监督有了可靠的制度保障。具体来说，人民代表大会制度是按照民主集中制原则设计的，它表现为：国家权力是统一的，它是由人民直接或间接选举的代表机关统一行使，国家的行政机关、司法机关由人民代表大会产生，并对人民代表大会负责，接受人民代表大会的监督；国家权力机关与国家行政、司法机关分工不同、职责不同，人民代表大会统一行使国家权力，但不代行行政权、审判权、检察权、监察权，不同的国家机关分别行使不同的权力，国家行政机关是国家权力机关的执行机关，人民法院是审判机关，人民检察院是法律监督机关。在监督宪法实施方面，监督机关包括全国人大及其常委会及其授权机构和组织等。另外，根据《宪法》第九十九条的规定，地方各级人民代表大会在本行政区域内负有保证宪法实施的职责，因此地方各级人民代表大会及其常委会也是重要的宪法监督机关。

由于政权组织形式的不同，各国对推动宪法实施的法定专职监督机关设置会有不同的形式。比如，以德国和奥地利为代表的宪法法院监督模式[1]、以美国为代表的普通法院监督模式[2]、以法国为代表的宪法专业委员会监督模式等。

各国宪法监督的法定专职监督机关虽不尽相同，但在不同的国度各自发挥着重要的作用。据统计早在20世纪80年代，在当时的142个立宪国家中，就有64个国家以普通法院裁决宪法争讼，37个国家设有宪法法院。[3]

我国的政权组织形式符合我国国情，它既有利于保障各个国家机关分工合作、相互监督，并协调有效地开展工作，又有利于集中力量办大事，发挥社会主义制度的优越性，把人民赋予的权力真正用来为人民谋利益。所以，宪法赋予了全国人民代表大会及其常委会的宪法监督权力。同时，我国还专门设立宪法和法律委员会，享有一定的宪法监督权力。在我国，全国人民代表大会常委会是我国宪法监督的重要机关，当然，这并不是一个常设机关，而是一个会议机构。因而，

---

[1] 奥地利最早于1867年实施宪法法院监督模式，宪法法院的主要任务是，审核法律，监督国家机关的活动是否符合宪法的基本原则，裁决宪法性纠纷，维护宪法的权威性。二战后，1948年意大利宪法、1949年德国基本法、1960年塞浦路斯宪法和1961年的土耳其宪法等都采纳了这种模式。

[2] 二战后的日本、挪威、丹麦、瑞典以及拉丁美洲的智利、洪都拉斯、玻利维亚、哥伦比亚均建立了美国式的宪法监督制度。

[3] 马尔赛文等：《成文宪法的比较研究》，陈云生译，华夏出版社1987年版，第103、106页。

有的学者认为在全国人大常委会之下设立一个相对独立的宪法监督委员会是最为稳妥的办法，[①]目前，通过《立法法》明确全国人大之下的宪法和法律委员会享有宪法监督权力，具有我国特色和重大意义。

五 宪法调整国家整体与部分之间的关系，解决国家结构问题

中央与地方关系的制度构建是宪法的重要内容。宪法要解决的另一个重要问题就是调整国家整体与部分、中央与地方之间的相互关系，这种相互关系可称作国家结构形式。一个国家采用何种国家结构形式需要在宪法中予以明确，在实践中予以落实。

国家结构直接关系到社会调控的形式、机制和程度，制约着社会资源的配置，也深刻影响着多民族国家中民族之间的关系，非常重要。美国19世纪的南北战争，双方斗争的焦点虽然是奴隶制的实行范围或其存废问题，但实际上却往往是围绕着采取何种国家结构形式的问题展开的。[②]事实上，如果说国家政权的组织形式是关于国家权力的横向结构配置问题，那么，国家结构就是关于国家权力的纵向结构配置问题，它所涉及的是如何划分国家领土，一个国家内部整体与其组成部分之间的关系，以及中央与地方的关系，其实质是规定中央与地方之间的权限划分。国家政权组织形式、国家结构形式都是一种"建构社

---

① 刘茂林、陈明辉：《宪法监督的逻辑与制度构想》，载《当代法学》2015年第1期。

② 童之伟：《国家结构形式与国家权力实质之关系探讨》，载《江苏社会科学》1995年第3期。

会秩序"①的努力。如果说宪法监督是指国家和社会采取各种措施，以保证宪法得以全面、正确实施的制度，那么，中央与地方的关系问题则直接关系到国家纵向权力的划分问题，对此，必须要有合理的制度安排。

国家结构形式是该国民族、历史和文化等因素综合起作用的结果，因此，世界各国的结构形式均有各自的特点。当代世界各国的国家结构形式可以分为单一制和复合制两种，复合制又包括联邦制和邦联制两种形式。单一制和联邦制是社会发展到一定阶段的产物，单一制和联邦制实际为资本主义和社会主义两种性质国家所专有。②单一制是指国家由若干普通行政单位或者自治单位组成的国家结构形式。在单一制下，国家只有一部宪法，一个最高立法机关和一个中央政府，一套完整的司法系统，地方政府的权力由中央授予。所以，采取单一制国家结构形式的是由若干不享有独立主权的普通行政单位或自治单位组成的统一的中央集权国家。现今世界上大多数国家都采取单一制的国家结构形式，我国也属于单一制的国家结构形式。

中国自秦统一以来就是一个统一的中央集权国家，在古老的中华大地上，具有统一历史渊源的中华各民族共同生息繁衍，形成了不可分割的联系，国家的统一始终是历史的主旋律。正是因为"国家为一种有机体，非一时所骤能意造也，其政治现象之变化，必根据于历史"③，所以，国家结构形式根源于国家的历史传统。"联邦国与单一国，其组

---

① 张恒山：《法理要论（第三版）》，北京大学出版社2009年版，第255页。
② 童之伟：《国家结构形式与国家权力实质之关系探讨》，载《江苏社会科学》1995年第3期。
③ 梁启超：《新中国建设问题》，载《梁启超全集》，北京出版社1999年版，第2433页。

织之根柢，盖有万不能相师者"①，中国最终选择了单一制。宪法在我国诞生后，我国单一制的国家结构形式才逐渐得到确认。根据我国现行宪法规定，在我国的中央与地方关系上，体现为下级服从上级，地方服从中央，同时，中央又照顾地方的不同特点，注重发挥地方的积极性。我国的单一制模式有着自己的特色，这体现在具体的制度设置上具有灵活性，比如实行民族区域自治制度以及特别行政区制度。中国这一国家结构形式的特点使中国的地方分权也有自己的特点。②

随着社会发展，中央与地方的关系也是在适应社会的发展中作不断调整的。比如，2018年我国现行宪法第五次修改，在修正案中明确赋予了设区的市具有地方立法权，从而改变了以前只有国务院规定的较大的市才有地方立法权的做法，这也是一种中央与地方关系的微调，其目的在于照顾地方特点，发挥地方优势和积极性，适当增加地方自治性。梁启超先生就曾非常重视地方自治，认为只有先养成公民自治、地方自治的习惯，才能召开国会，建立立宪国家。③这种说法虽然有失偏颇，是其在辛亥革命之前的思想，但是也说明地方拥有一定独立性的重要性。

复合制中的联邦制是指国家由两个或者多个成员国（邦、州、共和国等）组成的国家结构形式。在联邦制下，除了有联邦的宪法外，各成员国还有自己的宪法，除设有联邦立法机关、政府和司法系统外，各成员国还有自己的立法机关、政府和司法系统。联邦制国家存

---

① 梁启超：《中国立国大方针》，载《梁启超全集》，北京出版社1999年版，第2495页。
② 参见张友渔《关于中国的地方分权问题》，载《张友渔文选》（下卷），法律出版社1997年版，第465页。
③ 梁启超：《上摄政王书》，载李华兴、吴嘉勋编《梁启超选集》，上海人民出版社1984年版，第554页。

在联邦中央政府和联邦各成员政府两套政府，其中央政府与各成员政府之间在立法权、行政权等方面存在明确的权力划分。在联邦制国家中，各成员政府可以在联邦宪法所规定的权力范围内，制定适合本成员单位的宪法和法律，所以，在联邦制模式下，公民必须服从两套法律。美国就是一个典型的联邦制国家，在建国之初，联邦党人纷纷发表文章，赞成联邦制，指出"对于联合的价值和幸福所产生的强烈意识，很早就诱使人民去建立一个联邦政府来保持这种联合，并使之永远存在下去"[①]。实际上，世界上实行联邦制的国家占少数，并且，实行联邦制的国家的模式也不尽相同，这主要表现为两种型态：一种是均衡型联邦制模式，在这种模式下，联邦与成员单位权力分配比较均衡，联邦中央政府无权干涉成员政府以下的各级地方政府。美国就是采取这种模式的。另一种称作非均衡型模式，在这种模式下，联邦中央政府高度集权，权力和职能分权不是均衡的。印度和阿根廷等国家是属于这种模式的。

复合制中的邦联制是指由若干个独立的主权国家为实现某种特定目的而组成的一种松散的国家联合。由于邦联不具备构成一个国家所必需的全部要素，不具有完整的国际法主体资格，所以，与独立的主权国家有着本质的不同，它无法在一国宪法中明确架构具体制度，不属于一国宪法要解决的主要问题。

可见，宪法具有调整国家整体与部分之间关系的功能，中央与地方关系的制度构建是宪法实施的重要内容。

总之，各级领导干部要了解宪法，树立宪法权威，积极实施宪法。

---

① 汉密尔顿、杰伊、麦迪逊：《联邦党人文集》，商务印书馆1980年版，第8页。

实践中，宪法的实施正是宪法规范在现实生活中的贯彻落实，是将宪法文字上的、抽象的权利义务关系转化为现实生活中生动的、具体的权利义务关系，其实质主要是宪法的内容及其内在的宪法精神在现实中得到落实。通过宪法监督等制度，促进宪法实施，限制公权力，保障基本人权，这是现代宪法的重要使命。

中华人民共和国宪法概述

第二讲
CHAPTER 2

一 中华人民共和国宪法的产生与发展

（一）中国人民政治协商会议共同纲领

1. 制定背景

1949年2月，中共中央发布《关于废除国民党的六法全书与确定解放区的司法原则的指示》，为新中国的立宪工作扫清了道路。但在新中国成立前期，由于人民解放战争仍在继续，土地制度改革在新解放区尚未开始，被战争破坏的国民经济有待恢复，人民群众的组织程度还有待提高，全民选举尚无法实现，召开全国人民代表大会制定宪法的时机还不成熟。中国共产党发出"五一号召"，邀请各民主党派、人民团体、中国人民解放军、各地区、各民族以及国外华侨等各方面代表组成了中国人民政治协商会议，决定由中国人民政治协商会议全体会议执行全国人民代表大会的职权，制定宪法性文件以规范和统一全国人民的行动，指导当时各项重大任务的完成。

1949年9月29日，中国人民政治协商会议第一届全体会议正式通过《中国人民政治协商会议共同纲领》（以下简称《共同纲领》）。

2. 主要内容及历史意义

《共同纲领》除序言外，分为总纲、政权机关、军事制度、经济政策、文化教育政策、民族政策和外交政策共7章，总计60条，主要内容如下：

（1）规定我国的国家性质为新民主主义国家，即人民民主主义国家，实行工人阶级领导的、以工农联盟为基础的、团结各民主阶级和国内各民族的人民民主专政，反对帝国主义、封建主义和官僚资本主义，为中国的独立、民主、和平、统一和富强而奋斗。

（2）确认人民代表大会制度为我国的政权组织形式，在普选的全国人民代表大会召开以前，由中国人民政治协商会议全体会议执行全国人民代表大会的职权。

（3）宣布取消帝国主义在华的一切特权，没收官僚资本，进行土地改革。

（4）规定军事制度以及经济政策、文化教育政策、民族政策和外交政策的总原则，实行新民主主义的经济和文化教育政策，实行平等、团结、互助的民族政策和民族区域自治制度，在外交上坚持独立、自由和领土主权完整，反对侵略等。

（5）规定人民享有广泛的民主权利，如选举权和被选举权、居住和迁徙自由等。

《共同纲领》是在马克思列宁主义、毛泽东思想指导下，总结中国人民100多年来，特别是近20多年来反对帝国主义、封建主义、官僚资本主义的革命斗争经验，从中国政治、经济、社会的实际情况出发制定的一部新中国的建国纲领。《共同纲领》包含了中国共产党的全部最低纲领，即在当前阶段实现新民主主义革命和建设的任务。同时，又在基本大政方针上同党将来制定社会主义的纲领相衔接。《共同纲领》经中国人民政治协商会议全体会议一致通过，成为新中国的建设蓝图。

《共同纲领》是一部立足中国实际、切合人民需要的行动纲领，是具有临时宪法性质的人民大宪章，它为1954年《宪法》（也称"五四宪法"）的制定奠定了基础，在新中国制宪史上具有重要地位。

（二）1954年《宪法》

1. 制定背景

新中国成立后，在贯彻、执行《共同纲领》的5年内，我国的政治、经济形势发生了深刻的变化，主要体现为：（1）土地改革在全国大部分地区已经完成，封建制度基本被消灭；（2）国民经济初步恢复，对农业、手工业和资本主义工商业的社会主义改造开始实行；（3）抗美援朝军事行动基本结束，新生的国家政权得到巩固；（4）通过镇压反革命和"三反""五反"运动，提高了人民的觉悟，加强了人民民主专政政权。

通过《共同纲领》的有效实施，国家政权逐渐得到巩固，社会秩序逐步好转，人民安定团结的局面已经形成，在这种形势下，召开全国人民代表大会制定宪法的条件趋于成熟。同时，制定一部正式的宪法确认中国共产党领导的人民政权的合法性，也是非常有必要的。1953年3月1日，《全国人民代表大会及地方各级人民代表大会选举法》（简称《选举法》）公布施行，为全国范围内的基层普选工作提供了法律依据。

1953年1月13日，中央人民政府委员会第二十次会议通过《关于召开全国人民代表大会及地方各级人民代表大会的决议》，决定成立以毛泽东为主席的中华人民共和国宪法起草委员会，负责宪法的起草工作。1954年3月，毛泽东向宪法起草委员会提交了中共中央拟订的宪法草案初稿，作为宪法起草的基础，由宪法起草委员会充分讨论并广泛征求各方面意见进行多次修改，于1954年6月又向全国公布，交付全国人民讨论。经过全国人民的讨论，宪法草案最终形成，提交1954年

9月15日召开的一届全国人大一次会议审议。同年9月20日，会议全票通过《中华人民共和国宪法》，这是新中国的第一部宪法，由主席团公布后实施。

2. 主要内容和特点

1954年《宪法》除序言外，共分4章，包括总纲、国家机构、公民的基本权利和义务以及国旗、国徽、首都，总计106条，主要内容如下：

（1）把坚持走社会主义道路确立为基本原则。《宪法》在序言中指出："中华人民共和国的人民民主制度，也就是新民主主义制度，保证我国能够通过和平的道路消灭剥削和贫困，建成繁荣幸福的社会主义社会。""国家在过渡时期的总任务是逐步实现国家的社会主义工业化，逐步完成对农业、手工业和资本主义工商业的社会主义改造。"第四条规定："中华人民共和国依靠国家机关和社会力量，通过社会主义工业化和社会主义改造，保证逐步消灭剥削制度，建立社会主义社会。"这些规定揭示了从新民主主义社会过渡到社会主义社会的历史必然性，把中国共产党提出并得到拥护的过渡时期总路线作为国家在过渡时期的总任务，并以根本法的形式确定下来。

（2）对社会主义过渡时期的经济制度作了规定。《宪法》规定，生产资料所有制包括全民所有制、集体所有制、个体劳动者所有制和资本家所有制，国营经济占领导地位，"国家保证优先发展国营经济"。同时规定"国家对富农经济采取限制和逐步消灭的政策"，通过管理、监督，"逐步以全民所有制代替资本家所有制"。

（3）在总结新中国成立五年来国家机关工作经验基础上，对国家政治制度作了更加完备的规定。《宪法》第一条、第二条明确规定："中华人民共和国是工人阶级领导的、以工农联盟为基础的人民民主国家。""中华人民共和国的一切权力属于人民……"全国人民代表大会、地方各级人民代表大会和其他国家机关,一律实行民主集中制。中华人民共和国是统一的多民族国家,各少数民族聚居的地方实行区域自治。在"国家机构"一章规定了国家主席的设置;规定各级人民代表大会为国家权力机关;国务院和地方各级人民委员会是国家权力机关的执行机关,是国家行政机关;人民法院是国家的审判机关;人民检察院是国家的法律监督机关。

(4)规定公民享有广泛的权利和自由。1954年《宪法》设专章规定了公民的基本权利和义务,除对《共同纲领》中规定的选举权和被选举权等加以确认以外,还规定公民享有劳动权、受教育权、进行文艺创作和其他文化活动的自由等。这些规定,使中国人民的基本人权第一次获得宪法保障。

1954年《宪法》具有鲜明的时代特点:一是确立了社会主义原则和人民民主原则。将社会主义作为一项原则予以规定,是新中国成立后的第一次宪法规定。坚持人民民主的基本原则,通过人民广泛参政、议政扩大了宪法的社会基础。二是这部宪法以《共同纲领》为基础,记载了我国人民一百多年来英勇奋斗的胜利成果,总结了新中国成立以来革命和建设的经验,丰富和发展了《共同纲领》,体现了历史与现实的有机结合。三是在内容上,这部宪法反映了社会主义过渡时期的特点,除了确认生产资料的社会主义公有制、消灭剥削制度,还规定依法保护资本家的生产资料所有权和其他资本所有权。

3. 历史地位和意义

1954年《宪法》是在新中国从新民主主义向社会主义过渡时制定

和颁布的，它吸收了苏联1936年《宪法》和其他社会主义国家的立宪经验，以《共同纲领》为基础并加以发展。作为新中国第一部社会主义类型的宪法，1954年《宪法》在总结新民主主义革命历史经验和社会主义改造与社会主义建设经验的基础上，规定了国家在过渡时期的总任务，确定了建设社会主义制度的道路和目标，确立了适合中国国情的国体和政体，同时较完整地规定了公民的基本权利和义务。1954年《宪法》的制定和实施，对于巩固人民民主专政政权、促进社会主义经济发展、团结全国各族人民进行社会主义革命和建设，发挥了积极的推动和保障作用。

（三）1975年《宪法》

1. 修改背景

1954年《宪法》颁布实施后，我国社会主义革命和建设事业飞速发展，国家对农业、手工业和资本主义工商业的社会主义改造于1956年基本完成。但1957年以后，国家政治生活一度脱离正轨。在多次政治运动中，由于极左思潮和法律虚无主义的影响，人民代表大会制度的地位和作用被削弱，国家机构的正常工作秩序被干扰，公民基本权利受到侵犯，宪法秩序遭到严重冲击，以致在"文化大革命"时期，宪法实际上成为一纸空文。1970年3月，中共中央提出召开第四届全国人民代表大会和修改宪法的建议。1973年8月，中共中央决定召开全国人民代表大会，修改宪法。1975年1月17日，四届全国人大一次会议审议通过了1975年《宪法》。

2. 主要内容和历史评价

1975年《宪法》与1954年《宪法》结构相同。除序言外，也包括总纲、国家机构、公民的基本权利和义务以及国旗、国徽、首都等4章，但整个文本总共只有30条。

由于是在"文化大革命"这一不正常的历史背景下修改的，这部《宪法》存在诸多突出问题，主要表现在：（1）把"以阶级斗争为纲"的党的基本路线作为修改宪法的指导思想。（2）在国家机构方面，规定国家的政权组织形式是以"工农兵代表为主体"的各级人民代表大会；取消了国家主席的建制，原属国家主席的职权改由全国人民代表大会常务委员会、中共中央主席、中共中央委员会行使；取消人民检察院，其职权由各级公安机关行使。（3）在公民基本权利和义务方面，大幅减少公民的基本权利和自由，取消了1954年《宪法》"中华人民共和国公民在法律上一律平等"、居住自由、迁徙自由等规定，将公民的权利和义务合并，并将义务置于权利之前，强调公民履行义务是首要的。（4）在经济制度方面，增加对个体劳动者的限制，强化单一公有制；规定农村人民公社是政社合一的组织，坚持以生产队为基本核算单位的公社、生产大队和生产队三级所有。

同时，1975年《宪法》明确规定了中国共产党对国家的全面领导，保留了社会主义制度的基本性质。

（四）1978年《宪法》

1. 修改背景

1976年10月，"文化大革命"结束，拨乱反正工作被提上国家的议事日程。为了纠正宪法中的极左错误，恢复被破坏的民主法制原则，适应新的历史时期的需要，实施建设社会主义强国的任务，有必要对1975年《宪法》进行修改。1978年3月5日，五届全国人大一次会议全面修改1975年《宪法》，通过了1978年《宪法》。

2. 主要内容和历史评价

1978年《宪法》除序言外，包括总纲、国家机构、公民的基本权利和义务以及国旗、国徽、首都等共4章，总计60条。

1978年《宪法》较之1975年《宪法》具有一定的进步性，主要表现在：（1）指明我国已进入社会主义建设的历史时期，规定了国家在新时期的总任务是全国人民在新的历史时期建设农业、工业、国防和科学技术现代化[①]的伟大的社会主义强国；（2）删去了1975年《宪法》关于"全面专政"的规定，强调坚持社会主义民主原则，保障人民参加国家管理的权利；（3）恢复检察机关的设置，健全了国家机构体系；（4）增加了公民的一些权利和自由，如获得物质帮助的权利等。

由于受到历史条件的限制，1978年《宪法》未能完全摆脱"文化大革命"的消极影响，未能彻底纠正1975年《宪法》中的错误，主要表现在：（1）在序言中，继续保留了"坚持无产阶级专政下的继续革命"的表述，沿袭了"以阶级斗争为纲"的基本路线，肯定了"文化大革命"；（2）在国家机构中，仍未恢复国家主席的建制，保留了地方各级革命委员会的制度；（3）在公民基本权利和义务中，继续规定"大鸣、大放、大辩论、大字报"为公民的四大权利；（4）在经济制度方面，对个体经济给予严格的限制等。

3. 对1978年《宪法》的两次修改

随着对真理标准问题讨论的不断深入，对"文化大革命"教训的

---

① 1964年12月，周恩来总理在三届全国人大一次会议《政府工作报告》中提出："在不很长的历史时期内，把中国建设成为一个具有现代农业、现代工业、现代国防和现代科学技术的社会主义强国。"

不断反思，以及对发扬社会主义民主、加强社会主义法制重要性认识的不断深化，为适应新的政治经济形势，1978年《宪法》在公布实施后不久便进行了两次部分修改。

第一次修改是1979年7月1日，五届全国人大二次会议通过了《关于修正〈中华人民共和国宪法〉若干规定的决议》。决议共8条，主要内容有：决定在县和县以上的地方各级人民代表大会设立常务委员会；将地方各级革命委员会改称为地方各级人民政府；规定县级和县级以下人民代表大会代表由选民直接选举产生；将上下级人民检察院的关系由监督关系改为领导关系；扩大人民代表大会的职权，赋予人大代表质询权和罢免权。

第二次修改是1980年9月10日，五届全国人大三次会议通过了《关于修改〈中华人民共和国宪法〉第四十五条的决议》，删除了宪法原条文中公民"有运用'大鸣、大放、大辩论、大字报'的权利"的规定。

（五）1982年《宪法》[①]

1. 修改背景

1978年12月召开的党的十一届三中全会，确定了党的工作由"以阶级斗争为纲"转移到以社会主义现代化建设为重点，提出了健全社会主义民主和加强社会主义法制的目标。1980年9月，五届全国人大三次会议根据中共中央的建议，作出《关于修改宪法和成立宪法修改委员会的决定》，成立了以叶剑英为主任委员的宪法修改委员会。1981年

[①] 1982年《宪法》也称"八二宪法"，系我国现行宪法。

6月召开的党的十一届六中全会，通过了具有重大意义的《关于建国以来党的若干历史问题的决议》。1982年9月，中国共产党第十二次全国代表大会召开。该决议和党的十二大报告为宪法修改提供了良好的社会历史条件，奠定了重要的理论基础。

经过长时间的筹备和起草工作，在广泛征求意见的基础上，形成并公布了《中华人民共和国宪法修改草案》。经全民讨论，全国人大常委会将《中华人民共和国宪法修改草案》提交全国人民代表大会审议。1982年12月4日，五届全国人大五次会议以无记名投票方式通过《中华人民共和国宪法》。

2. 基本特点

1982年《宪法》在国家机构、公民基本权利和义务等方面均继承并发展了1954年《宪法》的基本原则，其结构为序言、总纲、公民的基本权利和义务、国家机构以及国旗、国徽、首都共4章，总计138条。基本特点有：

第一，确立宪法的指导思想和国家的根本任务。1982年《宪法》在序言中阐明了马克思列宁主义、毛泽东思想在国家社会生活中的指导地位，并明确规定了国家的根本任务，即"集中力量进行社会主义现代化建设……逐步实现工业、农业、国防和科学技术的现代化，把我国建设成为高度文明、高度民主的社会主义国家"。

第二，完善了对公民基本权利的保障。1982年《宪法》继承了新中国成立以来历部宪法关于公民基本权利的规定，吸取了"文化大革命"期间任意侵犯公民基本权利和自由的教训，完善了对公民基本权利和自由的保障。具体表现在：一是调整宪法结构，把"公民的基本权利和义务"置于"国家机构"之前，使宪法结构更加合理；二是扩大公民基本权利和自由的范围；三是强调权利和义务的一致性；四是恢复了"公民在法律面前一律平等"的宪法原则等。

第三，总结历史经验，加强社会主义民主法制建设。1982年《宪法》第二条规定："中华人民共和国的一切权力属于人民。人民行使国家权力的机关是全国人民代表大会和地方各级人民代表大会。人民依照法律规定，通过各种途径和形式，管理国家事务，管理经济和文化事业，管理社会事务。"作为我国根本制度的人民代表大会制度不断完善和发展。第五条规定："国家维护社会主义法制的统一和尊严。一切法律、行政法规和地方性法规都不得同宪法相抵触。……任何组织或者个人都不得有超越宪法和法律的特权。"

第四，维护国家统一和民族团结，为"一国两制"提供了宪法依据。这部宪法在序言中规定，台湾是中华人民共和国的神圣领土的一部分，完成统一祖国的大业是包括台湾同胞在内的全中国人民的神圣职责。第三十一条规定，国家在必要时得设立特别行政区。在特别行政区内实行的制度按照具体情况由全国人民代表大会以法律规定。这些规定为国家统一、香港和澳门回归以及港澳基本法的制定奠定了宪法基础。在民族政策方面，更加注重各民族的平等和团结，扩大民族自治区域的自治权等。

第五，完善国家机构体系。相关内容主要包括：完善人民代表大会的运行机制，扩大全国人民代表大会常务委员会的职权，恢复国家主席设置，设立中央军事委员会，增设审计机关，废除领导干部任职终身制等。

1982年《宪法》是在1954年《宪法》的基础上，根据党的十一届三中全会确定的路线、方针、政策，总结新中国成立以来建设社会主义的长期实践经验，吸取了"文化大革命"的教训而制定的。该宪法全面体现了党在社会主义初级阶段的基本路线，集中反映了全国各族人民的共同意志和根本利益，认真贯彻社会主义的民主原则和法治精神，切实保障公民的权利和自由，依法规范国家权力，充分适应我国经济、政治、文化发展以及各项社会事业发展的要求，明确提出逐步实现工业、农业、国防和科学技术的现代化，把我国建设成为富强、民主、文明的社会主义国家的宏伟目标。

二 我国宪法的价值与原则

（一）宪法基本价值与原则概述

宪法基本价值与原则具有衔接宪法指导思想和宪法规范、构建宪法规则体系的作用。宪法基本原则是宪法指导思想的重要体现，它把制定和修改宪法的目标追求、价值取向具体化为宪法调整不同社会关系的基本立场和准则，从而在制度层面和创制宪法规范层面保证宪法所调整的社会关系整体的和谐有序。宪法基本原则既有相对独立的宪法规则意义，又在宪法指导思想和宪法规范之间发挥承上启下的关键作用，同宪法指导思想和宪法规范一起构成宪法的规则体系。此外，宪法基本原则对宪法修改具有重要的制约作用。例如，《德国基本法》第七十九条规定，该法第二十条确认的联邦制不得通过宪法修改程序加以变更。

宪法基本价值与原则是遵守宪法和适用宪法的重要依据。宪法实施要求宪法基本原则和宪法规范被广泛遵守和普遍适用。宪法指导思想由于涉及宪法总的目标追求、价值取向等宏观问题，虽然对宪法主体及其宪法行为具有普遍指导意义，但在宪法实施中有时很难据以判断某一具体宪法行为是否符合宪法，以及如何适用宪法解决该宪法行为所产生的宪法纠纷。宪法规范虽然具体明确，具有很强的规则意义和规则属性，但在宪法实施中却存在两方面不足：一是宪法不可能穷尽全部宪法规范，必然存在宪法规范的缺漏，仅凭既有宪法规范不足以判断所有宪法行为是否符合宪法；二是宪法行为较之一般法律行为具有涉及面广、社会影响大、更为复杂等特点，在许多情形下仅依据既有宪法规范难以判断宪法行为是否真正符合宪法。宪法基本原则既是对宪法指导思想的具体化，又具有协调整合宪法规范的功能，从而在宪法实施中成为重要的宪法依据。

宪法的制定、修改和实施离不开特定的社会条件。宪法一经制定、修改并颁布实施，便具有稳定性和权威性，但它所面对的经济关系和社会生活则处于不断的发展变化之中。对此，各国宪法通常通过规定宪法基本原则等技术方法予以解决。相对于宪法规范，宪法的基本价值和原则有两个特点。一方面，宪法基本价值与原则作为宪法调整社会关系的基本立场和准则，具有高度的抽象性、概括性和较强的社会适应性，能够更好地容纳和回应经济社会发展中出现的新情况新问题，在不修改宪法的前提下实现宪法对新型经济社会关系的调整，保持宪法与时俱进的生命力；另一方面，宪法基本价值与原则比宪法指导思想更具有可操作性，有利于通过宪法规范的具体运用，更好地体现宪法的指导思想，发挥宪法调整经济社会关系的功能。在社会变革或经济转型时期，充分发挥宪法基本原则在维护宪法稳定、协调宪法变迁和经济社会发展等方面的作用，尤为突出和重要。

（二）我国宪法的基本价值与原则

1. 现代宪法的基本原则

宪法基本原则是宪法学理论中的核心点，基本原则带有重要的指导作用，其对于研究宪法结构和揭示宪法的精神实质都有重要的理论价值。宪法基本原则的确立和一个国家的宪法历史传承、制宪权以及政治基础具有很大的关联性，宪法基本原则的确定不能脱离宪法政治的实质和宪法本身内容，宪法的本质是通过对国家权力的合理调控来规范权力的行使，从而达到保障公民基本权利的实现。

定义宪法的基本原则，首先需要从法律原则入手。在法学中，原则是指构成法律规则和法律学说基础和本源的综合性、稳定性原理或准则。或者说是可以作为众多法律规则之基础或本源的综合性、稳定性的原理和准则。对宪法基本原则的概念，宪法学界有不同的界定，较有代表性的主张有：认为宪法的基本原则是人们在制定和实施宪法的过程中所必须遵循的最基本的准则，是贯穿立宪和行宪的基本精神；认为宪法原则是体现宪法应然价值取向、统合宪法规则并指导全部宪法实践过程的依据和准则，是主流宪法思想的高度浓缩；也有学者将宪法基本原则概括为那些作为宪法规范存在之基础，尤其是宪法制度构造的根据或本源的原理和准则。

宪法基本原则具有如下基本特征：其一，普遍性，即真正实行民主法治的国家都会普遍遵循，适用于一个国家宪法实践的全过程；其二，特殊性，即宪法这一调整领域所独有，不是与其他法律共享的法律原则；其三，最高性，即相对宪法一般原则和规范是最高准则，也是判断一切权力行为是否具有合法性的最高和最终依据；其四，抽象性，即一般不直接规定在宪法中，而是由人们高度抽象概括而成，只有少数的宪法原则会在宪法中获得规范表述；其五，稳定性，即相对于宪法条文具有长期不变的特点。

因此，本书认为现代宪法基本原则包含人民主权、基本人权、法治原则和权力制约，其中人民主权原则是逻辑起点，基本人权是终极目的，法治是根本保障，权力制约是基本手段。

（1）人民主权原则

最早提出"主权"概念的是法国的思想家布丹。他认为，主权就是"不受法约束，统辖公民和臣民的最高权力"；主权有对内主权和对外主权两方面，"对内主权，即向构成国民集体的所有公民和所有居住于其国土之上的人发布命令的权利；对外主权，即代表全体国民并处理本国国民与其他国家国民关系的权利"。一般认为，主权有三要素，即意志的权力、发布命令的权力和独立发布命令的权力。

人民主权论经过了17、18世纪启蒙思想家们的倡导而不断发展。卢梭就是其中的代表人物，其理论基础是自然权利说以及社会契约论，以社会契约论作基础。他认定国家由人们相约组成，缔约者必须遵守契约，服从"公意"；同时认定人民的公意在国家中表现为最高权力，而主权即是公意的具体表现，因而主权属于人民。卢梭进一步论述了人民主权的基本特性及实现形式，指出人民主权具有不可转让性和不可分割性。他根据主权的不可转让性反对代议制，根据主权的不可分割性反对分权学说。他主张人民除意外情况之下需要特别集会之外，还要有定期的绝对不能取消或延期的集会，在这些集会中制定法律，决定国家大事。

继政治宣言之后，人民主权原则开始表现在资本主义国家宪法之中。1791年法国宪法用序言的形式载入《人权宣言》，并且规定："一切权力来自国民，国民只得通过代表行使其权力。"现代资本主义国家多采用各种形式来表现人民主权原则。从发展情况来说，有的国家从国王主权演变为人民主权，如日本明治宪法确认天皇主权，现行宪法宣布人民主权。有的国家从只用代议制形式演变为以代议制和公民复决相结合的形式实现人民主权，如法国宪法就经历了这一演变过程。

从世界各国的宪法内容来看，宪法一般从三个方面体现人民主权原则：其一，明确规定人民主权原则。例如1958年法国第五共和国宪法第三条明确规定，国家主权属于人民，由人民通过其代表和通过公民投票的方式行使国家权力。其二，通过规定人民行使国家权力的形式来确认人民主权。其三，通过规定公民享有广泛的权利和自由来体现人民主权。

（2）基本人权原则

人权从某种意义上看，是指作为一个人本身所应该享有的，为满足生存和发展需要所享有的最基本的权利。

基本人权的原则在各国宪法中的体现主要有三种：一是原则上确认基本人权，并以公民基本权利表现基本人权的具体内容。如意大利宪法一方面在基本原则中宣布承认并保障人权之不可侵犯，另一方面又规定公民所有的各种基本权利。其他如日本、德国等国家的宪法也采用这种方式。二是并不明文规定基本人权原则，只规定公民基本权利的内容。采用这种方式的有美国、委内瑞拉、埃及等。三是原则上确认基本人权，但对公民基本权利的内容规定较少。例如法国1958年宪法宣布"热爱1789年的《人权宣言》所规定的内容，并由1946年宪法序言所确认和补充的人权和国家主权原则"，但宪法的具体条文中只规定了选举权。

（3）法治原则

法治是与人治相对的概念，两者的争论历史较久。从西方看，从古希腊时期就开始两者的争论与对峙，亚里士多德就主张法治，认为不凭感情用事的统治者比凭感情用事的人们优良。要使事物合乎正义、公平，须有毫无偏私的权衡；而法律恰正是没有感情的，恰正是这样一个中道的平衡。而柏拉图则主张人治，在《柏拉图对话集》中他指出，除非哲学家充任国王，否则国家就永远不会摆脱灾难、得到安宁。中国古代也有法治与人治之争，但都以人治主义为前提，所不同的只是是否重视法的作用而已。因此，对于法治与人治之间的区分，应该要看到，其根本区别不是是否有人发挥作用，法治与人治都需要人发挥作用，在一个把法律当成统治工具的国家，仍然不是法治而是人治。因此，现在通说的观点认为，法治与人治的区分标准，应该是在法律权威和个人权威发生矛盾时何者居于优势。如法律权威高于个人权威，就是法治；如个人权威高于法律权威，便是人治。这种区分随着党的十八大之后中国强调全面推进依法治国，显得更加明显，对领导干部这一"关键少数"而言，必须树立法治思维，运用法治方式去推进改革、化解矛盾、维护稳定，这本身就是法治的集中体现。

近代法治理论被确认为宪法原则始自美国宪法和1791年以《人权宣言》为序言的法国宪法，其后为其他立宪国家的宪法所确认。一般认为，宪法的制定即是依法治国的法治核心已经确立，它本身就是近代法治原则的表现。概括起来，法治原则在各国宪法中的体现形式主要有两种：一种是在宪法序言或者宪法条文中明确宣布为法治国家。例如《葡萄牙共和国宪法》序言就明确了"确保法治在民主国家中的最高地位"。另一种是虽然不直接适用法治词语表述，但文字和内容中能够表明法治的基本原则。例如法国1958年宪法第一条规定的"自由、平等、博爱"，从某种意义上就是法治的价值体现。

（4）权力制约原则

权力制约原则是指国家权力的各部分之间相互监督、制衡，来保障公民基本权利不受侵犯。从历史上看，权力制约思想由来已久，最早是从分权学说中引申出来的，在西方国家集中体现为三权之间的分立，这一学说最早是由英国的洛克倡导，由法国的孟德斯鸠完成。它的理论基础是和社会契约论相结合的近代自然法学派学说；它的事实根据是英国的君主立宪制和英国的阶级妥协与阶级分权；它的中心思想的立论目的是以权力对抗权力，反对君主专制制度。

洛克、孟德斯鸠以英国的君主立宪制为事实根据创立近代分权学说以后，法国《人权宣言》即宣布了凡分权未确立的地方就没有宪法，把分权原则作为一项普遍的宪法原则。在资本主义国家中，除瑞士以外，都以不同的形式确认了这个原则。

权力制约原则既包括公民权利对国家权力的制约，也包括国家权力相互之间的制约。由于分权原则是权力制约原则的主要形式，因此有人质疑中国没有权力制约的基本原则。在本书看来，各个国家具有不同的历史传统，导致各国在权力制衡上也各有差异，即便是分权制国家也体现为三种不同的方式，没有必要苛求所有的国家在背弃国情的情况下去完全采纳一种全新的权力制约方式，那样反而容易引发国家秩序的紊乱。

2. 现代宪法基本原则在我国宪法中的具体体现

现代宪法基本原则在我国宪法中有充分的体现，具体表现如下。

在人民主权方面，人民主权原则在我国《宪法》中有这样的体现：其一，《宪法》第一条第一款明确规定："中华人民共和国是工人阶级领导的、以工农联盟为基础的人民民主专政的社会主义国家。"同时，第二条第一款规定："中华人民共和国的一切权力属于人民。"其二，规定实现人民主权的具体形式与途径，如《宪法》第二条第二、三款规定："人民行使国家权力的机关是全国人大和地方各级人民代表大会。人民依照法律规定，通过各种途径和形式，管理国家事务，管理经济和文化事务，管理社会事务。"其三，《宪法》对公民基本权利和义务的规定也是人民主权原则的具体体现。其四，为了体现人民主权原则，我国《宪法》规定了选举制度的基本原则，并以选举法具体给予保障。

在基本人权原则方面，从1949年《共同纲领》开始，我国宪法都规定公民的基本权利与义务，特别是2004年规定"国家尊重和保障人权"的宪法原则后，基本人权原则表现为国家的基本价值观。除此之外，我国宪法还规定了公民参与国家政治生活的权利和自由、公民的人身自由和信仰自由、公民社会经济文化方面的权利等公民的基本权利。

在法治原则方面，我国在1999年宪法修正案的第十三条明确规定了"中华人民共和国实行依法治国，建设社会主义法治国家"。其中的"法治国家"既包括实质意义的法治内涵，也包括形式意义的法治要素，是一种综合性的概念，体现了维护宪法秩序的基本要求。这与法治概念的演变趋势相一致。

在权力制约基本原则方面，我国宪法具体表现在三个方面：其一，

《宪法》规定了人民对国家权力活动进行监督的制度，如"全国人民代表大会和地方各级人民代表大会都由民主选举产生，对人民负责，受人民监督"，"国家行政机关、审判机关、检察机关都由人民代表大会产生，对它负责，受它监督"。其二，《宪法》规定了公民对国家机关及其公务员的监督权，如"中华人民共和国公民对于任何国家机关和国家工作人员，有提出批评和建议的权利"。其三，《宪法》规定了国家机关之间、国家机关内部不同的监督形式。如《宪法》第一百三十五条规定"人民法院、人民检察院和公安机关办理刑事案件，应当分工负责，互相配合，互相制约，以保证准确有效地执行法律"。

（三）我国现行宪法的基本原则

1. 我国宪法基本原则的确定

现代宪法基本原则在我国宪法中有独特表现，同时，基于我国宪法基本原则应反映我国社会主义初级阶段的基本国情，体现新中国成立以来中华民族从站起来、富起来到强起来的历史跨越，总结我国宪法理论创新和实践发展的基本经验，是我国制定、修改和实施宪法的基本准则，所以，具体原则既应该充分体现现代宪法的共性，又要充分具有自己的独特个性，契合我国国情。事实上，我国宪法的基本原则吸纳了现代宪法共性的原则，同时，又创新和发展，形成了具有中国特色的宪法基本原则。

我国宪法基本原则的确定有一个发展过程。我国现行宪法基本原则是在继承1954年《宪法》原则的基础上丰富和发展起来的。1954年《宪法》根据新中国成立后的形势和任务，在深刻总结中国近代关于宪法问题历史经验的基础上，确立了两个基本原则：人民民主原则和社会主义原则。确立这样两个基本原则，有着深刻的历史背景：新中国成立后，经过三年的国民经济恢复时期，我国开始了从新民主主义向社会主义转变的过渡时期。为此，我们党提出了过渡时期的总路线，并要求1954年《宪法》的制定，不仅要在《共同纲领》的基础上全面规范地确立人民民主原则，还必须遵循社会主义原则，用国家根本法的形式将过渡时期的总任务确定下来，保证在中国建立社会主义制度。1954年《宪法》科学地结合了人民民主与社会主义的原则性和逐步过渡的灵活性，不仅巩固了中国人民革命胜利的历史成果和新中国成立以来政治上、经济上的新胜利，而且把实际生活中已经发生的重大社会变革用法律的形式肯定下来，反映了过渡时期国家发展的根本要求和全国人民通过实践形成的建立社会主义社会的共同意愿，对于新中国顺利实现从新民主主义到社会主义过渡，全面推进社会主义建设发挥了重要的指导和保障作用。1954年以后的宪法都继承了上述基本原则，并根据国家政治状况和社会发展赋予其新的表述和内容。

党的十一届三中全会以后，我国进入了改革开放新时期；党的十八大以来，中国特色社会主义进入新时代。在中国特色社会主义现代化建设的伟大实践中，中国共产党坚持把马克思主义基本原理同中国具体实际结合起来，开辟了中国特色社会主义道路，形成了中国特色社会主义理论体系，完善了中国特色社会主义制度，弘扬了中国特色社会主义文化，不断增强了中国特色社会主义的道路、理论、制度和文化自信。我国宪法基本原则也随着中国特色社会主义理论和实践的发展而不断丰富和发展，随着宪法指导思想的与时俱进而不断丰富和发展。

2. 我国现行宪法的基本原则

（1）坚持中国共产党的领导

中国共产党是中国工人阶级的先锋队，同时也是中国人民和中华民族的先锋队，是中国特色社会主义事业的领导核心，代表中国先进生产力的发展要求，代表中国先进文化的前进方向，代表中国最广大人民群众的根本利益。党政军民学，东西南北中，中国共产党是领导一切的。坚持中国共产党领导，是我国宪法最鲜明的政治特征，是中国特色社会主义的最本质特征。我国现行宪法从历史、现实和未来三个维度，确立了中国共产党是我们一切事业领导核心的宪法地位。

第一，坚持中国共产党的领导，是历史和人民的选择。我国现行《宪法》序言通过记叙20世纪以来中国发生的四件大事，肯定我们党带领人民进行革命、建设、改革取得的伟大成果，确认了中国共产党的领导。这四件大事是：第一件，孙中山先生领导的辛亥革命，废除了封建帝制，创立了中华民国。但是，中国人民反对帝国主义和封建主义的历史任务还没有完成。第二件，中国人民在以毛泽东为领袖的中国共产党领导下，推翻了帝国主义、封建主义、官僚资本主义的统治，建立了中华人民共和国。第三件，消灭延续几千年的剥削制度，建立了社会主义制度。第四件，推进社会主义建设、改革开放和现代化建设取得了重大成果。其中，后三件大事，都是在中国共产党领导下，中国人民经过长期努力奋斗取得的伟大成就。我国宪法立足历史逻辑，通过记载近代以来党领导人民取得伟大胜利的历史事实，确认了历史和人民选择中国共产党领导的政治成果。

第二，坚持中国共产党的领导，是由我国的国体决定的。我国宪法立足国家的阶级本质，明确规定我国的国体是工人阶级领导的、以工农联盟为基础的人民民主专政的社会主义国家。而中国工人阶级要实现自己的领导，就要通过其先锋队即中国共产党才能达到。《中国共产党章程》也明确规定：中国共产党是中国工人阶级的先锋队，同时是中国人民和中华民族的先锋队，是中国特色社会主义事业的领导核心。党的领导是工人阶级领导的必然结果，是人民当家作主的根本保证，党的领导和执政就是要支持和保证人民当家作主，最广泛地动员和组织人民群众依法管理国家和社会事务，管理经济和文化事业，维护和实现最广大人民群众的根本利益。

第三，坚持中国共产党的领导，是由中华民族伟大复兴崇高目标和国家根本任务决定的。我国宪法着眼于"两个一百年"奋斗目标，确认中国各族人民将继续在中国共产党领导下，不断完善社会主义的各项制度，发展社会主义市场经济，发展社会主义民主，健全社会主义法治，努力把我国建设成为社会主义现代化国家。我国宪法集中体现了新时代党的主张和人民意志的高度统一，其序言规定："中国新民主主义革命的胜利和社会主义事业的成就，是中国共产党领导中国各族人民，在马克思列宁主义、毛泽东思想的指引下，坚持真理，修正错误，战胜许多艰难险阻而取得的。我国将长期处于社会主义初级阶段。国家的根本任务是，沿着中国特色社会主义道路，集中力量进行社会主义现代化建设。中国各族人民将继续在中国共产党领导下，在马克思列宁主义、毛泽东思想、邓小平理论、'三个代表'重要思想、科学发展观、习近平新时代中国特色社会主义思想指引下，坚持人民民主专政，坚持社会主义道路，坚持改革开放，不断完善社会主义的各项制度，发展社会主义市场经济，发展社会主义民主，健全社会主义法治，贯彻新发展理念，自力更生，艰苦奋斗，逐步实现工业、农业、国防和科学技术的现代化，推动物质文明、政治文明、精神文明、社会文明、生态文明协调发展，把我国建设成为富强民主文明和谐美丽的社会主义现代化强国，实现中华民族伟大复兴。"序言对中国共产党领导地位和执政地位的规定，既是对党领导人民进行革命、建设和改革历史经验的总结和对胜利成果的确认，也是对我国国体和社会主义制度的确认。全国各族人民、一切国家机关和武装力量、各政党和各社会团体、各企业事业组织，都必须以宪法为根本活动准则，严格遵守和实施宪法，毫不动摇地坚持中国共产党的领导。

2018年3月，十三届全国人大一次会议通过的《宪法修正案》第三十六条，把"中国共产党领导是中国特色社会主义最本质的特征"载入《宪法》总纲第一条，充实了宪法关于国家根本制度的条款，进一步加强和深化了现行宪法坚持中国共产党领导的原则和制度。首先，把党的领导与社会主义制度内在统一起来，是对马克思主义政党建设理论的运用和发展，是对共产党执政规律和社会主义建设规律认识的深化。其次，从社会主义本质属性的高度确定党在国家中的领导地位，有利于把党的领导贯彻落实到国家政治生活和社会生活的各个领域，实现全党全国人民思想上、政治上、行动上一致，确保中国特色社会主义事业始终沿着正确轨道向前推进。最后，党领导人民制定宪法和法律，党领导人民执行宪法和法律，党领导人民捍卫宪法和法律尊严，同时宪法也要为坚持党的领导提供有力法律保障。在《宪法》总纲规定的国家根本制度中充实"中国共产党领导是中国特色社会主义最本质的特征"的内容，使宪法"禁止任何组织或者个人破坏社会主义制度"的规定内在地包含"禁止破坏党的领导"的内涵，有利于强化党的领导地位的宪法权威，有利于增强全国各族人民、一切国家机关和武装力量、各政党和各社会团体、各企业事业组织坚持党的领导、维护党的领导的自觉性，有利于对反对、攻击和颠覆党的领导的行为形成强大震慑，并为惩处这些行为提供明确的宪法依据。

（2）人民当家作主

人民是历史的创造者，是决定党和国家前途命运的根本力量。在社会主义制度下，人民当家作主，国家的一切权力来自人民并且属于人民。国家权力必须服从人民的意志，服务人民的利益；国家权力的行使和运用，必须符合宪法。现行《宪法》第二条第一款规定："中华人民共和国的一切权力属于人民。"这一规定既是我国国家制度的核心内容和根本准则，也是人民当家作主原则的根本依据。我国宪法是充分保障人民权利、实现人民当家作主的宪法，是人民的宪法。

习近平总书记指出："不忘初心，方得始终。中国共产党人的初心和使命，就是为中国人民谋幸福，为中华民族谋复兴。这个初心和使命是激励中国共产党人不断前进的根本动力。全党同志一定要永远与人民同呼吸、共命运、心连心，永远把人民对美好生活的向往作为奋斗目标。"[1] 人民至上、以人民为中心，是我国现行宪法的本质要求，也是人民当家作主原则的集中体现。我国宪法规定的人民当家作主原则，与西方国家人民主权原则具有本质区别。第一，人民当家作主原则建立在马克思主义国家学说的基础之上。国家是阶级矛盾不可调和的产物，人民当家作主是人民作为国家主人享有最高权力的表现形式。这一原则科学揭示了一切权力属于人民原则的阶级基础，具有科学性。

---

[1] 习近平：《决胜全面建成小康社会　夺取新时代中国特色社会主义伟大胜利——在中国共产党第十九次全国代表大会上的报告》，人民出版社2017年版，第1页。

西方的人民主权原则建立在西方资产阶级思想家所主张的社会契约论的理论基础上，依据虚构的自然状态学说与抽象的人性论，将人民主权看作超阶级的社会全体成员的共同意志的表现，因而是唯心主义的、不科学的。第二，人民当家作主中的"人民"，是指掌握社会主义国家政权的最广大的人民群众。人民群众主要通过人民代表大会制、民主集中制和其他多种途径和形式来行使国家权力，实现当家作主，具有真实的民主性。西方国家人民主权原则主要通过代议制、分权制调整国家与人民的关系，国家权力实质上被牢牢地掌握在资产阶级手中，广大人民群众不可能真正掌握国家权力。

人民当家作主原则主要通过宪法规定得以实现。具体内容包括：第一，确认人民民主专政的国家性质，保障一切权力属于人民；第二，规定社会主义经济制度，奠定人民当家作主原则的社会主义经济基础；第三，规定社会主义政治制度，保障广大人民通过全国人民代表大会和地方各级人民代表大会，实现对国家权力的行使；第四，规定中华人民共和国武装力量属于人民，捍卫国家主权，防止国内外敌对势力颠覆，保障人民当家作主原则的实现；第五，根据宪法和法律的规定，人民通过其他各种民主途径和形式，如民族区域自治、基层群众自治、职工代表大会等，管理国家事务，管理经济和文化事业，管理社会事务，保障各民族一律平等，将人民当家作主原则贯彻于国家与社会生活的各个领域、各个方面；第六，规定广泛的公民基本权利及其保障措施，切实尊重和保障人权，保障人民当家作主原则得以实现。

我国是工人阶级领导的、以工农联盟为基础的人民民主专政的社会主义国家，国家一切权力属于人民。我们必须始终坚持人民立场，坚持人民主体地位，虚心向人民学习，倾听人民呼声，汲取人民智慧，把人民拥护不拥护、赞成不赞成、高兴不高兴、答应不答应作为衡量一切工作得失的根本标准，着力解决好人民最关心最直接最现实的利益问题，让全体中国人民和中华儿女在实现中华民族伟大复兴的历史进程中共享幸福和荣光。

人民当家作主原则是宪法的人民主权原则在我国的有效体现和发展。

（3）社会主义法治原则

正如前文所言，法治是相对于人治而言的，是指由宪法和法律规定的治国理政的价值、原则和方式。它以公平正义为价值取向，以民主政治为基础，以宪法法律至上为前提，以尊重和保障人权为核心，以确保权力正当运行为重点，是人类政治文明进步的重要标志。

"法治和人治问题是人类政治文明史上的一个基本问题，也是各国在实现现代化过程中必须面对和解决的一个重大问题。综观世界近现代史，凡是顺利实现现代化的国家，没有一个不是较好解决了法治和人治问题的。相反，一些国家虽然也一度实现快速发展，但并没有顺利迈进现代化的门槛，而是陷入这样或那样的'陷阱'，出现经济社会发展停滞甚至倒退的局面。后一种情况很大程度上与法治不彰有关。"[①] 中国共产党坚持法治反对人治，发展社会主义民主，健全社会主义法治，全面推进依法治国，是在深刻总结我国社会主义法治建设成功经验和深刻教训的基础上作出的重大抉择。我们党对依法治国问题的认识经历了一个不断深化的过程。

"新中国成立初期，我们党在废除旧法统的同时，积极运用新民

---

① 《习近平关于全面依法治国论述摘编》，中央文献出版社2015年版，第12页。

主主义革命时期根据地法制建设的成功经验，抓紧建设社会主义法治，初步奠定了社会主义法治的基础。后来，党在指导思想上发生'左'的错误，逐渐对法制不那么重视了，特别是'文化大革命'十年内乱使法制遭到严重破坏，付出了沉重代价，教训十分惨痛！"[1]邓小平同志在改革开放初期就强调，要加强社会主义民主和社会主义法制建设，重视党和国家制度的改革和建设，解决好法治和人治的关系问题。[2]

党的十一届三中全会总结民主法制建设的深刻教训，明确提出为了保障人民民主，必须加强社会主义法制，使民主制度化、法律化，使这种制度和法律具有稳定性、连续性和权威性，使之不因领导人的改变而改变，不因领导人的看法和注意力的改变而改变。党的十一届三中全会把加强社会主义民主法制建设作为治国理政的基本任务，提出了"有法可依、有法必依、执法必严、违法必究"的法制建设的基本方针，翻开了新时期中国特色社会主义法治建设的新篇章。

党的十五大提出依法治国、建设社会主义法治国家，强调依法治国是党领导人民治理国家的基本方略，是发展社会主义市场经济的客观需要，是社会文明进步的重要标志，是国家长治久安的重要保障。1999年通过的《中华人民共和国宪法修正案》，把"中华人民共和国实行依法治国，建设社会主义法治国家"载入《宪法》总纲第五条，使之成为一项宪法基本原则。

法治是治国之重器。"法治兴则国家兴，法治衰则国家乱。什么时候重视法治、法治昌明，什么时候就国泰民安；什么时候忽视法治、

---

[1] 《习近平关于全面依法治国论述摘编》，中央文献出版社2015年版，第8页。
[2] 参见《邓小平文选》第3卷，人民出版社1993年版，第177页。

法治松弛，什么时候就国乱民怨。"①党的十八大以来，以习近平同志为核心的党中央更加重视法治和依法治国在治国理政和社会主义现代化建设中的重要作用，强调依法治国是坚持和发展中国特色社会主义的本质要求和重要保障，是关系我们党执政兴国、关系人民幸福安康、关系党和国家长治久安的重大战略问题，要大力加强中国特色社会主义法治道路、法治体系和法治理论建设，全面推进依法治国、加快建设社会主义法治体系，努力把我国建设成为社会主义法治国家。2014年10月，党的十八届四中全会专门研究并作出《中共中央关于全面推进依法治国若干重大问题的决定》，进一步明确提出依法治国是党领导人民治国理政的基本方略，法治是党治国理政的基本方式，提出了全面推进依法治国的指导思想、基本原则、总目标、总抓手和基本任务、法治工作的基本格局，阐释了中国特色社会主义法治道路的核心要义，回答了党的领导与依法治国的关系等重大问题，制定了法治中国建设的路线图，按下了全面依法治国的"快进键"。执政的共产党专门作出依法治国的政治决定，这在世界共产主义运动160多年的历史上，在中国共产党成立以来90多年的历史上，在中华人民共和国成立以来，在改革开放以来，都是史无前例、彪炳千秋的第一次。这一决定开启了中国特色社会主义法治道路、法治理论、法治体系、法治文化"四位一体"全面建设的新征程，标志着我们党治国理政和全面依法治国从理论到实践进入了新的历史起点，具有十分重大的里程碑意义。

党的十八大以来，以习近平同志为核心的党中央不断明确立足中国特色社会主义进入新时代的基本国情和主要矛盾，面向"两个一百

---

① 《习近平关于全面依法治国论述摘编》，中央文献出版社2015年版，第8页。

年"奋斗目标,开启中国特色社会主义新征程,义无反顾地坚持建设中国特色社会主义法治体系、建设社会主义法治国家的总目标,坚定不移推进全面依法治国,坚定不移走中国特色社会主义法治道路,不断深化依法治国实践,努力完善以宪法为核心的中国特色社会主义法律体系,建设中国特色社会主义法治体系,建设社会主义法治国家,发展中国特色社会主义法治理论,坚持依法治国、依法执政、依法行政共同推进,坚持法治国家、法治政府、法治社会一体建设,坚持依法治国和以德治国相结合,依法治国和依规治党有机统一,深化司法体制改革,提高全民族法治素养和道德素质,实现到2035年基本建成法治国家、法治政府、法治社会的法治中国建设目标。[①]

坚持社会主义法治,推进全面依法治国,是坚持和发展中国特色社会主义的本质要求和重要保障,是党领导人民治理国家的一项基本方略,是我国宪法制度体系的重要原则。我国宪法确立了社会主义法治的基本原则,明确规定中华人民共和国实行依法治国,建设社会主义法治国家,国家维护社会主义法制的统一和尊严;规定任何组织或者个人都不得有超越宪法和法律的特权,一切违反宪法和法律的行为,必须予以追究;规定不同国家机构的职权范围,保证国家的立法、行政、监察和司法等公权力在宪法框架下和法治轨道上有序运行。现行宪法序言明确规定,宪法是国家的根本法,具有最高的法律效力。全国各族人民、一切国家机关和武装力量、各政党和各社会团体、各企业事业组织,都必须以宪法为根本的活动准则,并且负有维护宪法尊

[①] 参见习近平《决胜全面建成小康社会 夺取新时代中国特色社会主义伟大胜利——在中国共产党第十九次全国代表大会上的报告》,人民出版社2017年版,第22—23、28页。

严、保证宪法实施的职责。国家维护社会主义法制的统一和尊严。一切法律、行政法规和地方性法规都不得同宪法相抵触。一切国家机关和武装力量、各政党和各社会团体、各企业事业组织都必须遵守宪法和法律。一切违反宪法和法律的行为，必须予以追究。任何组织或者个人都不得有超越宪法和法律的特权。

我国宪法与社会主义法治共为一体，在推进全面依法治国的实践中，相互依存、相辅相成、休戚与共。新中国成立以来，尤其是改革开放和党的十八大以来的实践证明，凡是宪法制定、修改、维护和实施得好的时候，法治就发展进步，就能在保障人民权利和治国理政中发挥较好作用；凡是法治不断完善发展、得到全面遵守和实施的时候，宪法就能够贯彻好实施好，宪法权威就能够得到很好维护。反之，凡是法治遭到严重破坏和粗暴践踏的时候，宪法必然遭殃受损，人民利益和国家事业必然遭受损失，党和国家的权威必然受到损害。必须把宪法建设与法治建设紧密结合起来，充分发挥宪法在引领、推进和保障全面依法治国中的重要作用。推进全面依法治国，必须坚持和推进依宪治国，坚持宪法确定的中国共产党领导地位不动摇，坚持宪法确定的人民民主专政的国体和人民代表大会制度的政体不动摇，坚持宪法法律至上，全面贯彻实施宪法，树立和维护宪法在国家生活中的至高法律权威。

社会主义法治原则体现了宪法法治原则在我国的传承与发展。

（4）社会公平正义原则

公平正义是人民的期盼，是宪法和法治的灵魂。党的十九大报告在分析中国特色社会主义进入新时代的社会主要矛盾时就指出："中国特色社会主义进入新时代，我国社会主要矛盾已经转化为人民日益增长的美好生活需要和不平衡不充分的发展之间的矛盾。"强调"增进民生福祉是发展的根本目的。必须多谋民生之利、多解民生之忧,在发展中补齐民生短板、促进社会公平正义";要"努力让人民群众在每一个司法案件中感受到公平正义"。[1]党的二十大报告,进一步强调了相关理念,指出要"促进司法公正"。可见,公平正义不仅是社会主义核心价值观的重要内容,而且成为新时代人民日益增长的美好生活需要的重要方面,成为我国宪法和法治必须关切和回应的重大社会问题。推进全面依法治国,应当以维护公平正义、增进人民福祉为出发点和落脚点。"公正是法治的生命线。公平正义是我们党追求的一个非常崇高的价值,全心全意为人民服务的宗旨决定了我们必须追求公平正义,保护人民权益、伸张正义。全面依法治国,必须紧紧围绕保障和促进社会公平正义来进行。"[2]

公平正义是社会主义的本质要求,是社会主义核心价值观的重要内容,是宪法体现的中国共产党、国家和人民共同意志的崇高追求。新中国成立以来,党领导人民治国理政,经过努力先后解决了使中国人民"站起来"和"富起来"的问题,当下宪法和法治迫切需要解决的根本问题是如何"分配好蛋糕",努力使中国社会更加公平正义起来。实现公平正义是我国从社会主义初级阶段迈向高级阶段的必然要求,是党在现阶段领导和执政的根本使命,是中国特色社会主义法治的基本职责。

在当代中国,要实现社会主义的公平正义,"实现经济发展、政治

---

[1] 习近平:《决胜全面建成小康社会 夺取新时代中国特色社会主义伟大胜利——在中国共产党第十九次全国代表大会上的报告》,人民出版社2017年版,第11、23、39页。

[2] 《习近平关于全面依法治国论述摘编》,中央文献出版社2015年版,第38页。

清明、文化昌盛、社会公正、生态良好，必须更好发挥法治引领和规范作用。"[1]一要充分发挥宪法和法治的评判引领功能，完善我国社会公平正义的基本评判体系，"坚持在法治轨道上统筹社会力量、平衡社会利益、调节社会关系、规范社会行为，依靠法治解决各种社会矛盾和问题。"[2]二要通过民主科学立法，将事关人民群众公平正义的利益需求，尽可能纳入法律调整范围，转化为法律意义上的公平正义，使其具有明确性、规范性、统一性和可操作性。三要通过公平公正的实体法，合理规定公民的权利与义务，合理分配各种资源和利益，科学配置各类权力与责任，实现实体内容上的分配正义；通过民主科学有效的程序法，制定能够充分反映民意并为大多数人接受的程序规则，从程序法上来配置资源、平衡利益、协调矛盾、缓解冲突，实现程序规则上的公平正义。四要通过严格执法和公正司法，保障公众的合法权益。"公正司法是维护社会公平正义的最后一道防线。所谓公正司法，就是受到侵害的权利一定会得到保护和救济，违法犯罪活动一定要受到制裁和惩罚。"[3]五是政法机关要把维护社会稳定作为基本任务，把促进社会公平正义作为核心价值追求，把保障人民安居乐业作为根本目标，坚持严格执法、公正司法。"促进社会公平正义是政法工作的核心价值追求。从一定意义上说，公平正义是政法工作的生命线，司法机关是维护社会公平正义的最后一道防线。政法战线要肩扛公正天平、手持正义之剑，以实际行动维护社会公平正义，让人民群众切实

---

[1] 《习近平关于全面依法治国论述摘编》，中央文献出版社2015年版，第4—5页。
[2] 《习近平关于全面依法治国论述摘编》，中央文献出版社2015年版，第11页。
[3] 《习近平关于全面依法治国论述摘编》，中央文献出版社2015年版，第67页。

感受到公平正义就在身边。"[1]六要营造良好法治环境,"努力推动形成办事依法、遇事找法、解决问题用法、化解矛盾靠法的良好法治环境","形成人们不愿违法、不能违法、不敢违法的法治环境"。[2]公众在发生矛盾纠纷等利益冲突问题时,应通过法治方式理性维权,依法维护和实现自己表现为法定权利或权益的公平正义。

社会公平正义原则,实质是对宪法法治原则的创新与发展。

(5)尊重和保障人权原则

列宁说过:宪法就是一张写着人民权利的纸。[3]实现人民当家作主、依法保障全体公民享有广泛人权是社会主义宪法的内在要求和本质特征。为了依法保障全体公民享有广泛真实的人权和基本自由,1982年《宪法》不仅专章规定了公民的基本权利与基本义务,还于2004年通过宪法修正案,把"国家尊重和保障人权"载入宪法,使之成为一项重要的宪法原则。这是我国第一次将尊重和保障人权的原则载入宪法,其重要意义体现在以下方面:第一,它以根本法的形式确认国家尊重和保障人权,在新中国宪法史上具有里程碑意义;第二,它是中国共产党领导人民对人权长期进行探索的理论结晶和实践总结,是中国特色社会主义人权观及其基本立场的宪法化;第三,它是中国共产党立党为公、执政为民和以人为本的执政理念在宪法中的体现,为各级国家机关践行科学发展观提供了宪法准则;第四,它为我国人权事业发展指明了方向,奠定了完善人权保障制度的基础,为普及人权理念提供了保障。

---

[1] 《把促进社会公平正义作为核心价值追求》,《中国青年报》2014年1月9日。
[2] 《习近平关于全面依法治国论述摘编》,中央文献出版社2015年版,第44—45、109页。
[3] 《列宁全集》第12卷,人民出版社1987年版,第50页。

人权是人依其自然属性和社会本质所享有和应当享有的权利。[1]人权是人类的共同追求，充分享有人权是人类社会的共同奋斗目标，法治则是实现人权的根本保障。古罗马政治法律思想家西塞罗认为："法律的制定是为了保障公民的福祉、国家的繁昌和人们的安宁而幸福的生活。"[2]在我国，人权不仅是一个政治话语和意识形态概念，更是一个宪法法律概念。人权是人民当家作主的主体地位和根本利益的宪法化、法律化的表现形式，是人民幸福、人民利益、人民尊严的具体化、条文化和法治化。"中国建设社会主义法治国家，以确保公民权利的实现、人性尊严的捍卫、基本人权的落实为根本目的。"[3]我们党来自人民、植根人民、服务人民，一旦脱离群众，就会失去生命力。我们党和国家的一切事业，全面依法治国的事业，归根结底是为了人民、依靠人民、造福人民和保护人民的事业，必须以保障人民根本权益为出发点和落脚点。

宪法是保障公民权利的法律武器，"我们要依法保障全体公民享有广泛的权利"，"要通过不懈努力，在全社会牢固树立宪法和法律的权威，让广大人民群众充分相信法律、自觉运用法律，使广大人民群众认识到宪法不仅是全体公民必须遵循的行为规范，而且是保障公民权利的法律武器"。[4]习近平总书记指出："我们要随时随刻倾听人民呼声、回应人民期待，保证人民平等参与、平等发展权利，维护社会公

---

[1] 王家福、刘海年主编《中国人权百科全书》，中国大百科全书出版社1998年版，第481页。

[2] 西塞罗：《论共和国　论法律》，王焕生译，中国政法大学出版社1997年版，第219页。

[3] 《〈2014年中国人权事业的进展〉白皮书（全文）》，中华人民共和国国务院新闻办公室网站，http://www.scio.gov.cn/zxbd/tt/Document/1436898/14368（9）htm。

[4] 《习近平谈治国理政》，外文出版社2014年版，第141页。

平正义，在学有所教、劳有所得、病有所医、老有所养、住有所居上持续取得新进展，不断实现好、维护好、发展好最广大人民根本利益，使发展成果更多更公平惠及全体人民，在经济社会不断发展的基础上，朝着共同富裕方向稳步前进。"[1]把我们党全心全意为人民服务的政治承诺表达为法治话语，把党治国理政为了实现人民幸福和福祉的目标转化为法治话语，把人民主体地位和主体权利的诉求表述为法治话语，就是充分保障和实现人权。马克思指出："人们奋斗所争取的一切，都同他们的利益有关。"[2]在现代法治社会，人权的宪法法律化程度越高，法治对人权的实现保障得越彻底，司法对人权救济和保障得越充分，这个社会就越容易实现稳定和谐、公平正义、诚信有序。所以，尊重、保障和充分实现人权，必然是党领导人民治国理政、全面依法治国的重要内容。

"近代以后，中国人民历经苦难，深知人的价值、基本人权、人格尊严对社会发展进步的重大意义，倍加珍惜来之不易的和平发展环境，将坚定不移走和平发展道路、坚定不移推进中国人权事业和世界人权事业。中国共产党和中国政府始终尊重和保障人权。长期以来，中国坚持把人权的普遍性原则同中国实际相结合，不断推动经济社会发展，增进人民福祉，促进社会公平正义，加强人权法治保障，努力促进经济、社会、文化权利和公民、政治权利全面协调发展，显著提高了人民生存权、发展权的保障水平，走出了一条适合中国国情的人权发展道路。"[3]中国人民实现中华民族伟大复兴中国梦的过程，本质上就是实

---

[1] 中共中央文献研究室编《十八大以来重要文献选编》(上)，中央文献出版社2014年版，第236页。
[2] 《马克思恩格斯全集》第1卷，人民出版社1956年版，第82页。
[3] 《习近平致"2015·北京人权论坛"的贺信》，《人民日报》2015年9月17日。

现社会公平正义和不断推动人权事业发展的过程。党的二十大开启了现代化建设新征程，中国式现代化是物质文明与精神文明协调发展的现代化，在这样的现代化国度中，人的精神生活会得到更大改善，人权的内容会更加丰富完善。

实现中国梦，最根本的就是要实现国家富强、人民幸福和中华民族伟大复兴。对于中华民族的每一个成员来说，人民幸福最根本的体现，就是每一个人的每一项权利和基本自由都得到切实尊重和有效保障。只有保证公民在法律面前一律平等，尊重和保障人权，保证人民依法享有广泛的权利和自由，宪法法律才能深入人心，真正成为全体人民的自觉行动。正因为保障和实现人权已经成为中国的立国之本、中国共产党的执政之基、全国人民的主体之魂，因此习近平总书记强调指出："我们要依法保障全体公民享有广泛的权利，保障公民的人身权、财产权、基本政治权利等各项权利不受侵犯，保证公民的经济、文化、社会等各方面权利得到落实，努力维护最广大人民根本利益，保障人民群众对美好生活的向往和追求。"[1]正因为保障和实现人权与执政党的宗旨和国家职能直接相关，与全面建成小康社会、全面深化改革和全面依法治国的战略部署内在相融，因此党的十八大把"人权得到切实尊重和保障"明确规定为全面建成小康社会的目标之一，党的十八届三中全会提出要"完善人权司法保障制度"，党的十八届四中全会提出要"加强人权司法保障"，党的十八届五中全会强调要使"人权得到切实保障，产权得到有效保护"，党的十九大、二十大不断提升人权保障理念。这些关于保障人权的重要理念、政策和改革举措，使

---

[1]《习近平谈治国理政》，外文出版社2014年版，第141页。

宪法规定的一般人权原则得以具体化和法治化，使执政党关于"权为民所用、利为民所谋、情为民所系"的政治理念得以法律化和权利化，使关于人民平安幸福、自由平等、公平正义的抽象概念得以具体化和贯彻落实，从而具体落实了人民主体地位，夯实了党治国理政的民意基础，强化了党执政的权威性，充分体现了我国宪法的人民性。

我国宪法尊重和保障人权原则，集中体现了中国特色社会主义人权观，与西方国家的人权观有重大区别。从宪法的规定和实施来看，这一原则的特点主要表现在五个方面。一是宪法一方面规定国家尊重和保障人权，另一方面根据国情和社会发展状况具体列举了公民的基本权利和义务，体现了人权的普遍性和中国具体国情的结合，使国家尊重和保障人权的宪法原则具有真实性。二是宪法规定了公民广泛的基本权利，不仅包括狭义的公民权利和政治权利，还包括公民的经济、社会和文化权利；不仅包括个人人权，还包括集体人权，充分体现了我国宪法规定的尊重和保障人权的广泛性。三是从宪法规定的权利内容和保障措施看，尊重和保障人权的宪法原则突出了生存权和发展权的重要性，体现了我国人权观以生存权和发展权为首要人权的立场。我们一贯主张，人权实现的根本途径是经济发展和社会进步。对于发展中国家而言，生存权、发展权是最基本最重要的人权。我国有14亿多人，保护和促进人权，必须从这些权利入手，否则其他一切权利都无从谈起。四是宪法不仅规定公民的基本权利，而且规定公民的基本义务，体现了人权是权利与义务相统一的基本观念。五是尊重和保障人权的宪法原则注重人权在社会主义中国实现的基本条件，强调稳定是实现人权的前提，发展是实现人权的关键，法治是实现人权的保障。此外，尊重和保障人权的宪法原则，必须强调人权是一个国家主权范围内的问题，反对借口人权干涉一个国家的内政，也反对把人权作为实现对别国的某种政治企图的工具；强调国家尊重和保障人权的义务和责任，体现了国家主权在实现和保护人权方面的重要作用；强调国际社会应在平等和相互尊重的基础上进行合作，共同推进世界人权事业。

基本人权原则是宪法人权保障原则在我国的具体体现，契合我国国情，是实质的人权保障。

（6）权力监督与制约原则

权力监督与制约原则是为确保人民的权力属于人民、避免权力滥用而设计各种制度和方法以规范和控制国家权力范围及其行使方式的原则。在西方国家，权力监督与制约原则一般被称为"分权原则""三权分立原则"。但在实际操作中，这种分权常常成为不同利益集团之间的权力分配和制衡。马克思主义经典作家从人民民主的理论出发，在肯定"三权分立"理论的历史进步意义的基础上，对"三权分立"理论及其实践中的弊端进行了深刻批判。他们的理论和论述影响了社会主义国家权力监督和制约的实践。较之西方国家强调权力之间的分立制衡，我国权力监督与制约原则更注重权力分工与集中相统一基础上的权力的相互监督；较之西方国家只注重国家机关之间的监督制约，我国权力监督与制约原则不仅强调国家机构内部的监督，也重视人民对国家机构活动的监督。

纵观人类政治文明史，权力是一把双刃剑，在法治轨道上行使可以造福人民，在法律之外行使则必然祸害国家和人民。腐败现象千变万化，腐败行为林林总总，但归根结底是权力的腐败。因为权力不论大小，只要不受制约和监督，都可能被滥用；只要权力不受制约，必然产生腐败，绝对的权力产生绝对的腐败；因为权力的腐败是对法治的最大破坏，是对人权的最大侵害，是对执政党权威的最大损害，所以，依法治国必然要通过宪法、法律和各种制度在依法授权的同时对权力进行制约，必然要依宪分权、依法治权。权力腐败的表现形式各异，原因也不尽相同，但归根结底是权力滥用、权力寻租和权力异化，是掌握和行使公权力的各类主体的行为腐败，而这些主体基本上都是政府官员和各种公职人员，所以，依法治国不仅要依法治权，还要依法治官、从严治吏。"在一个法治的民主国家里，即便是那些担任公职的人也得受法律和司法的约束。"[1]权力腐败是法治的天敌，权力失控是法治的无能，权力滥用是法治的失职。依法治国必须依法治权，依法治权必须依法治官，从根本上解决权力腐败、权力失控和权力滥用问题。

根据我国宪法的相关规定，权力监督与制约原则主要体现在以下三个方面：

首先，权力监督与制约原则体现在人民对国家权力的监督方面。其理论依据在于一切权力属于人民。现行《宪法》除了第二条"一切权力属于人民"、第三条"全国人民代表大会和地方各级人民代表大会都由民主选举产生，对人民负责，受人民监督"的一般性规定之外，还就人大代表接受原选举单位和选民的监督作了具体规定。例如，第七十七条规定："全国人民代表大会代表受原选举单位的监督。原选举单位有权依照法律规定的程序罢免本单位选出的代表。"第一百零二条规定，地方各级人民代表大会代表接受原选举单位和选民的监督，原

---

[1] 约瑟夫·夏辛、容敏德编著《法治》，阿登纳基金会译，法律出版社2005年版，第51页。

选举单位和选民有权依照法律程序罢免由他们选出的代表。第六十三条规定，全国人民代表大会有权罢免中华人民共和国主席、副主席，国务院总理、副总理、国务委员、各部部长、各委员会主任、审计长、秘书长，中央军事委员会主席和中央军事委员会其他组成人员，国家监察委员会主任，最高人民法院院长，最高人民检察院检察长。第六十五条规定，全国人民代表大会常务委员会的组成人员不得担任国家行政机关、监察机关、审判机关和检察机关的职务。

其次，权力监督与制约原则体现在公民对国家机关和国家工作人员的监督方面。现行《宪法》第四十一条规定，公民"对于任何国家机关和国家工作人员，有提出批评和建议的权利；对于任何国家机关和国家工作人员的违法失职行为，有向有关国家机关提出申诉、控告或者检举的权利"，还规定"由于国家机关和国家工作人员侵犯公民权利而受到损失的人，有依照法律规定取得赔偿的权利"。明确了公民行使监督权和国家赔偿权的宪法依据。此外，现行《宪法》第三十五条对公民"言论、出版、集会、结社、游行、示威的自由"的规定以及其他对公民所享有的一系列基本权利和自由的规定，也为实现公民对国家机关和国家工作人员的监督提供了宪法保障。与公民的基本权利和自由相对应的则是国家机关必须履行的保护义务。公民的基本权利和自由是否得到实现以及实现到何种程度，则是判断国家机关工作成效的基本标准。

最后，权力监督与制约原则体现在国家机关之间的监督方面。由于国家机构的性质和层级不同，国家机关之间的监督主要表现为不同的监督关系：一是不同工作性质和职能的国家机关之间的监督关系，即人民代表大会在国家机构中处于核心地位，国家行政机关、监察机关、审判机关、检察机关都由人民代表大会产生，对它负责，受它监督。二是同一性质不同层级国家机关之间的监督关系，如现行《宪法》第一百零八条规定，县级以上人民政府有权改变或者撤销所属工作部门和下级人民政府的不适当的决定。第一百三十二条规定，上级人民法院监督下级人民法院的审判工作。第一百三十七条规定，上级人民检察院领导下级人民检察院的工作。三是处理某一类型事务时国家机关之间的监督关系。如现行《宪法》第一百四十条规定，人民法院、人民检察院和公安机关办理刑事案件，应当分工负责，互相配合，互相制约，以保证准确有效地执行法律。第一百二十七条规定，监察委员会依照法律规定独立行使监察权，不受行政机关、社会团体和个人的干涉。监察机关办理职务违法和职务犯罪案件，应当与审判机关、检察机关、执法部门互相配合，互相制约。

权力监督与制约是宪法权力制约原则的丰富与发展，既体现了对公权力的制约，又体现了监督。

（7）民主集中制原则

民主集中制原则是我国宪法的一项基本原则，它主要体现在国家机关的组织与活动中。现行《宪法》第三条第一款规定："中华人民共和国的国家机构实行民主集中制的原则。"民主集中制原则的基本含义是：第一，民主基础上的集中。我国的民主集中制离不开广泛的人民民主，这是民主集中制原则运行的前提。在国家政治生活中，必须坚持一切权力属于人民，人民依法管理国家事务，管理经济和文化事业，管理社会事务。第二，集中指导下的民主。社会主义民主离不开集中，民主集中制的集中不是少数人的独断，而是用民主方式集中广大人民群众的智慧，为广大人民群众的根本利益服务。第三，民主基础上的集中和集中指导下的民主的有机结合和辩证统一。民主和集中二者相辅相成、相互依存、不可分割，不能强调一方面而忽视另一方面。正如毛泽东所指出的："只有这个制度，才既能表现广泛的民主，使各级人民代表大会有高度的权力；又能集中处理国事，使各级政府能集中地处理被各级人民代表大会所委托的一切事务，并保障人民的一切必要的民主活动。"[①]

根据现行宪法的规定，民主集中制原则的主要内容是：一是在国家机构和人民的关系上，国家权力来自人民，人民代表大会由民主选举产生，对人民负责，受人民监督。二是在国家权力机关与其他国家机关的关系上，国家权力机关居于核心地位，其他的国家机关包括行政机关、监察机关、审判机关、检察机关都由它产生，对它负责，受它监督。国家机构的这种合理分工，既可以避免权力过分集中，又可以使国家的各项工作协调顺畅地进行。三是在中央国家机关和地方国家机关的关系上，遵循在中央的统一领导下，充分发挥地方的主动性与积极性的原则。四是国家权力机关的运行高度重视运用民主机制。国家权力机关制定法律和作出决策，都经过广泛讨论，实行少数服从多数的原则，集中体现人民的意志和利益。同时，全国人大及其常委会、地方各级人大及其常委会实行集体领导体制，集体行使职权，集体决定问题。

从世界范围来看，在国家治理体制中，如何兼顾民主与效率，是一道亘古难题。西方国家宪法普遍实行立法、行政、司法三权分立的体制，三权之间相互制衡，但常常相互掣肘、彼此抵牾，效率低下，

[①] 《毛泽东选集》第3卷，人民出版社1991年版，第1057页。

甚至导致国家机器"停摆"。我国宪法坚持中国共产党的统一领导，国家机关实行民主集中制原则，坚持民主与集中、民主与法治、选举民主与协商民主、直接民主与间接民主、人民民主与党内民主等相互配合、相辅相成，既可以充分发扬民主，又可以集中力量办大事，保证了国家机关构成的合理性及其高效运行，使得国家机关可以在权力运行中有效协调各个方面的不同利益关系，保证了国家的政治稳定和经济社会发展，从宪法体制上破解了"民主与效率不可兼得"的世界性难题，充分体现了我国宪法的制度特色和效率优势。

（8）国家统一和民族团结原则

国家统一是中华民族的最高利益，民族团结是国家统一和富强的重要基础。维护国家统一和民族团结，是我国现行宪法的神圣职责。我国《宪法》第五十二条明确规定，中华人民共和国公民有维护国家统一和全国各民族团结的义务。台湾是中华人民共和国神圣领土的一部分，完成统一祖国大业是包括台湾同胞在内的全中国人民的神圣职责。为了用和平方式解决历史遗留的香港和澳门问题，我国《宪法》第三十一条明确规定，国家在必要时得设立特别行政区。在特别行政区内实行的制度按照具体情况由全国人民代表大会以法律规定。根据《宪法》第三十一条的规定，全国人民代表大会已分别于1990年、1993年制定了《香港特别行政区基本法》和《澳门特别行政区基本法》，对中央与香港特别行政区和澳门特别行政区的关系，香港特别行政区和澳门特别行政区居民的基本权利和义务，香港特别行政区和澳门特别行政区的社会制度、政治制度、经济制度、文化制度等一系列事项作出规定，对我国恢复对香港和澳门行使国家主权、实现和维护国家统一发挥了重要作用。

保持香港、澳门长期繁荣稳定,实现祖国完全统一,是实现中华民族伟大复兴的必然要求。必须把维护中央对香港特别行政区、澳门特别行政区全面管治权和保障特别行政区高度自治权有机结合起来,确保"一国两制"方针不会变、不动摇,确保"一国两制"实践不变形、不走样。必须坚持一个中国原则,坚持"九二共识",推动两岸关系和平发展,深化两岸经济合作和文化往来,推动两岸同胞共同反对一切分裂国家的活动,共同为实现中华民族伟大复兴而奋斗。

为了贯彻落实维护国家统一的宪法原则,2005年3月14日十届全国人大三次会议通过了《反分裂国家法》。该法第一条明确规定,为了反对和遏制"台独"分裂势力分裂国家,促进祖国和平统一,维护台湾海峡地区和平稳定,维护国家主权和领土完整,维护中华民族的根本利益,根据宪法,制定本法。该法还明确规定:世界上只有一个中国,大陆和台湾同属一个中国,中国的主权和领土完整不容分割。维护国家主权和领土完整是包括台湾同胞在内的全中国人民的共同义务。台湾是中国的一部分。国家绝不允许"台独"分裂势力以任何名义、任何方式把台湾从中国分裂出去。"台独"分裂势力以任何名义、任何方式造成台湾从中国分裂出去的事实,或者发生将会导致台湾从中国分裂出去的重大事变,或者和平统一的可能性完全丧失,国家得采取非和平方式及其他必要措施,捍卫国家主权和领土完整。习近平总书记在十三届全国人大一次会议上的讲话中指出:"维护国家主权和领土完整,实现祖国完全统一,是全体中华儿女共同愿望,是中华民族根本利益所在。在这个民族大义和历史潮流面前,一切分裂祖国的行径和伎俩都是注定要失败的,都会受到人民的谴责和历史的惩罚!中国人民有坚定的意志、充分的信心、足够的能力挫败一切分裂国家的活动!

中国人民和中华民族有一个共同信念，这就是：我们伟大祖国的每一寸领土都绝对不能也绝对不可能从中国分割出去！"

我国宪法明确规定，中华人民共和国是全国各族人民共同缔造的统一的多民族国家。平等团结互助和谐的社会主义民族关系已经确立，并将继续加强。在维护民族团结的斗争中，既要反对大民族主义（主要是大汉族主义），也要反对地方民族主义。国家尽一切努力，促进全国各民族的共同繁荣。《宪法》第四条规定，中华人民共和国各民族一律平等。国家保障各少数民族的合法的权利和利益，维护和发展各民族的平等团结互助和谐关系。禁止对任何民族的歧视和压迫，禁止破坏民族团结和制造民族分裂的行为。国家根据各少数民族的特点和需要，帮助各少数民族地区加速经济和文化的发展。各少数民族聚居的地方实行区域自治，设立自治机关，行使自治权。各民族自治地方都是中华人民共和国不可分离的部分。各民族都有使用和发展自己的语言文字的自由，都有保持或者改革自己的风俗习惯的自由。为了加强和巩固民族团结，实现民族区域自治，我国制定了民族区域自治法，使民族团结的宪法原则得以具体化和法律化。

2018年通过的《宪法修正案》第三十四条，把《宪法》序言第十一自然段中"平等、团结、互助的社会主义民族关系已经确立，并将继续加强"修改为"平等团结互助和谐的社会主义民族关系已经确立，并将继续加强"。这一修改，有利于铸牢中华民族共同体意识，加强各民族交往交流交融，促进各民族和睦相处、和衷共济、和谐发展。各民族要相互了解、相互尊重、相互包容、相互欣赏、相互学习、相互帮助。社会主义社会的民族关系基本上是各民族劳动人民之间的关系。这就决定了社会主义民族关系是以平等、团结、互助、和谐为基本特征的。民族平等是指不同民族在社会生活和交往联系的相互关系中，处于同等的地位，具有同样的权利，履行相同的义务，反对一切形式的民族压迫、民族歧视和民族特权。民族团结是指不同民族在社会生活和交往联系中的和睦、友好和协调、联合。民族互助是指不同民族在社会生活和交往联系中的互助合作、互相帮助。民族和谐是指不同民族在社会生活和交往联系中，和睦相处、互相包容、和衷共济、和谐发展。平等是基石，团结是主线，互助是保障，和谐是本质，四者辩证统一。

三 我国宪法的修改

（一）宪法修改的一般原理

1. 宪法修改的必要性

宪法修改是指宪法修改机关认为宪法的部分内容不适应社会实际而依据宪法规定的特定修改程序对宪法进行删除、增加、变更的活动。在成文宪法国家，宪法的内容规定于一个或者几个宪法文件之中，当宪法文件的内容已经不适应社会实际时，就需要对其进行修改。而在不成文宪法国家，作为宪法组成部分的制定法即宪法性法律，如果不适应社会实际，应由立法机关根据修改法律的程序进行调整，属于法律修改的范畴。

从各国的宪法实践看，宪法之所以需要修改，主要有两方面原因：

其一，使宪法的规定适应社会实际的发展和变化。宪法规范属于法规范的一种，其基本功能是协调、规范社会关系，以维持正常、有序、公正的社会秩序。同时，法规范属于社会规范范畴，应当符合客观规律。因此，宪法规范应当与社会实际相适应，才能发挥应有作用。而社会实际总是处于发展变化之中的，由此就产生法规范（包括宪法规范）需要与社会实际相适应的问题。并且，在当初制宪或者修宪时，制宪者或者修宪者对社会实际认识和判断的局限性，会导致宪法规定不适应社会实际的情况，由此也会产生宪法修改问题。我国宪法是治国理政的总依据，必须体现党和人民事业的历史进步，必须随着党领导人民建设中国特色社会主义实践的发展而不断完善发展。

其二，弥补宪法规范在实施过程中出现的缺漏。制宪者受主观因素和客观条件的限制，在形成宪法规范过程中考虑不全面，致使宪法规范存在某些缺漏，需要通过修改的方式加以补充和完善。如我国1954年《宪法》第二十四条规定："如果遇到不能进行选举的非常情况，全国人民代表大会可以延长任期到下届全国人民代表大会举行第一次会议为止。"这一条款对于由什么机关来判断出现了"非常情况"及"非常情况"在消除以后的多长时间内必须举行选举工作都没有作出规定。1966年7月7日，三届全国人大常委会三十三次会议通过了《关于第三届全国人民代表大会第二次会议改期召开的决定》。这一决定致使四届全国人大一次会议延期至10年后的1975年才召开。现行《宪法》第六十条则作了比较完备的规定："如果遇到不能进行选举的非常情况，由全国人民代表大会常务委员会以全体组成人员的三分之二以上的多数通过，可以推迟选举，延长本届全国人民代表大会的任期。在非常情况结束后一年内，必须完成下届全国人民代表大会代表的选举。"

2. 宪法修改的限制

一些国家的宪法明确或暗含规定,宪法的某些内容不得成为修改的对象,尤其是以下三个方面,不得作为修改对象。一是宪法的根本原则和基本精神。如德国《基本法》第七十九条第三款规定:"对本基本法的修正不得影响联邦划分为州,以及各州按原则参与立法,或第一条和第二十条规定的基本原则。"四项基本原则是我国现行宪法的根本原则,也是我国的立国之本。宪法虽然没有明确规定四项基本原则不得修改,但很显然,它是现行宪法存在的基础。如果四项基本原则发生变化,国家的性质将发生变化,宪法的性质也同时发生变化。因此,我国的修宪机关在进行宪法修改时,不得对四项基本原则作否定性修改。二是国家的领土完整。如法国《宪法》第八十九条第四款规定:"如果有损于领土完整,任何修改程序均不开始或者继续进行。"三是政体。如意大利《宪法》第一百三十九条规定:"共和政体不得成为宪法修改的对象。"

3. 宪法修改的方式

一般认为,宪法修改主要有以下两种方式。

(1)全面修改

全面修改又称整体修改,是指在国家政权性质及制宪权根源没有发生变化的前提下,宪法修改机关对宪法的大部分内容(包括宪法结构)进行调整、变动,通过或批准整部宪法并重新予以颁布的活动。我国1975年《宪法》、1978年《宪法》及1982年《宪法》修改就属于全面修改。全面修改有两个基本特征:一是宪法修改活动依据原宪法所规定的宪法修改程序,这是全面修改宪法与制定宪法的主要区别;

二是宪法修改机关通过或者批准修改后的整部宪法并重新予以颁布，这是宪法全面修改与宪法修正案的主要区别。

（2）部分修改

宪法的部分修改是指宪法修改机关根据宪法修改程序以决议或者修正案等方式对宪法文本中的部分内容进行调整或变动的活动。我国1979年、1980年两次对1978年《宪法》的修改，以及1988年、1993年、1999年、2004年和2018年对现行宪法的修改就属于部分修改。部分修改有两个基本特征：一是依据宪法修改程序进行，这是部分修改与制定宪法的主要区别；二是通常不重新通过或者批准修改后的整部宪法，只是以通过决议或者修正案等形式删除、变更、补充宪法中的部分内容，这是部分修改与全面修改的主要区别。

部分修改主要有以下两种具体方式：其一，修宪机关以通过修宪决议的方式直接修改宪法的内容并重新公布宪法。这种方式的优点是修改的内容非常明确，哪些有效，哪些已经无效，一目了然；缺点是需要重新公布宪法，因而增加了宪法修改的频率。我国1979年和1980年的修改就属于这种方式。其二，修宪机关以修正案的方式修改宪法的内容。修正案方式的优点在于，不需要重新通过宪法或者重新公布宪法，能够保持宪法典的稳定性和完整性；同时，能够保持宪法的历史延续性。其缺点在于，需要将后面的新条文与前面的旧条文相对照之后，才能确定实际有效的宪法规定。我国分别于1988年、1993年、1999年、2004年和2018年五次运用修正案的方式修改了1982年《宪法》。

宪法修正案主要有以下三种功能：一是废除宪法原来的条款或者内容；二是变动宪法中的规定；三是增补宪法的条款或者内容。

4. 宪法修改的程序

宪法修改程序通常包括提案、先决投票、公告、议决、公布五个阶段。

（1）提案

宪法修正案的提议主体主要有以下三种：一是代议机关。如根据我国现行《宪法》第六十四条的规定，全国人大常委会或者1/5以上的全国人大代表有权提议修改宪法。二是国家元首或行政机关。极少数国家宪法规定，国家元首或行政机关有权提议修改宪法。三是混合主体。多数国家规定由国会、修宪大会和一定数量的公民提出。

（2）先决投票

一些国家规定在提议之后，送交议决机关议决之前，要就宪法修正案进行先决投票程序。实行先决投票程序的有30余个国家，如瑞士、委内瑞拉、希腊、巴拿马等。

（3）公告

一些国家还规定，在动议成立后，议决机关议决前，要将宪法修正案草案予以公告。有20余个国家的宪法明确规定了公告程序，如比利时、荷兰、卢森堡等。我国虽然没有规定宪法修改的公告程序，但在现行宪法通过以后的历次宪法修改中，均公布宪法修正案草案。

（4）议决

从各国宪法规定看，宪法修正案草案的议决机关主要有立法机关、特设机关、混合机关和行政机关四种。宪法修改草案通常要求议决机关以高于通过其他普通法案的出席及同意人数表决通过。如我国现行《宪法》第六十四条规定，宪法的修改由全国人民代表大会以全体代表的2/3以上的多数通过。

（5）公布

宪法修改草案通过以后，还须由法定主体以一定的方式予以公布，才能产生相应的法律效力。主要有三种情况：一是由国家元首公布；二是由代表机关公布；三是由行政机关公布。我国宪法没有明文规定宪法修正案的公布机关，实践中，一般由全国人大主席团以全国人大公告的方式公布。

（二）我国现行宪法的五次修改

随着改革开放和社会主义现代化建设事业的深入进行，我国的经济、政治、文化等领域不断发生变化，1982年《宪法》中某些条款和内容与现实发展不相适应，有必要进行修改。为了保证宪法的稳定性和权威性，并与时俱进地发展宪法，从1988年开始，全国人大以宪法修正案的方式先后五次对宪法的部分内容进行了修改。

1. 1988年的宪法修改

1988年4月12日，七届全国人大一次会议通过《中华人民共和国宪法修正案》（1988年），共两条，主要内容为以下两个方面。

第一，确认了私营经济的宪法地位。《宪法》第十一条增加规定："国家允许私营经济在法律规定的范围内存在和发展。私营经济是社会主义公有制经济的补充。国家保护私营经济的合法的权利和利益，对私营经济实行引导、监督和管理。"该条确立了私营经济的宪法地位，有利于促进私营经济的发展。

第二，修改了土地政策。《宪法》第十条第四款修改为："任何组织或者个人不得侵占、买卖或者以其他形式非法转让土地。土地的使用权可以依照法律的规定转让。"该规定明确了土地使用权可以依法转让，有利于土地的合理利用和经济发展。

2. 1993年的宪法修改

1993年3月29日，八届全国人大一次会议通过了《中华人民共和国宪法修正案》(1993年)，共9条，主要内容有以下五个方面。

第一，明确中国正处在社会主义初级阶段，国家的根本任务是根据建设有中国特色社会主义理论，集中力量进行社会主义现代化建设。

第二，明确规定逐步实现工业、农业、国防、科学技术现代化，把我国建设成为富强、民主、文明的社会主义国家。

第三，确认中国共产党领导的多党合作和政治协商制度将长期存在和发展。

第四，规定国家实行社会主义市场经济；将"国营经济"改为"国有经济"，以适应提高企业自主权的要求；规定"家庭联产承包为主的责任制"的法律地位。

第五，将县、不设区的市、市辖区的人民代表大会每届任期由三年改为五年。

3. 1999年的宪法修改

1999年3月15日，九届全国人大二次会议通过了《中华人民共和国宪法修正案》(1999年)，共6条，主要内容有以下四个方面。

第一，确立了邓小平理论在我国社会主义现代化建设中的指导地位；指出我国将长期处于社会主义初级阶段。

第二，确认实行"依法治国，建设社会主义法治国家"的治国方略。

第三，规定在社会主义初级阶段坚持公有制为主体、多种所有制经济共同发展的基本经济制度，坚持按劳分配为主体、多种分配方式并存的分配制度；农村集体经济组织实行家庭承包经营为基础、统分结合的双层经营体制；明确在法律规定范围内的个体经济、私营经济等是社会主义市场经济的重要组成部分。

第四，将1982年《宪法》第二十八条中的"反革命的活动"修改为"危害国家安全的犯罪活动"。

4. 2004年的宪法修改

2004年3月14日，十届全国人大二次会议通过《中华人民共和国宪法修正案》（2004年），共14条，主要内容有以下五个方面。

第一，确认"三个代表"重要思想在国家社会生活中的指导地位；明确物质文明、政治文明和精神文明协调发展；将"社会主义事业的建设者"列为爱国统一战线的组成部分。

第二，规定国家为了公共利益的需要，可以依照法律规定对公民的私有财产实行征收或征用并给予补偿；明确国家鼓励、支持和引导非公有制经济的发展；保护公民合法的私有财产不受侵犯。

第三，在公民权利保障方面，规定国家建立社会保障制度；国家尊重和保障人权。

第四，在国家机构设置方面，规定国家主席可进行国事活动；将乡、民族乡、镇的人民代表大会的任期延长为五年。

第五，将有关戒严的规定修改为紧急状态；规定中华人民共和国国歌是《义勇军进行曲》。

5. 2018年的宪法修改

自2004年《宪法》修改以来，党和国家事业又有了许多重要发展变化。特别是党的十八大以来，以习近平同志为核心的党中央团结带领全国各族人民毫不动摇地坚持和发展中国特色社会主义，统筹推进

"五位一体"总体布局，协调推进"四个全面"战略布局，推进党的建设新的伟大工程，形成一系列治国理政新理念新思想新战略，推动党和国家事业取得历史性成就，发生历史性变革，中国特色社会主义进入了新时代。党的十九大对新时代坚持和发展中国特色社会主义作出重大战略部署，提出了一系列重大政治论断，确立了习近平新时代中国特色社会主义思想在全党的指导地位，确定了新的奋斗目标，对党和国家事业发展具有重大指导和引领意义。

2017年9月29日，习近平总书记主持召开中央政治局会议，决定启动宪法修改工作，对宪法适时作出必要修改。2018年1月18日至19日，党的十九届二中全会审议并通过了《中共中央关于修改宪法部分内容的建议》。1月26日，中共中央向全国人大常委会提出《中国共产党中央委员会关于修改宪法部分内容的建议》。1月29日至30日，十二届全国人大常委会召开第三十二次会议，决定将《中华人民共和国宪法修正案（草案）》提请十三届全国人大一次会议审议。2018年3月11日，十三届全国人大一次会议通过了《中华人民共和国宪法修正案》，共21条，即第三十二至五十二条。此次宪法修改的内容较多，主要包括十一个方面的内容。

（1）确立科学发展观、习近平新时代中国特色社会主义思想在国家政治和社会生活中的指导地位

将《宪法》序言第七自然段中"在马克思列宁主义、毛泽东思想、邓小平理论和'三个代表'重要思想指引下"修改为"在马克思列宁主义、毛泽东思想、邓小平理论、'三个代表'重要思想、科学发展观、习近平新时代中国特色社会主义思想指引下"。同时，在"自力更生，艰苦奋斗"前增写"贯彻新发展理念"。

（2）调整充实中国特色社会主义事业总体布局和第二个百年奋斗目标的内容

将《宪法》序言第七自然段中"推动物质文明、政治文明和精神文明协调发展，把我国建设成为富强、民主、文明的社会主义国家"修改为"推动物质文明、政治文明、精神文明、社会文明、生态文明协调发展，把我国建设成为富强民主文明和谐美丽的社会主义现代化强国，实现中华民族伟大复兴"。与此相适应，在《宪法》第三章"国家机构"第八十九条第六项"领导和管理经济工作和城乡建设"后面，增加"生态文明建设"的内容。

（3）完善依法治国和宪法实施举措

将《宪法》序言第七自然段中"健全社会主义法制"修改为"健全社会主义法治"。同时，在《宪法》第一章"总纲"第二十七条增加一款，作为第三款："国家工作人员就职时应当依照法律规定公开进行宪法宣誓。"此外，为推进合宪性审查工作，还将《宪法》第七十条第一款中"全国人民代表大会设立民族委员会、法律委员会、财政经济委员会、教育科学文化卫生委员会、外事委员会、华侨委员会和其他需要设立的专门委员会"修改为"全国人民代表大会设立民族委员会、宪法和法律委员会、财政经济委员会、教育科学文化卫生委员会、外事委员会、华侨委员会和其他需要设立的专门委员会"。

（4）充实完善我国革命和建设发展历程的内容

将《宪法》序言第十自然段中的"在长期的革命和建设过程中"修改为"在长期的革命、建设、改革过程中"；将《宪法》序言第十二自然段中的"中国革命和建设的成就是同世界人民的支持分不开的"修改为"中国革命、建设、改革的成就是同世界人民的支持分不开的"。

（5）充实完善爱国统一战线和民族关系的内容

将《宪法》序言第十自然段中"包括全体社会主义劳动者、社会主义事业的建设者、拥护社会主义的爱国者和拥护祖国统一的爱国者的广泛的爱国统一战线"修改为"包括全体社会主义劳动者、社会主义事业的建设者、拥护社会主义的爱国者、拥护祖国统一和致力于中华民族伟大复兴的爱国者的广泛的爱国统一战线"。将《宪法》序言第十一自然段中"平等、团结、互助的社会主义民族关系已经确立，并将继续加强"修改为"平等团结互助和谐的社会主义民族关系已经确立，并将继续加强"。与此相适应，将《宪法》第一章"总纲"第四条第一款中的"维护和发展各民族的平等、团结、互助关系"修改为"维护和发展各民族的平等团结互助和谐关系"。

（6）充实和平外交政策方面的内容

在《宪法》序言第十二自然段中的"中国坚持独立自主的对外政策，坚持互相尊重主权和领土完整、互不侵犯、互不干涉内政、平等互利、和平共处的五项原则"后增加"坚持和平发展道路，坚持互利共赢开放战略"；将"发展同各国的外交关系和经济、文化的交流"修改为"发展同各国的外交关系和经济、文化交流，推动构建人类命运共同体"。

（7）充实坚持和加强中国共产党全面领导的内容

在《宪法》第一章"总纲"第一条第二款"社会主义制度是中华人民共和国的根本制度"后增写一句，内容为"中国共产党领导是中国特色社会主义最本质的特征"。

（8）增加倡导社会主义核心价值观的内容

将《宪法》第一章"总纲"第二十四条第二款中的"国家提倡爱

祖国、爱人民、爱劳动、爱科学、爱社会主义的公德"修改为"国家倡导社会主义核心价值观，提倡爱祖国、爱人民、爱劳动、爱科学、爱社会主义的公德"。

（9）修改国家主席任职方面的有关规定

将《宪法》第三章"国家机构"第七十九条第三款"中华人民共和国主席、副主席每届任期同全国人民代表大会每届任期相同，连续任职不得超过两届"中的"连续任职不得超过两届"删去。

（10）增加设区的市制定地方性法规的规定

在《宪法》第三章"国家机构"第一百条增加一款，作为第二款："设区的市的人民代表大会和它们的常务委员会，在不同宪法、法律、行政法规和本省、自治区的地方性法规相抵触的前提下，可以依照法律规定制定地方性法规，报本省、自治区人民代表大会常务委员会批准后施行。"

（11）增加有关监察委员会的各项规定

为了贯彻和体现深化国家监察体制改革的精神，为成立监察委员会提供宪法依据，在《宪法》第三章"国家机构"第六节"民族自治地方的自治机关"后增加一节——第七节"监察委员会"，就国家监察委员会和地方各级监察委员会的性质、地位、名称、人员组成、任期任届、领导体制、工作机制等作出规定。与此相适应，还对其他相应条款作了修改。

总之，从新中国成立至今，《共同纲领》在新中国成立初期起到了临时宪法的作用；1954年《宪法》是新中国第一部社会主义类型的宪法；1975年、1978年颁布的两部宪法限于当时的历史条件，是不完善的宪法；现行《宪法》是一部符合我国国情的中国特色社会主义宪法。

宪法必须随着党和国家事业的发展而不断发展，这是我国宪法发展的一个显著特点，也是一条基本规律。实践表明，我国宪法是随着时代的进步、党和人民事业的发展而不断发展的，宪法确立的一系列制度、原则和规则，确定的一系列大政方针，为新时代坚持和发展中国特色社会主义、实现"两个一百年"奋斗目标和中华民族伟大复兴的中国梦提供了有力的宪法保障。

四 我国宪法的实施

（一）宪法实施的必要性

1. 宪法是国家制度和国家治理体系的总依据，需要实施

宪法是治国安邦的总章程，是确立和发展国家制度的根本法律形式，需要在现实中得以落实。1954年刘少奇同志在关于"五四宪法"草案的报告中说：新中国成立后，我国已经建立了工人阶级领导的人民民主的国家制度；宪法的基本任务，就是用法律的形式规定社会制度和国家制度。改革开放以来，我们党更加重视发挥宪法在国家制度体系建设中的重要作用。我国现行宪法以国家根本法的形式，全面确立了中国特色社会主义道路、理论和制度的发展成果，成为国家制度和国家治理体系在法律上的最高体现。2018年2月，习近平总书记在主持十九届中央政治局第四次集体学习时的重要讲话中指出：宪法是国家根本法，是国家各种制度和法律法规的总依据。我们坚持和完善中国特色社会主义制度，要对我国宪法确认的中国共产党领导和我国社会主义制度充满自信，并在现实中得以充分展现。

宪法作为国家的根本法，调整的是国家生活中最重要的政治关系，配置的是国家体制中最重大的权力职能，保障的是公民利益中最基本的权利和自由，规定的是各种制度中最重要的国家制度和国家治理体系，维系的是国家和社会秩序中最根本的政治和法治秩序，需要得到实施。在我国，宪法既是坚持和完善中国特色社会主义制度的规范基础，也是推进国家治理体系和治理能力现代化的制度保障；既是治国安邦的总章程和治国理政的总遵循，也是加强国家制度和国家治理体系建设的总依据和总规范。只有实施宪法，才能发挥宪法的功能，让宪法确定的中国特色社会主义根本制度、基本制度和重要制度，具有最高法律地位、法律权威、法律效力。

2. 宪法确立了国家制度和国家治理体系架构，必须得到实施

我们党在领导人民推进治国理政的伟大实践中，高度重视宪法实施，通过宪法加强国家制度建设，确立以宪法为根基的国家制度和国家治理体系架构。

中国特色社会主义制度是当代中国发展进步的根本制度保障，是具有鲜明中国特色、显著制度优势、强大自我完善能力的先进制度。我国宪法确立了中国特色社会主义的根本制度。《宪法》总纲第一条开宗明义地规定：社会主义制度是中华人民共和国的根本制度。中国共产党领导是中国特色社会主义最本质的特征。禁止任何组织或者个人破坏社会主义制度。《宪法》序言规定：本宪法以法律的形式确认了中国各族人民奋斗的成果，规定了国家的根本制度和根本任务；明确提出"沿着中国特色社会主义道路……不断完善社会主义的各项制度……把我国建设成为富强民主文明和谐美丽的社会主义现代化强国"。我国宪法明确规定社会主义制度是国家的根本制度,既从根本上标识了我们国家制度的社会主义性质,也从本质上体现了我国宪法的社会主义属性。

在现行宪法确立的根本制度体系中,中国共产党的领导制度,是我国的根本领导制度,在宪法和国家制度体系中居于统领地位,发挥核心作用。人民代表大会制度,是我国的根本政治制度,是坚持党的领导、人民当家作主和依法治国有机统一的根本政治制度平台,也是支撑国家治理体系和治理能力的根本政治制度。生产资料的社会主义公有制,是我国社会主义经济制度的基础,也是确保我国国家制度和国家治理体系的社会主义性质不可或缺的经济基础。坚持马克思列宁主义、毛泽东思想、邓小平理论、"三个代表"重要思想、科学发展观、习近平新时代中国特色社会主义思想,是我国宪法的指导思想,是宪法确立的马克思主义在我国意识形态领域指导地位的根本制度。我国宪法还明确提出"推动物质文明、政治文明、精神文明、社会文明、生态文明协调发展,把我国建设成为富强民主文明和谐美丽的社会主义现代化强国,实现中华民族伟大复兴"。我国的根本制度,得到宪法确认,具有宪法地位,是国家制度宪法化的最高体现。这些在实践中,必须确保实施到位。

宪法确立了国家的基本制度和重要制度,需要在实践中落实到位。在我国宪法确立的国家制度体系中,中国共产党领导的多党合作和政治协商制度、民族区域自治制度、基层民主自治制度,是我国的基本政治制度。以公有制为主体、多种所有制经济共同发展的制度,按劳分配为主体、多种分配方式并存的分配制度,社会主义市场经济体制,是我国的基本经济制度。党对人民军队绝对领导的制度，是我国宪法构建的基本军事制度。

实行依法治国，建设社会主义法治国家，健全社会主义法治，维护国家法制统一，是我国的基本法律制度。国家行政制度、国家监察制度、国家司法制度、"一国两制"、民主选举制度、人权保障制度、民主集中制、社会保障制度等，都是我国宪法确认的重要制度。这些都必须在实践中得到落实。

实践充分证明，我国宪法确立和保障的国家制度和国家治理体系，能够有效保证人民享有更加广泛、更加充实的权利和自由，保证人民广泛参加国家治理和社会治理；能够有效调节国家政治关系，发展充满活力的政党关系、民族关系、宗教关系、阶层关系、海内外同胞关系，增强民族凝聚力，形成安定团结的政治局面；能够集中力量办大事，有效促进社会生产力解放和发展，促进现代化建设各项事业，促进人民生活质量和水平不断提高；能够有效维护国家独立自主，有力维护国家主权、安全、发展利益，维护中国人民和中华民族的福祉。所以实践中对于宪法确立的制度和原则必须长期坚持、全面贯彻，并不断发展。这就意味着宪法的实施，是一个不断推进的过程。

3. 宪法实施，有助于充分发挥宪法在引领和推进国家制度和国家治理体系现代化建设中的重要作用

当前，坚持和完善中国特色社会主义制度、推进国家治理体系和治理能力现代化，总体目标是要实现各方面制度更加成熟、更加定型、更加完善，使中国特色社会主义制度更加巩固、优越性充分展现。国家制度和国家治理体系更加成熟更加定型的一个重要标准，是有关制度得到国家宪法的系统性确认、整体性规范和有效性保障；国家制度优越性得到充分展现的一个重要标志,是国家宪法制度不断发展完善,得到切实有效贯彻实施,从而把宪法确立的中国特色社会主义制度优势,更好转变为依宪治国、依宪执政的治理效能。

一是以党的二十大精神为指引,进一步总结概括以宪法为基石的中国特色社会主义制度的显著宪制优势,全面把握现行宪法与国家制度和国家治理体系的内在联系和本质特征,深刻理解"中国共产党领导是中国特色社会主义最本质的特征"的宪法价值和制度意义,科学阐释宪法对于加强国家制度和国家治理体系建设总依据、总规范、总遵循的时代内涵,为坚持和完善中国特色社会主义制度、推进国家治理现代化提供更充分的合宪性理据和更有力的宪法保障。

二是根据坚持和完善中国特色社会主义制度的新目标新任务,切实把学习宣传宪法与学习国家制度紧密结合起来。宪法和国家制度的权威源自人民的内心拥护和真诚信仰,加强宪法学习宣传教育是实施宪法和推进国家治理现代化的重要基础。要在全社会广泛开展尊崇宪法和国家制度、学习宪法和国家制度、遵守宪法和国家制度、维护宪法和国家制度的宣传教育,弘扬宪法和中国特色社会主义制度精神,不断增强广大干部群众的宪法观念和制度意识,增强宪法自信,使全体人民成为宪法和国家制度的忠实崇尚者、自觉遵守者、坚定捍卫者,成为国家治理现代化的积极参与者、大力推动者。

三是加快推进中国特色社会主义法治体系建设,为宪法实施和制度执行提供良好法治环境和法治保障。应当以宪法为最高法律规范和根本法律依据,全面推进依法治国实践,把国家各项事业和各项工作纳入法治轨道,实现国家和社会生活制度化、法治化。应当切实健全保证宪法全面实施的体制机制,加强宪法实施和监督,落实宪法解释程序机制，推进合宪性审查工作，加强备案审查制度和能力建设，依法撤销和纠正违宪违法的规范性文件，把实施宪法提高到新的水平。

四是加强和深化宪法理论研究，为建设更加成熟更加定型的国家制度和国家治理体系，提供科学有力的法理依据和宪法保障。宪法作为国家制度体系最重要的宪制基石、最基本的法治载体和最高的法律依据，应当对我国的根本制度、基本制度和重要制度作出全面明确的规定，从而用宪法更好地引领、促进和保障中国特色社会主义制度的坚持和完善。同时，要与时俱进地完善宪法。我们修改宪法的目的，是通过修改使我国宪法更好体现人民意志，更好体现中国特色社会主义制度的优势，更好适应推进国家治理体系和治理能力现代化的要求。我们应当根据党的二十大的战略部署，进一步加强和深化宪法理论研究，用具有中国特色、中国风格、中国气派的宪法理论，回应、坚持和完善中国特色社会主义制度的宪法新需求；用不断发展完善的宪法顶层制度设计，积极发挥宪法治国安邦的作用，引领和保障国家制度体系现代化顺利推进。

（二）我国宪法实施的基本模式

1. 我国宪法的双重性质

一般而言，宪法具有双重性质，它既是一种法律现象也是一种政治现象。基于宪法的这种双重性质，宪法实施大致可以分为法律实施和政治实施两种类型。从法律的视角看，作为根本规范的宪法为国家行为设定必要界限和限度，公权力在遵守宪法的过程中获得合法性和正当性。在这种视角下，宪法具有最高法律效力，政治并非宪法的目的，而是宪法规范的对象。与此相适应，宪法实施的方式就是以法律的形式来约束和驯化政治。从政治的视角看，宪法规范并非政治的起点，而是确认政治决定的形式和载体。相应的，宪法实施是为了实现某种政治目的，而这种目的本身是高于宪法规范的。如果借用社会系统理论的概念来说，法律实施主要是一种"条件程式"（conditional programme），而政治实施则体现为一种"目的程式"（purpose-specific programme）。简而言之，法律化的方式主要是通过宪法审查来判断是否符合宪法规定的条件（即合宪还是违宪）；而政治化的方式则是指政治部门（比如国会、行政机关等）依据职权实施宪法，实现某种政治目的。比较宪法的研究表明，大多数西方法治国家都有一个专门的法律实施机构。只有在少数宪法模式下，仅有政治实施机制，没有法律实施机制。因此，西方主流的宪法理论强调以法律化的方式来实施宪法，认为司法机关在实施宪法方面具有优越地位。当然，司法也并非宪法实施的唯一途径，政治部门也在实施宪法。西方国家宪法的政治实施和法律实施可以大体上概括为：法律机构仅处理法律问题，对于政治问题则留给政治部门解决。

作为成文宪法的一种特殊形态，中国宪法同样具有政治和法律的双重属性。但是与西方国家宪法实施模式不同，中国宪法实施很难从机构分工的角度来区分宪法的政治实施和法律实施。如果从功能主义的视角看，法律机构也可能进行政治化的宪法实施，政治机构也可能以法律化的方式来实施宪法。前者例如司法机关对宪法进行政治化的学习贯彻活动；后者例如执政党对党内法规系统进行的合宪（法）性审查。实际上，中国的法律机构往往并非一个纯粹的法律部门，同时也是一个政治部门，承担着一定的政治功能。任何法律部门都必须而且实际上也是很"讲政治"。在这种法律系统从属于政治系统的背景下，宪法问题往往被认为是政治问题，政治化实施是中国宪法实施的主要方式。

2. 通过立法推动宪法的实施

回顾几十年来宪法实施的过程，宪法实施主要以立法实施为主。对此，主流政治话语中的表述是"通过（制定）完备的法律推动宪法实施"。比如，针对民法典起草工作，十二届全国人大常委会副委员长李建国明确指出，制定民法总则"要体现宪法精神，贯彻宪法原则，从民法角度保护宪法规定的公民的权利和自由，落实宪法规定的社会主义初级阶段基本经济制度和相关制度"。中国立法机关制定法律的时候通常会在总则中作出"依据宪法，制定本法"的规定。这种表述在国外立法中并不多见。从宪法实施以来的立法统计数据来看，大多数立法都是对宪法规定进行具体化的结果。立法实施的主要方式包括将宪法确立的制度进一步具体化、体系化，通过立法来具体化宪法的组织规范和权利规范体系，以及确立基本权利的各种保障制度等。具体形式有：一是通过框架性立法（framework legislation）来实施宪法，具体化宪法规定的各种国家权力运作的组织规范和程序规范。从比较法的角度看，中国宪法更多的是一个原则性的组织程序结构，而不是一个分权制衡结构。这种特征决定了宪法的组织和程序规范需要立法进行具体化。这种框架性立法不同于根据宪法上的立法权限进行的一般立法，甚至被认为是具有准宪法性质的法律规范。二是将抽象的基本权利具体法定化为不同类型的法律权利，在公法和私法体系中分别设定不同的法律制度：一方面，通过立法设定保障权利并限制权力的公法制度，如行政许可法、行政强制法、行政处罚法等；另一方面，通过立法确认私法制度，界定平等主体之间的权利义务关系。三是通过立法完善基本权利的积极保障制度。具体而言，通过具体的立法来对基本权利保障所必需的法律制度进行确认，比如司法和诉讼制度、社会保障制度、教育制度等。四是设定基本权利保障的法律界限。宪法规定的基本权利只是一种原则性的宣示，因此需要立法对各种基本权利的具体行使范围进行法律上的界定。但由于缺乏法律的合宪性审查，这种法律上的限制是否具有正当性仍缺乏宪法上的判断标准。

我国现行宪法主要内容

第三讲 CHAPTER 3

"宪法是国家的根本法，是治国安邦的总章程"，这是《习近平谈治国理政》一书中明确提出的重要观点。宪法之所以是治国安邦的总章程，具有治国安邦属性，是因为它的正当性，因为它所规定的基本内容具有根本法的属性，因为它解决了重要的国家问题。

对于公民个人，研究和学习宪法也具有重大意义。一是学习宪法可以使我们清晰地知道：我们是什么国家？我们的国家基本制度有哪些？为何说人民代表大会制度是我国的根本政治制度？我们为什么要遵守和维护宪法权威，从而坚定自己的爱国主义情怀？二是学习宪法有助于公民了解自身的基本权利和义务，使公民树立正确的权利和义务相一致的观点，明白既没有脱离权利的义务，也没有脱离义务的权利，从而更好地运用宪法维护自身的合法利益。三是学习宪法还有助于每个公民积极投身到推进国家的民主政治建设和法治建设的进程中去，为实现依宪治国的目标，端正自己的宪法观和权利观，牢固树立起中国特色社会主义民主与法治理念。

一 宪法序言

宪法序言，又称宪法前言，顾名思义，是指以"序言"或"前言"等形式在宪法中确认的、位于正文之前、具有相对独立性，并成为宪法正式文本之有效组成部分的叙述性文字。由于各国对宪法序言的功能认识存在差异，导致赋予其的功能也各不相同。因此，我们难以对宪法序言的功能和内容进行全面而准确地概括。然而，我们不应忽视宪法序言的独特作用和价值。作为宪法的重要组成部分，宪法序言不仅阐述了国家的根本原则、基本制度、公民权利和义务等内容，还为后续正文内容提供了背景和前提。它是一个国家宪法的灵魂，为整个宪法奠定了基础和方向。

（一）宪法序言的特征

宪法序言有以下五个特征。第一，宪法序言位于宪法正文之前。第二，宪法序言是一种叙述性的文字，主要用以叙述立宪之根据、建国的由来、国家之目的、宪法之地位及确立意识形态等，在内容上不属于宪法规范，不适宜写进宪法正文。须注意的是，宪法序言也有以条文形式表现的，如玻利维亚共和国宪法的序言就由4个条文构成，但是不能认为这些条文是宪法正文。第三，宪法直接将其确认为序言，或者该国传统、习惯及宪法学理论将其视为序言。位于宪法正文之前的叙述性文字并不总是宪法序言，还要该宪法确认它是否为序言。如法国1958年《宪法》的序言前还有一段文字，"共和国政府根据1958年6月3日的宪法性法律建议，法国人民通过，共和国总统公布宪法性法律，其内容如下"，该宪法将接下来的文字标明为"序言"，这说明该宪法并未将前面这段文字视为序言，在这种情况下，我们则须尊重该宪法的意愿。第四，宪法序言是正式公布的宪法文本的有效组成部分。第五，宪法序言在内容上具有相对独立性。

此外，宪法序言与宪法正文还有一定的关联性。首先，宪法序言与宪法正文共同构成完整的宪法典。这是从宪法的形式结构上讲的。一部拥有序言的宪法，其序言是宪法的组成部分之一。因此，对一部拥有序言的宪法而言，其完整的形式结构一般包括序言、总则、分则、附则四个组成部分。

其次，宪法序言与宪法正文分享共同的原则和精神。这意味着序言与宪法正文在内容和含义上必须保持高度和谐一致，而不能出现矛盾、抵触。二者如有抵触或矛盾，应当依序言优先的原则进行解释，这是因为序言是在更高的层次上（往往是在政治层面上）进行的原则概括和抽象，应当具有更普遍的适用性。当然，如果二者之间的矛盾、冲突较大，不能用解释的办法进行弥合，则应考虑修宪了。一些纯粹叙述性的宪法序言似乎并不包含什么原则和精神，但仍须保持序言与宪法正文之间的一致性。

最后，宪法序言与宪法正文在内容上互为补充。一方面，包含基本原则、精神的宪法序言，对宪法正文的适用和解释具有约束力，也即宪法具体条文的适用与解释必须贯彻序言所载的原则和精神，而对宪法具体条文没有规定的事项的处理，需遵从序言的原则、精神。"宪法本文的各个条款的实施也只有和宪法序言所宣布的原则相结合才能有明确的目的"，因此宪法序言"构成宪法本文的指导原则"。另一方面，对宪法序言内容的准确、全面把握，并使它在实践中真正实现，往往也依赖于宪法正文的具体条文。如我国宪法序言最后一段赋予了宪法的根本法地位、规定自身具有最高法律效力，但它必须与总纲第五条规定结合起来方才构成宪法保障制度。当然，宪法保障制度在我国也还有待进一步完善。

（二）宪法序言的表现形式

大多数国家的宪法在正文之前，都会有一部分叙述性文字，介绍一下制宪的宗旨、目的，制宪权的来源，制宪的经过，宪法的地位，以及其他不便以条文形式规定的国家基本政策等。序言有明示序言和非明示序言两种，前者如中国、韩国等国的宪法，后者如美国、日本、俄罗斯等国的宪法。依据宪法序言的繁简和表现形式的不同，可以分为四类：

第一类是仅用来陈述宪法制定目的的目的性序言。采用此分类的宪法序言较少，字数一般较少。以美国宪法为例，序言仅表述为一句话："我们美国人民，为建立一个更加完善的合众国，树立正义，保证国内治安、筹设国防，增进全民福祉并谋吾人及子孙永享自由的幸福，特制定美利坚合众国宪法。"瑞士和希腊宪法序言也较少；原联邦德国宪法序言属于较长的，也仅有230个字。

第二类是用来阐述宪法基本原则的原则性序言。按照通说的观点，这类序言的字数一般集中在100～200字，例如法国的1958年《宪法》在序言宣告1789年《人权宣言》的原则时，又确认了国家主权和民族自决原则。按照学者统计，原则性序言在世界各国宪法中占60%左右。

第三类是带有政策性的纲领性序言。采用这类宪法序言的第三世界国家较多，例如中国、越南、蒙古国、阿尔巴尼亚等国家。我国宪法序言就是在总结历史经验基础上，规定了四项基本原则与我国建设的根本任务及对外政策等内容。

第四类是综合性序言。此种序言数量少，但篇幅长，典型的就是1974年南斯拉夫《宪法》的序言，长达2万多字，其内容也涵括各方面。

我国宪法序言内容较为丰富，大体可以概括为以下六点：第一，简要阐述了中国人民的革命史；第二，回顾了20世纪以来的四件历史事件；第三，明确规定了国家的根本任务；第四，确立了国家的政治意识形态；第五，详细阐明了实现社会主义现代化的国内外条件；第六，明确了中国共产党作为执政党的宪法地位。"五四宪法"的序言是胡乔木主要起草的，"八二宪法"的序言他也参与了起草。现有资料显示，当时归纳总结四件历史事件的时候，是经过反复推敲，最终以最高法律的形式确认了中国各族人民奋斗的成果，规定了国家的根本制度和根本任务，明确了中国共产党的执政地位。

那么，宪法列举了哪些历史事件呢？这些历史事件分别为：第一件辛亥革命；第二件新民主主义革命建立新中国；第三件新民主主义向社会主义过渡确立社会主义制度；第四件经济建设方面取得了重大历史成就。据考证，当时对是否要写辛亥革命这一历史事件有一定争议。四件历史变革性事件中，除了第一件，其余三件都是中国共产党领导下取得的重大成功，"孙中山先生领导的辛亥革命，废除了封建帝制，创立了中华民国"，这是个开端，但没有取得成功，"中国人民反对帝国主义和封建主义的历史任务还没有完成"，这也让我们更加坚定了走中国特色社会主义道路的决心。著名学者冯象认为："中国宪法序言跟任何国家都不一样，就是中国特色，是中国政法制度的基础，是一种艺术。"

（三）宪法序言的效力

既然宪法序言是纲领性序言，那宪法序言是否有法律效力？目前，学术界主要存在无效力说、有效力说、部分效力说和模糊效力说四种观点。(1) 无效力说的主要理由：第一，宪法序言中大多数原则性规定难以成为人们的行为准则，没有必要赋予其法律效力。第二，宪法序言主要是某种价值观的表述，其价值主要在于使宪法结构更具完整性，本身不具有法律规范的属性。第三，宪法序言原则性的规定和事实性的叙述，其结构形式不符合也没有必要符合法律规范的结构要求，因而其法律效力也无从谈起。（2）有效力说的主要理由：第一，宪法序言作为宪法的构成部分之一，自然与宪法的其他部分一样具有法律效力。第二，宪法序言同宪法的其他部分一样，其修改也都遵守严格的程序，其与宪法的其他部分一样具有法律效力。第三，宪法序言在正确解释宪法、使用宪法条文等方面起着越来越重要的作用，也即在现代宪法体制中宪法序言的职能作用日益体现出来，它具有构成宪法规则的规范性基础，其与宪法的其他部分一样具有法律效力。（3）部分效力说的主要观点：上述两种认识都具有片面性，只针对宪法序言的部分内容，不能涵盖宪法序言的全部。因此，宪法序言仅具有部分法律效力，即它必须和宪法条文相结合才具有法律效力。（4）模糊效力说的主要观点：宪法序言的抽象性特点可能导致一种效力的未确定状态，即模糊效力的状态。因此，宪法序言有效力是肯定的，否则难以称之为"法"，但是否有机会发挥效力，则有赖于未来宪法实施过程中的运用。

本书较为赞同有效力说，此说也是当前的通说，认为宪法序言是宪法的重要组成部分，规定的内容与总则或者总纲的内容存在重合和交叉的部分，因此，理应具有最高的法律效力。从世界宪法制度的整体情况来看，宪法序言是否具有法律效力，各国的规定和实践不尽相同。法国1875年《宪法》以1789年的《人权宣言》为序言；法国1946年《宪法》以条文的形式，将有关的政治、经济、社会原则列入序言之中；法国1958年《宪法》在序言中宣布"法国人民庄严宣布忠于1789年《人权宣言》所肯定的，以及为1946年《宪法》之序言所确认并加以补充的各项人权和有关国家主权的原则"。到1971年7月16日，法国宪法委员会在关于自由结社案的判决中，承认"法国宪法序言的法律效力"。而在美国、日本等国家，宪法序言是否具有法律效力的争论，是围绕宪法序言是否具有"可诉性"展开的。

宪法序言具有最高法律效力，是我国宪法最重要的特征之一，也是我国宪法与其他许多国家宪法的重大区别。宪法序言是我国宪法的灵魂，是宪法的重要组成部分，同现行宪法各章节一样具有最高法律效力。其一，我国宪法序言明确规定：本宪法以法律的形式确认了中国各族人民奋斗的成果，规定了国家的根本制度和根本任务，是国家的根本法，具有最高的法律效力。我国宪法最大的特色之一，就是在宪法序言中明确规定中华人民共和国宪法具有最高法律效力。全国各族人民、一切国家机关和武装力量、各政党和各社会团体、各企业事业组织，都必须以宪法为根本的活动准则，并且负有维护宪法尊严、保证宪法实施的职责。这是我国宪法作为整体具有最高法律效力的根本法律依据。如果宪法序言没有法律效力，就意味着宪法序言规定的上述内容没有法律约束力，这就等于否定了我国宪法是国家根本法、具有最高法律效力的最终法律依据，否定了我国整部宪法的法律效力基础。其二，宪法序言是宪法不可分割的有机组成部分。我国现行宪法是一个由序言、总纲、各章节、修正案等组成的有机整体，它们共同构成宪法并产生宪法的最高法律效力。宪法及其法律效力具有整体性和不可分解性，任何将宪法序言与宪法总纲、宪法具体条文区分开来，进而认为宪法序言没有法律效力的观点，都是错误的。如果硬要把宪法序言割裂出来，作出有无法律效力的区分，那么当把宪法的标点符号、数字、文字、段落等分解出来后，宪法本身就不复存在了，更何谈宪法及其序言的法律效力。所以，我国宪法作为一个完整的不可分割的有机整体，宪法的每一个字句符号、每一个组成部分都是具有法律效力的。其三，宪法序言对宪法条文具有统领性和指导性，宪法条文的具体规定是宪法序言规定的基本价值和原则的具体化和条文化，总纲中许多规定特别是有关国家基本国策的规定，是对宪法序言规定的国家根本任务、奋斗目标等的具体实现方式。此外，宪法序言对宪法解释和宪法修改具有约束力，序言规定的指导思想和基本原则是宪法解释和修改最重要的理据，序言对我国历史和基本国情的判断是宪法解释和修改最基本的立足点。一般立法、执法、司法、释法都不得违反宪法序言的基本原则和立宪精神。

（四）正确认识宪法序言的争议

宪法序言是比较重要的内容，但争议也较大，尤其是对我国宪法的序言，学界争议较大。总体而言有以下几个较大的争议。

1. 宪法是否一定要有序言？

我国多数学者认为，宪法序言是宪法的有机组成部分，其存在具有积极意义。根据学者们的概括，宪法序言的作用是：宣布统治者的建国纲领、政治主张或制度理想，规定不便于用条文形式规定的内容。宪法序言是"国家的宣言书"，是"国家的总纲领"，是"宪法的灵魂"，它"规定一国的基本原则"。

也有人持相反的观点，认为宪法不应该有序言。其主要理由是：宪法首先是法律，而法律就应该有法律的样子，即每个宪法条文都必须由行为模式和法律后果构成。序言不是法律条文，所以宪法不该有序言。如果希望宪法被人民尊为最高法律，则必须将一切非法律规则从宪法中赶走扫尽。也有学者认为，我国宪法修改太频繁的原因之一就是为序言所累，因此主张删除宪法序言。

其实，关于要不要宪法序言的问题，在我国早有争论。在1970年对我国1954年《宪法》进行修改的讨论中，即有人主张不要序言，将序言并入总纲中。不过当时的出发点是想使宪法简明扼要，通俗易懂，疏简文字，避免重复。而且，也不是彻底不要序言，只是要将序言合并到总纲中去。当然，这个建议最终没有为当时的修宪者采纳。

对于要不要序言这个问题，须从以下几个方面来认识。

首先，从法典的形式结构看，序言并非宪法绝对必要的组成部分。这可从宪法序言产生的缘由中得到说明。一般法律都由第一条开始按照顺序展开。到近代，立法者为使人民更易于理解，除了使条文的规定更加明确易懂以外，最重要的是在法律前面加上一个序言，用以说明法律的目的和根据等事项，指导或启发人民对法条加以正确理解和解释。而在宪法正文前冠以序言，由美国1787年《宪法》首创其例，近代以来各国制定宪法时多有仿效。说明宪法的目的和根据，指导或启发人民对宪法条文加以正确理解和解释，这是宪法序言产生的主要缘由。从这个缘由可以看出，序言并非宪法绝对必要的组成部分。另一方面，序言并非绝对必要，还可从当今世界仍存在很多没有序言的宪法这一事实得到佐证。据有关统计，目前虽然绝大多数国家的宪法都有序言，但是，没有序言的宪法也达31部之多。多数宪法有序言，表明序言的存在具有某种合理性，实践中这些序言也确实发挥了某些作用，但31部宪法没有序言，也说明序言对宪法并非必不可少。总之，至少到目前为止，还没有任何一个国家将其所取得的成就或者所发生的问题，完全归结为宪法有没有序言。

其次，宪法是否有序言，并不是一个原则问题。一部宪法的关键，是要把人权保障确立为其核心价值，要将人民主权、法治及民主作为其基本原则，对权力能够进行有效地约束，并且能够保证宪法本身得到全面实施。在一个宪法止于政治宣言的国度，其宪法序言无论写得多么美妙动听，多么冠冕堂皇，其与真正的宪法实践都没有直接的关联。其实，宪法的价值和原则以及立宪的目的等内容，并不是非由序言来表达不可。从根本上讲，宪法的价值是通过所有宪法规范组成的规范体系所发挥的整体功能来体现的，而不是单纯地寄托于宪法的序言。

最后，是否一定要在宪法正文前冠上序言，从形式上看，是由制宪者决定的，从根本上看，则完全是由不同国家或民族依各自的文化传统、习惯及经验所决定的。有或者没有宪法序言，对宪法及宪法实践都不会带来太大的影响。当然，也不可否认，如果一国宪法本身拥有序言并在实践中发挥了重要作用，在重新制定或修改宪法时去掉序言则可能会对该国的政治、经济、社会等方面产生一定影响。但是，这实际上主要是关乎人们的心理及习惯的问题，而不全在于有无序言。就我国现行宪法而言，问题的关键不是去掉序言或"将一切非法律规则从宪法中赶走扫尽"，而在于如何使宪法序言的内容更加科学化、合理化，如何将已有的宪法规范落到实处。

我国自《共同纲领》就设置序言，几部宪法都将序言作为重要内容，而且宪法序言在我国政治实践中一直发挥着极为重要的作用，总之，宪法序言已为国人普遍接受。因此，我国宪法以保留序言为宜。主张不应有宪法序言或应当删掉现行宪法序言的观点显得过于武断，而所给出的理由也经不起推敲。同一般法律规范一样，宪法规范也由条件假定、行为模式和法律后果三要素构成，这已成为学界的普遍共识。但是，宪法规范并不等于宪法条文，也不是每个宪法条文都对应于一个宪法规范。一个宪法条文可以完整地包括一个甚至几个宪法规范；一个宪法规范可以体现在一个宪法条文中，也可以体现在几个宪法条文中，甚至还可能出现宪法条文与其他法律条文结合在一起才能构成一个宪法规范的情形。总之，我们绝不能说，"每个宪法条文都必须由行为模式和法律后果构成"。我们甚至还会发现，一些法律条文包括宪法条文本身就不包含法律规范，这种现象大量存在。玻利维亚共和国宪法序言的4个条文的序号就与宪法正文序号连续排列。可见，仅从所谓宪法条文的形式无法判断其是否为宪法规范。

2. 序言的篇幅是否越短越好？

有学者对我国宪法的序言篇幅提出质疑，他们认为与国外宪法相比，我国宪法序言显得冗长。他们以美国宪法序言为例，指出美国宪法序言仅有52个单词，而我国宪法序言则长达1794个字。然而，这种对比是否意味着宪法序言越短越好呢？对于这个问题，本书认为，宪法序言的长短与宪法的水平之间并不存在必然联系。事实上，一国宪法序言的篇幅往往受到该国宪法制定历史、政治传统等多种因素的影响。同时，宪法序言所发挥的作用也因国家而异。

一方面，需要认识到，宪法序言是宪法的重要组成部分，它承载着一个国家的政治理念和历史背景。因此，不同国家的宪法序言可能会表现出较大的差异。这种差异不仅仅体现在字数上，更体现在内容上。例如，美国宪法序言简明扼要地强调了政府的权力来自人民，并强调了政府的合法性和正当性。而我国宪法序言则详细阐述了我国的政治制度、国家任务、公民权利等多方面内容，彰显了我国的政治特色和制度优势。

另一方面，不能仅仅通过宪法序言的字数或篇幅来评判宪法的优劣。宪法的质量好坏取决于其内容是否符合现代法治理念，是否能够满足社会发展的需要，是否能够切实保障公民的权利，尤其是宪法的结构、内容、实施机制等都是影响其整体质量的重要因素。因此，我们不能简单地将宪法序言的长短作为评判宪法优劣的标准。即使我国宪法序言较长，但如果其内容能够充分反映我国的政治特色和制度优势，那么它就是有价值的。

综上所述，应当透过现象看本质，理性看待宪法序言的篇幅问题。在评价一部宪法时，我们需要全面考虑其内容、结构、实施等多个方面因素，而非仅仅关注序言的篇幅长短。

3. 序言中是否可以写入人名？

我国宪法序言有个特点，那就是提到了具体的人名。以现行宪法序言为例，共涉及10人次，6位名人，他们分别是孙中山（1次）、毛泽东（3次）、马克思（2次）、列宁（2次）、邓小平（1次）和习近平（1次）。有学者认为，将人名加入宪法序言不符合宪法规范的特点，带有强烈的阶级属性。这样一来，每一位领导人的加入都导致了宪法的频繁修改，不利于实现民众的预测可能性。与此相对照的例子是，朝鲜宪法中提到"金日成"达16次之多，而美国历史上虽然有许多作出贡献的人物，却并未在宪法中体现出来。但本书认为，宪法序言分为四种类型，其中目的性序言和原则性序言中不会写入人名，而我国宪法序言属于纲领性序言，这类序言中难免会有人名出现。

二 宪法总纲

宪法的总纲，也有宪法称为"基本原则"、"总则"或"国家和社会的基本制度",以进一步规定宪法的基本原则。这一部分主要规定了国家的性质、国家的政治制度、国家的结构形式、社会经济制度等。虽然许多发达国家宪法中没有总纲的规定,但几乎都在序言或前言中明确了宪法是由人民依据自己的意志和利益制定出来,保护人之为人的权利。现代意义上的人民是作为公权力的来源和宪法合法性的"整体"的概念,宪法需要明确确定人民主权原则,解决人民与国家的关系问题,确定国家主权归属。我国宪法总纲主要包括五个方面的重点问题。

（一）人民主权

一个国家的主权只能归属全体人民,只有人民才是一国宪法的唯一制宪权主体,这正是人民主权原则。

具有现代意义烙印的人民主权理论是民族国家形成以后的产物,它既解决了国家权力的最终归属问题,也确定了人民的宪法监督主体地位问题。我国宪法明确宣告"中华人民共和国的一切权力属于人民",充分肯定了人民的主体地位。《宪法》第一条第一款明确规定:"中华人民共和国是工人阶级领导的、以工农联盟为基础的人民民主专政的社会主义国家。"

仅规定国家的一切权力属于人民,这还是不够;基于人民主权理论,宪法还要解决人民如何行使主权的问题,这就需要建构代议制政府。建构代议制政府需要完善的选举制度,通过选举形成国家的立法权主体,进而建构国家行政权、司法权等一系列公权力。然后,全体国民通过宪法将公权力委托给公权力机关。当然,还要防止这些公权力机关危害其委托人即人民的权益,因此,在建构公权力机关以及委托公权力过程中，宪法将许多政治性预防措施渗入其中，这些措施正是政府的基本规则。这样，人民主权的内涵通过宪法制度的精巧设计展现出来，并切实体现了现代法治的理念与价值。

（二）政权组织形式

宪法总纲中第二个重点解决的问题是国家政权组织形式，也就是经常讲到的政体，对此，我国现行《宪法》第二条规定："中华人民共和国的一切权力属于人民。人民行使国家权力的机关是全国人民代表大会和地方各级人民代表大会。人民依照法律规定，通过各种途径和形式，管理国家事务，管理经济和文化事业，管理社会事务。"这个条文中隐含着层层递进的关系，国家的一切权力都属于人民，所以党的二十大报告也反复强调必须坚持以人民为中心的思想。同时，不可能所有的人都来行使权力，所以现代国家无一例外地都采用了代议制的国家机构形式，即由代表来行使这个主权。我们称之为人民代表大会制度。人民行使国家权力的最好方式，就是通过选举，选出自己的代表组成全国人民代表大会和地方各级人民代表大会，作为国家权力机关，代表人民行使国家权力。在我国，全国人民代表大会和地方各级人民代表大会都由民主选举产生，对人民负责，受人民监督；国家行政机关、审判机关、检察机关都由人民代表大会产生，并对它负责，接受人民代表大会的监督。这样，人民通过选举自己的代表，定期召开人民代表大会，通过人民代表大会制度实现人民的权力。当然必须明确，我国实行人民代表大会制度，是在中国共产党的领导下进行的。

（三）国家机构的组织原则

宪法总纲部分中第三个重点问题是国家机构的组织原则，即民主集中制原则。民主集中制是指在民主基础上的集中和在集中指导下的民主相结合的制度。它不仅是我们党的组织和活动原则，也是国家机构的组织和活动原则。在党内，民主集中制原则的主要内容是：少数服从多数，下级服从上级，全党服从中央。党内民主集中制的要求也适用于国家机构的民主集中制。我国的前几部宪法一直强调国家机构实行民主集中制原则。1954年《宪法》规定："全国人民代表大会、地方各级人民代表大会和其他国家机关，一律实行民主集中制。"1975年《宪法》规定："各级人民代表大会和其他国家机关，一律实行民主集中制。"1978年《宪法》又恢复了1954年《宪法》的规定。现行宪法将各级人民代表大会和其他国家机构统称为"国家机构"，并删去了"一律"两个字。有关国家机构实行民主集中制原则的含义没有根本性的变化。

（四）社会治理模式

宪法总纲部分中的第四个重点问题是我国实现了社会治理模式的转型，采取全面依法治国的模式。著名学者马克斯·韦伯总结了人类历史的三种支配模式：第一种是传统的支配模式，第二种是卡里斯玛支配模式，第三种是合法性支配模式。从我国宪法来看，我们实现了传统支配模式到合法性支配模式的转型升级。我国《宪法》第五条明确规定"中华人民共和国实行依法治国，建设社会主义法治国家"。1999年修改宪法时，也有人提出，宪法中已经有了"法制"的概念，就不需要再提"法治"或者"依法治国"了。实际上,"法治"与"法制"虽然有联系,但还有很大区别。法制是指各项法律制度的总和,它包括宪法和法律以及各项法规、规章制度。"有法可依、有法必依、执法必严、违法必究"中的"法"就是法制。但在生活中我们发现,如果法律制度违背了基本的宪法精神,或者得不到切实的遵守和执行,这样的"法制"是不可行的。而"法治"作为治理国家的一项基本方略,它首先要求一套完备的法律制度,成为一切政权机构和公民一体遵守的唯一依据;强调首先要"科学立法",确保法律反映人民利益,一视同仁,然后才是"严格执法、公正司法、全民守法"。

(五)经济文化制度

宪法总纲的第五个重点问题是对经济文化方面的规定。不论在社会主义国家还是资本主义国家,这种宪法的发展趋势都越来越明显。从1919年德国《魏玛宪法》设立"经济生活"专章到1949年德国《基本法》对有关公民的教育、财产的基本权利的规定都显示出宪法不再仅仅是政治性的法,它同时也是社会法。这一点在我国宪法的规定中也得到了相应体现。经济方面,我国《宪法》第十五条规定:"国家实行社会主义市场经济。国家加强经济立法,完善宏观调控。国家依法禁止任何组织或者个人扰乱社会经济秩序。"第十六条规定:"国有企业在法律规定的范围内有权自主经营。国有企业依照法律规定,通过职工代表大会和其他形式,实行民主管理。"第十七条规定:"集体经济组织在遵守有关法律的前提下,有独立进行经济活动的自主权。集体经济组织实行民主管理,依照法律规定选举和罢免管理人员,决定经营管理的重大问题。"文化方面,《宪法》第十九条规定:"国家发展社会主义的教育事业，提高全国人民的科学文化水平。"第二十二条规定："国家发展为人民服务、为社会主义服务的文学艺术事业、新闻广播电视事业、出版发行事业、图书馆博物馆文化馆和其他文化事业，开展群众性的文化活动。国家保护名胜古迹、珍贵文物和其他重要历史文化遗产。"

宪法的总纲，通过规定国家的性质、国家的政治制度、国家的结构形式、社会经济制度等，进一步规定宪法的基本原则。对此，在第一讲中已详细介绍了我国宪法的基本原则。

三 公民基本权利与义务

宪法宣示公民基本权利，解决公民与国家权力之间的关系问题。公民是指具有一国国籍并依据该国宪法和法律享有权利和义务的自然人，公民具有独立的人格，是现代社会中对于个体身份所施加的无差别的称呼，代表了现代政治的参与精神和现代法治的平等理念。

（一）基本权利的起源

人权原则最初是作为王权的对立物而产生与发展的。在封建社会末期，随着资本主义生产关系的孕育成长，资产阶级的经济势力日益膨大，但是他们在政治上仍然受封建主的压迫，处于无权的地位。封建主一直利用王权神授学说为自己的统治权力辩护，要反抗这种压迫，摧毁这种统治权力，就必须首先摧毁王权神授学说，于是资产阶级的启蒙思想家便创立了天赋人权学说与之抗衡。天赋人权学说的理论基础是近代自然法学派的自然权利说。这派理论认定在国家产生以前人们生活在自然状态之中，人人都有自然权利，过着自由、平等的生活。国家是由于这种自然权利受到侵犯之后，根据社会契约组成的。人们相约组成国家是为了保护自然权利。可是，当时的封建专制国家不但没有保护人们的自然权利，反而侵犯人们的生命、财产和自由，于是资产阶级的启蒙思想家便提倡维护自然权利的斗争，并且在自然权利说的基础上创立了天赋人权学说。这个学说的基本内容是：每个人都有与生俱来的自由和平等权利；这种权利既不能被剥夺，也不能被让与。

天赋人权学说的产生与发展变成了强大的推动力，将其由政治宣传类的口号直接落实到了宪法原则上。1776年美国《独立宣言》提出："我们认为这些真理是不言而喻的，人人生而平等，他们都从他们的'造物主'那边被赋予了某些不可转让的权利，其中包括生命权、自由权和追求幸福的权利。"1789年法国《人权宣言》宣告："在权利方面，人们生来是而且始终是自由平等的"，"任何政治结合的目的都在于保存人的自然的和不可动摇的权利，这些权利就是自由、财产、安全和反抗压迫"。其中，政治宣传类的作用远远大于宪法原则的作用，但之后，提出的这些主张转化为带有规范性的基本权利条款。

（二）基本权利的概念和内涵

公民的基本权利，是指由宪法所规定和保护的公民在政治、人身以及经济、社会和文化等方面的权利和自由，是公民享有的基本的、必不可少的权利和自由，是公民其他权利和自由的基础，体现了公民在国家中的政治和法律地位。

作为公民的宪法权利，基本权利就是国家权力产生和存在的基础和源泉，是国家权力运行的目标以及国家活动服务的指向，也是制约国家权力、防止其滥用的根本力量。

第一，基本权利意味着宪法所认可的公民权利具有基本性，是公民在国家和社会生活中必须具备的最根本的权利。换言之，如果一个国家的公民不能享有这些权利，就不是这个国家的主权者，这个国家就会丧失民主国家的性质。同时，基本权利是宪法对应有人权当中最基本的那部分权利的确认，在一定的时代背景下，会同时得到不同国家的认可，会在不同国家的宪法中以不同的方式予以确认和规定，因此，国际性是基本权利的一大特征。

第二，基本权利集中体现了公民在国家政治生活和社会生活中享有的最重要或最主要的权利，具有根本性和原则性，以其为基础便能派生出公民的一般权利或其他各种具体权利，国家权力归根到底也是由它派生的。因此，公民在国家的政治地位和法律地位是通过基本权利得以体现的，基本权利规定了公民的政治人格和法律人格，与自然人的公民资格密不可分，与自然人的法律地位不可分割。基本权利实质上反映了公民与国家、公民与政府的基本关系，公民的每一项基本权利都对应着国家和政府应该承担和履行的相应义务和责任。简言之，国家权力的形成和运行旨在服务公民的基本权利，受基本权利的监督和制约，努力促成其实现。

第三，基本权利具有相对稳定性和排他性，不能被转让，也不能被取代。同时，根据时代的变化和社会的发展，基本权利体系的内涵和外延将不断丰富和发展。

第四，基本权利反映了主体之间一种对等的法律关系。也就是说，在权利关系中,主体的一方与他方是彼此独立、相互对等的,不存在凭借某种外在的物理力量而制约对方的情形。这种主体之间的对等性,就决定了在某些特定的权利对象上,主体一方享有某种基本权利,他方相应地就需要承担某种义务。不过,这种对等性指的是主体之间法律地位的对等,而不是指主体双方各自拥有的权利之间的对等,或主体一方所拥有的权利与另一方所必须履行的义务之间的对等。

第五,基本权利是一种法律资格。换言之,基本权利可视为一种通过国家最高法规范所确认的、法律关系主体的一方要求他方作为或不作为的可能性。从规范意义上理解,这种可能性无非就是法律上的资格。当然,从另一个侧面讲,这种资格也意味着权利主体享有自身可以作为或不作为的可能性。

公民基本权利也称宪法权利,是宪法规定的公民享有的最高法律位阶的权利,是公民政治地位、法律地位的体现。公民的基本权利和义务在任何一个国家的宪法中,都占有非常重要的位置,特别是公民的基本权利是实行立宪主义的一个基本标志,也是宪法之所以具有最高的法律地位、被称为根本大法的原因。我国现行宪法中,公民的基本权利和义务位于《宪法》正文的第二章。在1982年《宪法》修改时,在宪法的整体结构上把"公民的基本权利和义务"由原来的第三章改为第二章,而把"国家机构"由原来的第二章改为第三章。这从某种意义上说明了公民权利与义务的重要性,这是因为公民的民主自由权利是社会主义民主的重要内容,而国家机构则是实现民主的具体形式和手段。公民基本权利是公民享有的必不可少的权益,是公民实施某一行为的可能性。国家权力属于人民,国家机关只是权力的行使者。如果说人民指的是"整体",那么公民就是一个个的"个体"了。

（三）公民基本权利的国家保护义务

为避免侵害公民基本权利，国家权力应该时刻保持理性的克制，同时还须积极提供保护，以使公民权利不受其他私法主体（私人）侵害。从宪法学基本权利功能角度看，这就是基本权利的国家保护义务功能。

国家保护义务理论产生于德国。联邦德国宪法法院在1975年终止妊娠案的裁决中首次承认了基本权利的这一功能。宪法法院在这一裁决及以后的一系列相关裁决中表明：基本权利"不仅是个体针对公权力的主观防御权，同时还是宪法的客观法价值决定"。客观法价值决定本身不属于基本权利的功能，其同主观权利一样是基本权利的一种属性。这一属性不仅"影响着整个法律体系"，还应该被视为"立法、行政和司法的方针与推动力"。依照基本权利的双重属性，国家一方面不得侵犯公民的基本权利（从主观权利属性中导出），另一方面还有义务积极保护这一宪法最重要的价值不受侵害（从客观法价值决定属性中导出）。国家保护义务的这一宪法依据在今天已经得到了德国理论界的普遍认可。

原则上，公民个体可以自主决定以积极方式还是以消极方式行使自由权（比如在行使结社自由权时，公民可以选择结社，也可以选择不结社），无论哪种行使方式均受相关基本权利条款的保障。国家不得通过强制手段对行使自由权的方式作出限制，否则"基本权利"就会变成"基本义务"。因此，当公民出于自愿而消极行使基本权利时，国家原则上不得进行干预。只有当公民不具备（比如未成年人）或（暂时）失去判断力（比如精神病患者和喝醉酒的人）时，国家才负有保护义务。

保护义务首要约束立法机关，因为立法是国家保护公民基本权利最重要且最有效的方式。在客观条件成熟的情况下，立法机关要通过具体化努力使基本权利的价值得以实现，从而使行政机关和司法机关可以直接适用这些法律。立法者在具体化过程中要理智地平衡社会上相互冲突的利益。在客观情况随着时间的推移发生了较大变化之后，立法机关还必须及时对相关的法律规范进行修改或补充，在必要时甚至要制定新的规范，否则它同样违反了保护义务。在法制健全的国家，立法机关履行保护义务起着绝对主导的作用，司法机关主要通过正确适用相关规范作出保护。

防御权功能应当处于基本权利功能的主导地位，这被我国学界普遍认同。但应该认识到，宪法对私人予以约束本质上依然是在对国家权力的运作进行约束，这其实是要求国家在必要时介入社会领域，以平衡相互冲突的私人利益。国家存在的终极目的是满足人的需求，带领人们获取更大的幸福，在社会分工协作中，个体间的利益冲突无法调和，这便是国家权力存在和行使的必要性和正当性。简言之，国家的存在就是为了平衡社会利益冲突。如果不负有保护义务，国家还有何存在的意义？国家不存在，基本权利便没有所谓的防御权功能。在我国，随着国家逐渐放松对经济和社会领域的控制，公民基本权利的侵害主体由国家权力为主过渡到了国家权力与私人并存的状态。若不及时加以遏制，后者的侵害现象在一定时期内还可能会日渐增多。在简政放权的背景下，许多国家权力在"变脸"成为企业组织或社会团体后势力并未减弱，甚至在公民眼中，它们与国家权力基本就是"一家人"。基于上述原因，国家保护义务功能和防御权应当处于同等重要的地位。

（四）公民基本权利的保障方式

综览世界各国的宪法和法律，对基本权利的保障无一例外地采取两种进路，即对基本权利进行规定和宣告，并为公民基本权利的实现提供条件。从根本上说，基本权利的实现与社会经济发展水平密切相关，要切实保障公民基本权利，必须首先大力发展社会生产力，把公民基本权利的实现建立在雄厚的物质基础上。同时，要不断增强公民的宪法观念、民主意识和权利意识，并培养其依法维权的维权意识。具体来讲，宪法明确规定公民的基本权利是国家对公民作出某种行为的保障，其最直接的意义表现为当人们的权利受到侵害，国家有义务制裁侵权行为。因此，保障公民基本权利，最基本的方式就是运用法律手段，从法律制度和措施上予以保障。

就世界各国公民基本权利保障的情况来看，主要有以下方式：

一是宪法保障。宪法保障是公民基本权利保障的前提所在。只有以宪法的形式，从宏观上和整体上对国家权力和公民权利的关系进行界定，明确两者的关系，即国家权力的运行唯有以维护基本权利为目的、以促进基本权利的实现为宗旨，才能使公民基本权利的保障获得合宪性依据。从各国目前的实际情况来看，在完善基本权利的内容、促进基本权利的保障更为具体的基础上，力争使宪法关于公民基本权利的规定更加具有可操作性，并强化和完善国家权力的制约，方能从根本上保障公民基本权利的行使。

二是立法保障。在完善宪法对公民基本权利规定的基础上，进一步制定比较具体和完备的部门法，将宪法关于公民基本权利的规定具体化、规范化，为基本权利保障提供具体的、可操作性的法律依据，是公民基本权利保障的一个重要方式。各国在宪法颁布后，都会制定大量的法律规范，为公民基本权利的保障提供更为明确的法律依据。当然，如果一国法律对公民基本权利的规范和保障尚未健全，有一些基本权利的具体保障就会处于真空地带，而一些涉及基本权利的立法如果太过原则，内容就会缺乏真正的可操作性，这些都会在一定程度上影响对公民基本权利的保障。立法应该对这些问题重点予以关注并加以完善。

三是司法保障。司法保障是公民基本权利保障的终极手段，是指司法机关通过司法审判活动打击和制裁犯罪，依法化解公民之间的各种纠纷，以保障公民权利的实现。从世界各国的实践来看，通过司法救济维护公民权利和自由，是公民基本权利保障的最终途径。虽然各国的体制不同，对基本权利的司法保障在具体模式上也有所不同，但从各国的实际情况来看，通过制度设计，完善公民基本权利的司法保障，都是公民基本权利保障的核心内容。

我国宪法虽然没有明确由普通法律来规定某种基本权利的具体内容和保障方式，也没有明文规定或实际上默示性地规定可以由普通法律来限制某种基本权利，但从具体的法律制度层面以及实践来看，我国的基本权利保障和其他各国一样兼采宪法保障、立法保障和司法保障三种保障方式，且更倾向于相对保障模式。

对历年宪法进行考察，可以发现宪法的一项核心价值便是保障公民基本权利。对比新中国成立之后的四部宪法中关于公民基本权利的条文数量与权重：1954年《宪法》中，关于公民的基本权利的规定共15条（第八十五至九十九条），约有950字，被列在第三章，处于"总纲"和"国家机构"之后；1975年《宪法》中，公民的基本权利同样被列在第三章，位列"总纲"和"国家机构"之后，但条文数量却骤减到4条，约有450字；1978年《宪法》中，关于公民基本权利的规定共有12条（第四十四至五十五条），约有800字，次序仍位列"总纲"和"国家机构"之后。而现行的"八二宪法"则发生了根本性转变，关于我国公民基本权利的体例设计与之前三部宪法不同，把"公民的基本权利与义务"的章节提前，列在"国家机构"之前，突出体现对公民基本权利的重视，体现出由国家权力本位向公民权利本位的价值转型，同时"八二宪法"关于公民基本权利的规定共有18条（第三十三至五十条），共1500字左右，充实了公民基本权利的相关规定。

我们再从具体的内容上来看，"八二宪法"关于公民基本权利的规定首先立足于人民当家作主的原则。宪法中明确规定了公民通过全国人民代表大会和地方各级人民代表大会行使国家权力。从人民当家作主的内容和形式上来看，"八二宪法"相比以往更加全面。1954年《宪法》规定了广泛的公民权利，然而由于"文化大革命"的干扰，人民的基本权利并未得到保障。1978年《宪法》虽然增写了人民的一些权利和自由，但它并没有完全摆脱"文化大革命"的消极影响。"八二宪法"在修改基础上恢复了"公民在法律面前一律平等"的规定，并增写了"任何组织和个人都不得有超越宪法和法律的特权"，使得宪法规定的平等权更具现实性和可靠性。

"八二宪法"明确规定了公民依照法律的规定，可以通过各种途径和形式管理国家事务，管理经济和文化事业，管理社会事务，比1978年《宪法》规定的坚持社会主义民主原则更加明确、具体。"八二宪法"还规定了基层群众性自治组织，这一民主形式的确立为广大人民参与管理本地区的基层公共事务开辟了新的途径，使得广大人民能直接行使管理本地区公共事务的权利。同时，"八二宪法"恢复了1954年《宪法》关于公民有言论、结社、游行、示威自由的规定。"八二宪法"对公民言论自由权利的确认和发展，完善了公民政治权利体系，为公民政治参与提供了根本法律保障。鉴于"文化大革命"中任意侵犯人身权利和住宅的历史教训，"八二宪法"规定："禁止非法拘禁和以其他方法非法剥夺或者限制公民的人身自由，禁止非法搜查公民的身体"，"公民的人格尊严不受侵犯。禁止用任何方法对公民进行侮辱、诽谤和诬告陷害"。"八二宪法"不仅总体上规定国家要不断提高劳动生产率和经济效益，发展社会生产力，而且在对经济、社会和文化等权利的具体规定上，突出地强调了国家提供物质条件的保障作用，表明了公民基本权利保障的真实性。可见，"八二宪法"重新突出了公民权利的重要地位，立足于人民当家作主的原则，将公民基本权利的规定充实和扩展到了政治、经济、社会各个领域，完善了公民基本权利体系。"八二宪法"关于公民基本权利的具体规定也使得中国政治发展进程走上了正确的方向。正如彭真所言，现行宪法"继承和发展了一九五四年宪法的基本原则，充分注意总结我国社会主义发展的丰富经验，也注意吸取国际的经验；既考虑到当前的现实，又考虑到发展的前景"[1]，是一部有中国特色的，适应新的历史时期社会主义现代化建设需要的、长期稳定的新宪法。应该说"八二宪法"不仅是新中国法治发展史上的一个重要节点，更是新中国政治发展进程的重要里程碑，标志着我国社会主义民主政治制度建设进入成熟稳定发展时期，以宪法为基础

---

[1] 《彭真文选》，人民出版社1991年版，第439页。

的社会主义民主政治制度体系初步形成，开启了中国特色社会主义政治发展的新征程。

（五）公民基本义务

理论上，在宪法中设置公民基本义务并非无源之水、无根之木。各国的宪法中规定公民的基本义务都有着深厚的理论基础，比如法国1795年《宪法》便是以社会契约论作为公民基本义务设立的依据，德国《基本法》中以公民基本权利的限制理论作为规定公民基本义务的理论出发点。我国作为马克思主义理论指导的社会主义国家，权利与义务相一致原则根植于我国宪法之中，具体体现为宪法条文对公民基本义务的规定。马克思主义的观点认为权利和义务是不能分离的，没有无权利的义务，也没有无义务的权利。马克思在为第一国际即国际工人协会起草纲领性文件《国际工人协会共同章程》时在开篇便明确指出："工人阶级的解放应该由工人阶级自己去争取；工人阶级的解放斗争不是要争取阶级特权和垄断权，而是要争取平等的权利和义务，并消灭一切阶级统治。"在马克思主义的指导下，基于权利与义务相一致理论，我国宪法中不仅对公民基本权利加以规定，而且同样对公民的基本义务进行了规定。需要注意的是，不能认为权利与义务相一致原则就是数量上的相等或者权利与义务关系上的一一对应，在理解时需要从权利与义务的相互关联、相互制约等角度出发对原则进行理解和把握。

文本中，我国《宪法》第二章中共有8条内容涉及公民基本义务的规定。第三十三条："任何公民享有宪法和法律规定的权利，同时必须履行宪法和法律规定的义务。"第四十二条："中华人民共和国公民有劳动的权利和义务。"第四十六条："中华人民共和国公民有受教育的权利和义务。"第四十九条："夫妻双方有实行计划生育的义务。父母有抚养教育未成年子女的义务，成年子女有赡养扶助父母的义务。"第五十二条："中华人民共和国公民有维护国家统一和全国各民族团结的义务。"第五十四条："中华人民共和国公民有维护祖国的安全、荣誉和利益的义务，不得有危害祖国的安全、荣誉和利益的行为。"第五十五条："依照法律服兵役和参加民兵组织是中华人民共和国公民的光荣义务。"第五十六条："中华人民共和国公民有依照法律纳税的义务。"以上8条对公民维护国家统一、履行宪法和法律规定、服兵役、参加劳动、接受教育等作为基本义务进行了规定，结合宪法对公民基本权利的规定，二者突显出权利与义务相一致理论在宪法文本中的具体实践。还需要明确的是，在宪法上设置公民的基本义务具有积极的意义，包括但不限于能够引导公民学习宪法、尊重宪法、遵守宪法、维护宪法等，承载着现实的价值追求。

四 国家机构

（一）全国人民代表大会及其常务委员会

1. 全国人民代表大会

我国现行《宪法》第二条规定："中华人民共和国的一切权力属于人民。人民行使国家权力的机关是全国人民代表大会和地方各级人民代表大会。"根据我国的人民代表大会制，人民代表大会不仅是民意代表机关和立法机关，而且是权力机关，行政机关和司法机关都由它产生，对它负责，受它监督。人民代表大会由直接或间接选举产生的人大代表组成。

全国人大的特殊地位主要体现在三个方面：第一，全国人大是全国人民的民意代表机关，具有广泛的代表性；第二，全国人大是行使国家最高立法权的机关；第三，全国人大是最高权力机关，在我国机构体系中居于首要地位，任何机关都不能超越于全国人大之上，也不能和它并列。

全国人大由省、自治区、直辖市、特别行政区和军队选出的代表组成。我国目前采取的是地域代表制与职业代表制（军队）相结合，而以地域代表制为主的代表制。代表以间接选举方式选出，每一名代表所代表的人口数大体上相等。全国人大行使职权的法定期限为五年。任期届满前两个月，全国人大常委会必须完成下届全国人大代表的选举工作。如果遇到不能选举的非常情况，由全国人大常委会以全体组成人员的三分之二以上的多数通过，可以推迟选举。

全国人大的职权是宪法确认的全国人大对其所辖职责范围的支配权限。根据宪法规定，它的主要职权包括：（1）修改宪法，监督宪法的实施。宪法的修改由全国人大常委会或者五分之一以上的全国人大代表提议，并由全国人大以全体代表的三分之二以上的多数通过。（2）制定和修改基本法律。基本法律是以宪法为根据的全国人大制定的最重要的法律。基本法律以外的其他法律由全国人大常委会制定和修改，但常委会要受全国人大的监督，全国人大有权改变或撤销常委会不适当的决定。因此，全国人大实际上掌握了国家的全部立法权。（3）最高国家机关领导人的任免权。全国人大选举并有权罢免全国人大常委会的组成人员；选举中华人民共和国主席、副主席；根据国家主席的提名，决定国务院总理的人选；根据国务院总理的提名，决定国务院副总理、国务委员、各部部长、各委员会主任、审计长、秘书长的人选；选举中央军事委员会主席；根据中央军事委员会主席的提名，决定中央军事委员会其他组成人员的人选；选举最高人民法院院长，最高人民检察院检察长。(4) 国家重大问题的决定权。全国人大有权审查和批准国民经济和社会发展计划以及计划执行情况的报告。(5) 最高监督权。全国人大有权监督由其产生的其他国家机关的工作。(6) 其他职权。现行宪法规定，全国人大有权行使"应当由最高国家权力机关行使的其他职权"。

2. 全国人民代表大会常务委员会

全国人大常委会是全国人大的常设机关，也是行使国家立法权的机关。其地位表现在两个方面：一方面，它与全国人大是隶属关系，由全国人大选举产生，对其负责，受其监督。在全国人大每次召开会议时，要向全国人大作工作报告。另一方面，全国人大常委会在全国人大闭会期间行使全国人大的部分职责，对最高国家行政机关、审判机关、检察机关进行监督，而这些机关要对它负责并报告工作。可见，强化全国人大的权威，真正树立最高国家权力机关的地位，主要还须通过全国人大常委会来实现。因此，加强全国人大常委会的组织机构建设、工作制度建设，充分发挥常委会的作用，保证全国人大常委会各项职权的充分行使，具有非常重要的意义。

全国人大常委会，由全国人大选举委员长、副委员长若干人、秘书长和委员若干人组成。这些组成人员必须是全国人大代表，并由每届全国人大第一次会议选举产生。全国人大常委会的组成人员不得担任行政机关、检察机关和审判机关的职务。在全国人大常委会的组成人员中，应当有适当名额的少数民族代表。全国人大常委会的任期也为五年。委员长、副委员长有连任限制，连续任职不得超过两届。

宪法对全国人大常委会的职权的规定，较以往有所扩大，使常委会的地位进一步加强。根据现行宪法规定，全国人大常委会的职权主要有：（1）解释宪法、监督宪法的实施；（2）根据宪法规定的范围行使立法权；（3）解释法律；（4）审查和监督行政法规、地方性法规的合宪性和合法性；（5）对国民经济和发展计划以及国家预算部分调整方案的审批权；（6）监督国家机关的工作；（7）决定、任免国家机关领导人员；（8）国家生活中其他重要事项的决定权。

3. 全国人民代表大会的专门委员会

全国人大各专门委员会是全国人大的常设性内部工作机构，是全国人大的组成部门。在全国人大闭会期间，受全国人大常委会的领导。它是从全国人大代表中选举产生，并按照专业分工组成的工作机构，不是独立的国家机关，不能对外发号施令。其主要职责是帮助全国人大及其常委会审议和拟订议案，完成全国人大及其常委会所交给的任务，其决议只是向全国人大及其常委会提出意见、建议或议案。

根据现行宪法规定，目前全国人大设有民族委员会、宪法和法律委员会、监察和司法委员会、财政经济委员会、教育科学文化卫生委员会、外事委员会、华侨委员会、环境与资源保护委员会、农业与农村委员会和社会建设委员会等十个专门委员会。

根据宪法规定，全国人大及其常委会认为必要时，可以组织特定问题的调查委员会。调查委员会无一定任期，对特定问题的调查任务一经完成，该委员会即予撤销。迄今为止，全国人大及其常委会尚未组织过特定问题的调查委员会。

4. 全国人民代表大会代表

全国人大代表是依照法律规定选举产生的最高国家权力机关的组成人员，是人民委派到最高国家权力机关的使者，代表着全国人民的利益和意志，依照宪法和法律参与行使国家权力，管理国家事务。他们来自人民，受人民监督，为人民服务。全国人大代表每届任期五年。

参加全国人大会议是全国人大代表行使职权的主要方式。根据宪法和有关法律的规定，全国人大代表享有以下权利：出席全国人大会议，参与讨论和决定国家重大问题的权利；有根据法律规定的程序提出议案、建议和意见的权利；有依照法律规定的程序提出质询案或者提出询问的权利；有依法提出罢免案的权利；有非经法律规定的程序，不受逮捕或者刑事审判的权利；有在全国人大各种会议上发言和表决不受法律追究的"言论免责"权；有在履行职务时，根据实际需要享受适当补贴和物质上的便利等权利。

全国人大代表也必须履行模范地遵守宪法和法律，同原选举单位和群众保持密切联系，保守国家秘密，在自己参加的生产、工作和社会活动中，协助宪法和法律的实施，接受原选举单位和群众监督等义务。

（二）中华人民共和国主席、国务院、中央军事委员会

1. 中华人民共和国主席

国家主席制度属于国家元首制度的范畴。国家元首作为国家机构

的组成部分，是一国对内、对外的最高代表，是国家主权的代表和国家统一的象征。

中华人民共和国主席是我国国家机构的重要组成部分，是一个独立的国家机关。国家主席对内、对外代表国家，依法行使国家元首的职权。国家主席是我国国家统一的象征和国家主权的代表，其行为被视为国家行为。

国家主席、副主席由全国人大选举产生。宪法规定："有选举权和被选举权的年满四十五周岁的中华人民共和国公民可以被选为中华人民共和国主席、副主席。"国家主席以最高国家代表的身份，在国家内外事务中以国家名义进行活动。这样重要的职务，不仅要求政治上、经验上、阅历上的丰富和成熟，而且还必须在国内外享有较高的声誉和威望，只有到一定年龄的人，才可能具备这些条件。国家主席、副主席的任期同全国人大每届任期相同，即五年。

根据宪法的规定，国家主席的具体职权主要有以下四个方面：（1）公布法律、发布命令权。全国人大或全国人大常委会制定的法律，由国家主席以主席令的形式颁布施行。（2）任免权。国家主席根据全国人大或全国人大常委会的决定，任免国务院组成人员。（3）外交权。国家主席代表国家进行国事活动，接受外国使节；根据全国人大常委会的决定，宣布批准或废除同国外缔结的条约和重要协定。（4）荣典权。国家主席根据全国人大及其常委会的决定，授予对国家有功勋的人员勋章和荣誉称号。

2. 国务院

国务院是中央人民政府，是最高国家权力机关的执行机关，是最高国家行政机关。具体表现在：（1）国务院对外是中华人民共和国政府，对内是中央人民政府。（2）国务院从属于全国人大，由全国人大产生，受它监督，对它负责。全国人大闭会期间，受全国人大常委会监督并对其负责。（3）国务院在全国行政机关系统中居最高地位。它统一领导地方各级政府的工作，统一领导管理国务院各部、各委员会以及全国各级人民政府的行政工作，一切国家行政机关都必须服从它的决定和命令。

国务院由总理、副总理若干人、国务委员若干人、各部部长、各委员会主任、审计长、秘书长组成。国务院总理根据国家主席的提名，由全国人大决定；副总理、国务委员、各部部长、各委员会主任、审计长和秘书长根据总理的提名，由全国人大决定。国务院每届任期与全国人大每届任期相同，即五年。总理、副总理、国务委员连续任职不得超过两届。

我国《宪法》第八十六条规定："国务院实行总理负责制。"总理负责制即行政首长负责制，是指国务院总理对他主持的国务院工作有完全的决定权并承担全部责任。具体内容为：（1）由总理提名经全国人民代表大会或其常务委员会决定，组成国务院。（2）总理领导国务院工作，副总理、国务委员协助总理工作。（3）总理召集和主持国务院全体会议和国务院常务会议，总理拥有最后决定权，并对决定的后果承担全部责任。（4）国务院发布的行政法规、决定、命令，向全国人大或其常委会提出的议案，任免人员，由总理签署。

国务院实行总理负责制是由国务院的性质和任务决定的。国务院的性质是行政机关，任务是执行国家权力机关的决定。权力机关采取合议制的形式，实行少数服从多数的原则，可以保证民主，而行政机关在执行权力机关的决定时，则需要高度的权力集中，才能高效、及时和果断地处理各种繁杂的事务和突发事件。如果行政机关也采取少数服从多数的原则，势必因开会、讨论、表决而延误时日，影响国务，所以国务院实行总理负责制符合现代社会对中央政府高效率的要求。

国务院的会议分为国务院全体会议和国务院常务会议。国务院全体会议由国务院全体成员组成，国务院常务会议由总理、副总理、国务委员、秘书长组成。根据国务院组织法的规定，国务院工作中的重大问题，须经国务院常务会议或者国务院全体会议讨论决定。

根据现行《宪法》第八十九条规定，国务院行使下列职权：（1）根据宪法和法律，规定行政措施，制定行政法规，发布决定和命令；（2）向全国人民代表大会或者全国人民代表大会常务委员会提出议案；（3）规定各部和各委员会的任务和职责，统一领导各部和各委员会的工作，并且领导不属于各部和各委员会的全国性的行政工作；（4）统一领导全国地方各级国家行政机关的工作，规定中央和省、自治区、直辖市的国家行政机关的职权的具体划分；（5）编制和执行国民经济和社会发展计划和国家预算；（6）领导和管理经济工作和城乡建设、生态文明建设；（7）领导和管理教育、科学、文化、卫生、体育和计划生育工作；（8）领导和管理民政、公安、司法行政等工作；（9）管理对外事务，同外国缔结条约和协定；（10）领导和管理国防建设事业；（11）领导和管理民族事务，保障少数民族的平等权利和民族自治地方的自治权利；（12）保护华侨的正当的权利和利益，保护归侨和侨眷的合法的权利和利益；（13）改变或者撤销各部、各委员会发布的不适当的命令、指示和规章；（14）改变或者撤销地方各级国家行政机关的不适当的决定和命令；（15）批准省、自治区、直辖市的区域划分，批准自治州、县、自治县、市的建置和区域划分；（16）依照法律规定决定省、自治区、直辖市的范围内部分地区进入紧急状态；（17）审定行政机构的编制，依照法律规定任免、培训、考核和奖惩行政人员；（18）全国人民代表大会和全国人民代表大会常务委员会授予的其他职权。

3. 中央军事委员会

我国《宪法》第九十三条规定："中华人民共和国中央军事委员会领导全国武装力量。"中央军事委员会的性质是全国武装力量的领导机关，是中央国家机关体系中的一个独立机构。同时，它从属于全国人民代表大会，对全国人大及其常委会负责。

中央军事委员会实行主席负责制。中央军事委员会组成人员接受军事委员会主席领导，向军事委员会主席负责。

中央军事委员会由主席、副主席若干人、委员若干人组成。主席由全国人大选举产生。全国人大根据中央军事委员会主席的提名，决定中央军事委员会其他组成人员的人选。在全国人大闭会期间，全国人大常委会根据中央军事委员会主席的提名，决定中央军事委员会其他组成人员的人选。全国人大有权罢免中央军事委员会主席和其他组成人员。中央军事委员会每届任期同全国人民代表大会每届任期相同，即五年。现行宪法没有对包括中央军事委员会主席在内的中央军事委员会组成人员的任届作出限制。从法理上说，包括中央军事委员会主席在内的中央军事委员会组成人员可以无限期连选连任。

现行宪法没有规定中央军事委员会的职责，但根据宪法对中央军事委员会性质、地位及对我国武装力量的任务的规定精神，中央军事委员会的主要职责应为领导和指挥全国武装力量，享有对国家武装力量的决策权和指挥权，完成巩固国防、抵抗侵略、保卫祖国、保卫人民、参加国家建设事业和努力为人民服务的神圣使命。

（三）国家审判机关和国家检察机关

1. 人民法院

我国现行《宪法》第一百二十八条规定，中华人民共和国人民法院是国家的审判机关。这一规定明确了人民法院的性质，人民法院是国家的法定审判机关，其他任何机关、团体和个人都无权进行审判活动。

人民法院的任务是审判刑事案件、民事案件和行政案件，并且通过审判活动，惩办一切犯罪分子，解决民事纠纷、经济纠纷和行政纠纷，以保卫人民民主专政制度，维护社会主义法制和社会秩序，保护社会主义的全民所有的财产、劳动群众集体所有的财产，保护公民私人所有的合法财产，保护公民的人身权利、民主权利和其他权利，保障社会主义革命和社会主义建设事业的顺利进行。

我国人民法院大体上是以行政区划为基础而设置的。根据现行宪法和有关法律的规定，我国人民法院的组织系统是最高人民法院、地方各级人民法院和专门人民法院。地方各级人民法院包括高级人民法院、中级人民法院和基层人民法院。专门人民法院包括军事法院、海事法院、铁路运输法院。

我国宪法规定，最高人民法院监督地方各级人民法院和专门人民法院的审判工作，上级人民法院监督下级人民法院的审判工作。这表明上下级人民法院之间的关系不是领导关系，而是监督关系。这种监督主要体现在上级人民法院按照上诉程序、审判监督程序及死刑复核程序对下级人民法院具体案件的监督，纠正错误的判决和裁定上。

法官是依法行使国家审判权的人员，其重要职能就是忠实执行宪法和法律。我国《法官法》第十二条规定，担任法官必须具备下列条件：（1）具有中华人民共和国国籍。（2）拥护中华人民共和国宪法，拥护中国共产党领导和社会主义制度。（3）具有良好的政治、业务素质和道德品行。（4）具有正常履行职责的身体条件。（5）具备普通高等学校法学类本科学历并获得学士及以上学位；或者普通高等学校非法学类本科及以上学历并获得法律硕士、法学硕士及以上学位；或者普通高等学校非法学类本科及以上学历，获得其他相应学位，并具有法律专业知识。（6）从事法律工作满五年。其中获得法律硕士、法学硕士学位，或者获得法学博士学位的，从事法律工作的年限可以分别放宽至四年、三年。（7）初任法官应当通过国家统一法律职业资格考试取得法律职业资格。

我国《法官法》第十条规定，法官应当履行八项义务：（1）严格遵守宪法和法律；（2）秉公办案，不得徇私枉法；（3）依法保障当事人和其他诉讼参与人的诉讼权利；（4）维护国家利益、社会公共利益，维护个人和组织的合法权益；（5）保守国家秘密和审判工作秘密，对履行职责中知悉的商业秘密和个人隐私予以保密；（6）依法接受法律监督和人民群众监督；（7）通过依法办理案件以案释法，增强全民法治观念，推进法治社会建设；（8）法律规定的其他义务。

2. 人民检察院

根据我国《宪法》第一百三十四条规定，中华人民共和国人民检察院是国家的法律监督机关。法律监督是国家为维护宪法和法律统一实施而实行的一种专门监督，这种专门的监督权力，通称监察权。在我国，检察院是专门执行法律监督的国家机关，它通过行使检察权对各级国家机关、国家机关工作人员和公民是否遵守宪法和法律实施监督，以保障宪法和法律正确统一的实施。

人民检察院的任务是：通过行使检察权，打击一切叛国的、分裂国家的犯罪活动，打击危害国家安全的犯罪分子和其他犯罪分子，维护国家的统一，维护人民民主专政制度，维护社会主义法制和秩序，保护公民权利，保卫社会主义现代化建设顺利进行。此外，人民检察院还要通过检察活动，教育公民忠于社会主义祖国，自觉地遵守宪法和法律，并积极同违法行为作斗争。

根据宪法和人民检察院组织法的规定，我国设立最高人民检察院、地方各级人民检察院和军事检察院等专门人民检察院。地方各级人民检察院分为：省级人民检察院，包括省、自治区、直辖市人民检察院；设区的市级人民检察院，包括省、自治区辖市人民检察院，自治州人民检察院，省、自治区、直辖市人民检察院分院；基层人民检察院，包括县、自治县、不设区的市、市辖区人民检察院。

我国人民检察院的领导体制为双重领导原则。其一，从人民检察院与同级人民代表大会的关系看：最高人民检察院对全国人民代表大会和全国人民代表大会常务委员会负责并报告工作；地方各级人民检察院对本级人民代表大会和人民代表大会常务委员会负责并报告工作。其二，从人民检察院上下级关系来看：最高人民检察院领导地方各级人民检察院和专门人民检察院的工作，上级人民检察院领导下级人民检察院工作。这种领导体制符合检察工作的性质和要求，有利于检察机关依法独立行使检察权。人民检察院内部的领导关系是检察长统一领导检察院的工作。各级人民检察院设立检察委员会，在检察长的主持下，讨论、决定重大案件和其他重大问题。

检察官是依法行使国家检察权的人员。我国《检察官法》规定担任检察官必须具备下列条件:(1)具有中华人民共和国国籍。(2)拥护中华人民共和国宪法,拥护中国共产党领导和社会主义制度。(3)具有良好的政治、业务素质和道德品行。(4)具有正常履行职责的身体条件。(5)具备普通高等学校法学类本科学历并获得学士及以上学位;或者普通高等学校非法学类本科及以上学历并获得法律硕士、法学硕士及以上学位;或者普通高等学校非法学类本科及以上学历,获得其他相应学位,并具有法律专业知识。(6)从事法律工作满五年。其中获得法律硕士、法学硕士学位,或者获得法学博士学位的,从事法律工作的年限可以分别放宽至四年、三年。(7)初任检察官应当通过国家统一法律职业资格考试取得法律职业资格。

检察官的职责是忠实执行宪法和法律,具体表现为:(1)对法律规定由人民检察院直接受理的刑事案件进行侦查;(2)对刑事案件进行审查逮捕、审查起诉,代表国家进行公诉;(3)开展公益诉讼工作;(4)开展对刑事、民事、行政诉讼活动的监督工作;(5)法律规定的其他职责。

检察官应当履行的义务为:(1)严格遵守宪法和法律;(2)秉公办案,不得徇私枉法;(3)依法保障当事人和其他诉讼参与人的诉讼权利;(4)维护国家利益、社会公共利益,维护个人和组织的合法权益;(5)保守国家秘密和检察工作秘密,对履行职责中知悉的商业秘密和个人隐私予以保密;(6)依法接受法律监督和人民群众监督;(7)通过依法办理案件以案释法,增强全民法治观念,推进法治社会建设;(8)法律规定的其他义务。

检察官享有的权利为:(1)履行检察官职责应当具有的职权和工作条件;(2)非因法定事由、非经法定程序,不被调离、免职、降职、辞退或者处分；（3）履行检察官职责应当享有的职业保障和福利待遇；（4）人身、财产和住所安全受法律保护；（5）提出申诉或者控告；（6）法律规定的其他权利。

3. 人民法院、人民检察院和公安机关的相互关系

在我国国家机构体系中，人民法院、人民检察院和公安机关是实现人民民主专政的重要国家机器。按照国家机关的职能分工，人民法院依法行使国家审判权，人民检察院依法行使国家检察权，公安机关负责国家和社会的治安管理工作。虽然它们分属不同性质的国家机关，承担不同的国家职能，但在保护人民利益、惩治犯罪行为，保障国家和社会安全、维护社会秩序等方面却是共同的。宪法规定，人民法院、人民检察院和公安机关办理刑事案件，应当分工负责，互相配合，互相制约，以保证准确有效地执行法律。根据宪法规定，人民法院、人民检察院和公安机关在办理刑事案件时的相互关系如下。

第一，分工负责。对于刑事案件的侦查、拘留、预审由公安机关负责；批准逮捕和检察、提起公诉由人民检察院负责；审判由人民法院负责。

第二，互相配合。即在分工负责的基础上，公、检、法三机关应通力合作，协调一致，共同完成打击犯罪、保护人民，维护国家法制统一的任务。

第三，互相制约。即三机关要互相监督，防止错案的发生，保证准确有效地执行法律。以公安机关和人民检察院之间的关系为例，公安机关负责案件侦查，但无权决定逮捕，检察机关批准逮捕，由公安机关执行。对公安机关移送检察院的案件，检察院若认为事实不清、证据不足，可退回公安机关补充侦查。人民检察院对公安机关的侦

查活动的合法性行使法律监督权。公安机关对人民检察院的决定有不同意见，可以要求同级人民检察院复议，还可以要求上级人民检察院复核。

（四）国家监察机关

中华人民共和国国家监察委员会，是中华人民共和国最高监察机关，为副国级单位。国家监察委员会依据宪法及相关的法律负责监督、调查、处置公职人员依法履职、秉公用权、廉洁从政从业以及道德操守问题。国家监察委员会依照法律规定独立行使监察权，不受行政机关、社会团体和个人的干涉。国家监察委员会系2018年十三届全国人大一次会议修改《中华人民共和国宪法》及通过《中华人民共和国监察法》后设立。国家监察委员会与中央纪律检查委员会的机关合署办公。

2018年3月11日十三届全国人大一次会议通过的《中华人民共和国宪法修正案》在宪法中增加了监察机关的规定，在第三章"国家机构"中增加第七节"监察委员会"。其中，第一百二十三条规定："中华人民共和国各级监察委员会是国家的监察机关。"第一百二十四条规定："中华人民共和国设立国家监察委员会和地方各级监察委员会。"第一百二十五条规定："中华人民共和国国家监察委员会是最高监察机关。国家监察委员会领导地方各级监察委员会的工作，上级监察委员会领导下级监察委员会的工作。"第一百二十六条规定："国家监察委员会对全国人民代表大会和全国人民代表大会常务委员会负责。地方各级监察委员会对产生它的国家权力机关和上一级监察委员会负责。"

2018年3月17日，十三届全国人大一次会议通过《第十三届全国人民代表大会第一次会议关于国务院机构改革方案的决定》，批准《国务院机构改革方案》。方案规定："监察部并入新组建的国家监察委员会。国家预防腐败局并入国家监察委员会。不再保留监察部、国家预防腐败局。"同时，最高人民检察院渎职侵权检察厅、最高人民检察院职务犯罪预防厅亦并入国家监察委员会。

2018年3月中共中央印发的《深化党和国家机构改革方案》称："组建国家监察委员会。为加强党对反腐败工作的集中统一领导，实现党内监督和国家机关监督、党的纪律检查和国家监察有机统一，实现对所有行使公权力的公职人员监察全覆盖，将监察部、国家预防腐败局的职责，最高人民检察院查处贪污贿赂、失职渎职以及预防职务犯罪等反腐败相关职责整合，组建国家监察委员会，同中央纪律检查委员会合署办公，履行纪检、监察两项职责，实行一套工作机构、两个机关名称。""国家监察委员会由全国人民代表大会产生，接受全国人民代表大会及其常务委员会的监督。""不再保留监察部、国家预防腐败局。"2018年3月23日，国家监察委员会正式揭牌成立，同时举行新任国家监察委员会副主任、委员宪法宣誓仪式。

根据《中华人民共和国监察法》，国家监察机关履行监督、调查、处置职责：（1）对公职人员开展廉政教育，对其依法履职、秉公用权、廉洁从政从业以及道德操守情况进行监督检查。（2）对涉嫌贪污贿赂、滥用职权、玩忽职守、权力寻租、利益输送、徇私舞弊以及浪费国家资财等职务违法和职务犯罪进行调查。（3）依据相关法律对违法的公职人员作出政务处分决定；对在行使职权中存在的问题提出监察建议；对履行职责不力、失职失责的领导人员进行问责；对涉嫌职务犯罪的，将调查结果移送检察机关依法审查、提起公诉；向监察对象所在单位提出监察建议。

（五）地方国家机关

1. 地方国家机关概述

国家机关的设立是为了更好地实现国家的职能。国家为了管理需要，除设置中央一级国家机关外，还要根据地域的结构和划分，设置相应的地方国家机关。地方国家机关是指设立于国家地方层级并行使国家权能的各类国家机关。根据宪法规定，在我国，省、自治区、直辖市、市、县、市辖区、乡、民族乡、镇分别设立地方各级人民代表大会和人民政府。在香港和澳门，依据特别行政区基本法的规定设置相应的国家机关。同时，按照宪法确认的国家行政区域，还分别设立了我国的各级人民法院和人民检察院。

上述设立的各级地方国家机关既是我国国家政权体系的重要组成部分，也是国家权能得以充分实现的根本所在。我国地方国家机关的设置具有如下特点：第一，地方国家机关在设置上是多层次的。第二，地方国家机关的关系是从属性的。在我国，县级以上的每一层级地方国家机关都由国家权力机构、行政机关、审判机关和检察机关组成，而国家权力机构在其中居于核心地位，其他国家机关由权力机构产生，向它负责，并接受它的监督。

地方国家机关与中央国家机关的关系主要表现为两者在权力配置上的划分。我国宪法规定，中央和地方的国家机构职权的划分，遵循在中央的统一领导下，充分发挥地方的主动性、积极性的原则。这表明我国地方国家机关与中央国家机关之间是一种隶属关系，具体表现为：第一，关涉全国性的重要国家事务的决定权和管理权由中央行使，保证中央的统一领导。第二，关涉地方性的国家事务由地方国家机关决定，充分发挥地方的主动性和积极性。第三，遵循法治原则调整中央和地方的关系。无论中央或地方，国家机关的设置、组成、职权划分及行使，应当由宪法和法律予以确认，保证中央和地方在职权行使上的常态化、法治化。

2. 地方各级人民代表大会和地方各级人民政府

地方各级人大是指省、自治区、直辖市、市、县、市辖区、乡、民族乡、镇的人民代表大会。它们同全国人大一起构成我国国家权力机关体系。地方人大是地方国家权力机关，地方各级人大在本级国家机构中处于首要的地位。本级的地方国家行政机关、审判机关和检察机关都由人民代表大会选举产生，在本行政区域内要对它负责，受它监督。

地方各级人民代表大会由人民代表组成。省、自治区、直辖市、设区的市和自治州的人民代表大会代表由下一级的人民代表大会选举；县、自治县、不设区的市、市辖区、乡、民族乡、镇的人民代表大会由选民直接选举产生。地方各级人民代表大会每届任期都为五年。

地方各级人大的职权主要包括地方性法规制定权，重大事务决定权，监督权，选举权和罢免权，以及其他职权。

县以上地方各级人大常委会是本级人大的常设机关，是同级国家权力机关的组成部门，地方各级人大常委会对本级人大负责并报告工作。省、自治区、直辖市、自治州、设区的市的人大常委会由本级人大在代表中选举主任、副主任若干人、秘书长、委员若干人组成；县、自治县、不设区的市、市辖区的人大常委会由本级人大在代表中选举主任、副主任若干人和委员若干人组成。县以上地方各级人大常委会的任期同本级人大任期相同，均为五年。

县以上地方各级人大常委会的职权主要包括地方性法规制定权，重大事务决定权，监督权，任免权及其他职权。

现行宪法规定，地方各级人民政府是地方各级国家权力机关的执行机关，是地方各级国家行政机关。这是对我国地方各级人民政府在性质上的确认。地方各级人民政府作为执行机关，由本级人大选举产生，并对人大负责并报告工作，人大闭会期间，对本级人大常委会负责并报告工作。作为地方各级行政机关，地方各级人民政府还要服从上级人民政府的领导，向上一级人民政府负责和报告工作，执行上级行政机关的决定和命令。地方各级行政机关都要接受和服从国务院的统一领导。

地方各级人民政府实行首长负责制。地方各级人民政府的任期与本级人大代表任期相同，均为五年。

地方各级人民政府的职权包括：（1）省、自治区、直辖市的人民政府，省、自治区、直辖市的人民政府所在地的市和经国务院批准的较大的市的人民政府，可以制定规章。（2）执行本级人民代表大会及其常委会决议，执行上级国家行政机关的决定和命令，执行国民经济和社会发展计划和预算。（3）规定行政措施，发布决定和命令。（4）管理本行政区域内的行政事务。（5）领导所属各工作部门和下级人民政府的工作。（6）保障宪法和法律赋予公民的权利获得实现。（7）办理上级国家行政机关交办的其他事项。

省、自治区、直辖市人民政府的厅、局、委员会等工作部门的设立、增加、减少或合并，由本级政府报请国务院批准，并报本级人大常委会备案。县级以上的地方人民政府设立审计机关，地方各级审计机关依照法律规定独立行使审计监督权,对本级人民政府和上一级审计机关负责。省、自治区人民政府在必要时,经国务院批准,可以设立若干的派出机关。县、自治县的人民政府在必要时,经省、自治区、直辖市的人民政府批准,可以设立若干区公所,作为它的派出机关。市辖区、不设区的市的人民政府,经上一级人民政府批准,可以设立若干街道办事处,作为它的派出机关。

3. 基层群众性自治组织

基层群众自治制度是我国宪法规定和保障的政治制度之一。我国宪法规定,城市和农村按居民居住地区设立的居民委员会或者村民委员会是基层群众性自治组织。基层群众性自治,就是处于基层的城市和农村居民群众通过居民委员会和村民委员会进行的、管理自己事务的制度。其中,城市居民自治是指城市居民通过居民委员会进行的、管理自己事务的制度,而村民自治是指农村村民通过村民委员会进行的、管理自己事务的制度。

基层群众性自治组织是依照有关法律规定,以城乡居民(村民)一定的居住地为纽带和范围设立,并由居民(村民)选举产生的成员组成的,实行自我管理、自我教育、自我服务的社会组织。村民委员会是村民自我管理、自我教育、自我服务的基层群众性自治组织,实行民主选举、民主决策、民主管理、民主监督。居民委员会是居民自我管理、自我教育、自我服务的基层群众性自治组织。

基层群众性自治组织的特点为:(1)群众性。基层群众性自治组织是群众性组织。这表现为居民委员会的组成人员由本居住区域内的所有有选举权的居民或者各户推选的代表选举产生,而村民委员会的成员则由有选举权的村民选举产生,即自治组织的成员来自群众、由群众选举产生，而不是由政府产生。（2）自治性。在基层群众自治制度下，同一居住区域的居民和村民通过居民委员会和村民委员会作为组织手段，自行决定有关公共事务和公益事业的处理。基层群众性自治组织不是国家机关，也不是国家机关的下属或下级组织，也不从属于居住地范围内其他任何社会组织，具有自身组织上的独立性。（3）基层性。从层级上看，基层群众自治的主体是处于最基层的城市居民和农村村民，而自治组织的职责，也立足于基层，办理社区和村内群众的公共事务。

五 国旗、国歌、国徽、首都

宪法第四章"国旗、国歌、国徽、首都"是我国宪法文本的重要组成部分，应当将其纳入宪法学规范阐释的范畴。宪法作为国旗、国歌、国徽、首都的终极规范性来源，也就意味着国旗、国歌、国徽、首都不再仅是以图案、词谱和地理位置象征和标志国家，而是意味着效力上的根本性和内涵上的规范性。从"国家象征"和"国家标志"的语词和功能出发，"国家象征和标志"应当成为宪法学上的规范概念与基本范畴。国家认同是国家象征和标志与宪法的重要连接点。一方面，国家象征和标志通过宪法上的文化国家观念和政治国家观念塑造国家认同；另一方面，"社会平等的自由观"作为国家象征和标志塑造国家认同的"深层结构"，是宪法上以人民民主和基本权利为中心塑造国家认同的结构耦合。在理解了宪法上国家象征和标志的规范内涵的基础上，全国人大及其常委会应当以宪法为根本指针，从全面保障国家象征和标志的宪制地位、强化国家象征和标志的专门监管保护两个层面完善国家象征和标志的立法，把落实国家认同作为宪法赋予部门法的重要任务，实现整体法秩序的统一。由国旗、国徽、国歌所代表的国家的主权、独立和尊严，通常被认为是一国宪法中不可缺少的基本内容之一。严格说来，首都不是国家的标志。但首都一般是一个国家或政治或文化或经济或兼而有之的中心，常被形容为国家的心脏，在人们的心目中和国际上被看作是一个国家的缩影，所以通常也在宪法中将首都作为国家象征的部分作出规定。

国旗是最常用的国家标志。它通过一定的式样、色彩和图案来反映一个国家的政治特点和历史文化传统。因此，各国往往以宪法或专门的法律来规定国旗的名称、图案以及使用方法。我国《宪法》第一百四十一条规定："中华人民共和国国旗是五星红旗。"我国国旗是在新中国成立前夕，由中国人民政治协商会议第一届全体会议以决议的形式通过的。1954年以来，载入历次宪法。1990年6月28日，七届全国人大常委会十四次会议通过的《中华人民共和国国旗法》，系统地规定了国旗的构成、制作、升挂以及使用办法。

国歌是国家的音乐象征，通常在庄严的集会、庆典和国际交往的仪式上演奏或演唱。国歌大多数是专门创作的；也有采用传统革命歌曲或爱国歌曲的；还有采用古老的歌词新作歌谱，或者用传统革命歌曲、爱国歌曲、古典歌曲的曲调另作歌词的。

我国的国歌是《义勇军进行曲》，由田汉作词、聂耳作曲。1949年9月27日，中国人民政治协商会议第一届全体会议通过了关于国歌的决议，决定在中华人民共和国国歌未正式制定以前，以《义勇军进行曲》为国歌；1978年3月5日，五届全国人大一次会议通过了一个关于国歌的决定,决定在保留歌曲曲调的基础上修改歌词;1982年12月,五届全国人大五次会议通过决议,决定恢复《义勇军进行曲》为国歌。十届全国人大二次会议通过宪法修正案,在《宪法》第一百三十六条中增写一款,作为第二款,规定"中华人民共和国国歌是《义勇军进行曲》",并将宪法第四章的章名由原来的"国旗、国徽、首都"修改为"国旗、国歌、国徽、首都"。这是深得人心的。2017年9月1日下午,《中华人民共和国国歌法》获十二届全国人大常委会二十九次会议表决通过,于2017年10月1日起施行。第三条规定:"中华人民共和国国歌是中华人民共和国的象征和标志。一切公民和组织都应当尊重国歌,维护国歌的尊严。"第十五条规定:"在公共场合,故意篡改国歌歌词、曲谱,以歪曲、贬损方式奏唱国歌,或者以其他方式侮辱国歌的,由公安机关处以警告或者十五日以下拘留;构成犯罪的,依法追究刑事责任。"

国徽是以图案为其组成形式的,它是国家特有的象征和标志,代表着国家的主权和民族的尊严。世界各国都有自己的国徽,形状、图案各不相同。国徽的式样、图案也是精心设计的。在外形上要求严谨端庄,在寓意上要求深刻。从国徽的图案及其表达的含义来说,有的是本国重要历史事件的剪影和记录,有的反映了本国的地理面貌、自然资源和环境,有的反映了本国的政体、信仰和传统政治理想,有的表达了民族的自由、解放和独立等。国徽不仅作悬挂使用,也同时用作国家的纹章或国玺。1949年6月,中国人民政治协商会议筹备会决定,除第六小组负责确定国徽图案(包括国旗图案、国歌词曲)外,另设立国徽图案(包括国旗图案、国歌词曲)评选委员会。评选委员会第一次全体会议决定,由清华大学营建系和中央美术学院分别组织一个小组设计国徽。1949年6月20日晚,国徽评选委员会最后一次讨论国徽方案，确定了清华大学设计组提出的方案。6月23日，中国人民政治协商会议第二次全体会议通过了国徽评选委员会提出的国徽方案。6月28日，中央人民政府第八次会议通过了政协关于国徽图案的建议。9月中旬，清华大学教授、著名雕塑家高庄完成了国徽的定型设计，毛泽东同志随后以中央人民政府命令的形式，公布了国徽图案及对该图案的说明。中华人民共和国国徽由此诞生了。我国的国徽呈圆形，中间是五星照耀下的天安门，周围是谷穗和齿轮。国徽中以天安门作图案，表明中国人民从1919年五四运动以来进行的新民主主义革命斗争的胜利和中华人民共和国的诞生。天安门图案表现了我国各族人民的革命传统和民族精神；国徽中用齿轮和谷穗环绕周围，表明我国的国家性质是工人阶级领导的以工农联盟为基础的人民民主国家；国徽中的五颗五角星取自国旗中的五星，象征着中国共产党领导下的人民大团结。因此，国徽象征中国人民自五四运动以来的新民主主义革命斗争和工人阶级领导的、以工农联盟为基础的人民民主专政的新中国的诞生。

首都也叫国都、首府，是国家最高领导机关所在地，通常是国家的政治、经济、文化中心。世界上绝大多数的国家只有一个首都，但也有极少数的国家有两个。世界上还有一些国家的国名和它的首都的名称相同，如巴拿马、吉布提、新加坡、墨西哥、危地马拉等。北京作为我国的首都是由1949年9月27日中国人民政治协商会议第一届全体会议确定的，这次会议通过的《关于中华人民共和国国都、纪年、国歌、国旗的决议》规定："中华人民共和国的国都定于北平。自即日起，改名北平为北京。"1954年《宪法》继续确认了这个决议，但将"国都"改称"首都"，后来的三部宪法也作了相同的规定。1982年《宪法》规定:"中华人民共和国首都是北京。"北京作为中华人民共和国的首都,现在是中国共产党中央委员会、全国人大及其常委会、国家主席、国务院、中央军事委员会、国家监察委员会、最高人民法院、最高人民检察院等党和国家领导机关所在地。它也是各国驻中国的大使馆和公使馆的所在地。

从"五四宪法"到现行宪法,我国宪法借助以人民民主为中心的国家制度,勾连抽象的人民和国家,把"想象的共同体"落实为能够反映人民最广泛的利益诉求的政治架构和真实参与国家政治生活的制度设计。有学者将我国宪法上以民主为中心塑造国家认同的方式归结为"民主过程的吸纳与整合"。刘少奇同志在《关于中华人民共和国宪法草案的报告》中说得非常中肯:新中国的宪法不是横空出世的,而是在"三种不同的势力所要求的三种不同的宪法"中反复比较,由人民选择出来的,因为只有第三种"工人阶级领导的、以工农联盟为基础的人民共和国的宪法……才是适合于最广大人民群众的利益,而为最广大人民群众所欢迎的"。他一语中的地道出了基于民主的国家制度体系对塑造公民国家认同的作用。彭真同志在1982年所作的《关于中华人民共和国宪法修改草案的说明》中就"民主集中制"原则进行强调时指出:"我们的政权是由人民掌握的,是由百分之九十九点九以上的人掌握的。人民……真正掌握国家的、民族的和自己的命运。"为什么彭真同志在阐释"国家机构实行民主集中制的原则"和国家机构的七项改革和发展的举措之前,会重复表述这样一段在阐释"党的领导如何转化为国家意志"以及"国体条款"时已经强调过的内容呢?原因在于,当人民意志转化为国家主权之后,国家主权必须服务于人民意志,从人民群众的根本利益出发,而落实人民意志必须依靠各个国家机构的运转。否则，国家机构对人民意志的背离便无法建构国家认同逻辑的延续，国家认同就会成为一句空话，人民对国家的认同和支持也会分崩离析。

在一个以人民民主作为政治基础的国家，人民主权原则体现为人民决定国家事务、国家保障公民基本权利的基本架构。然而，这种简化的推导和演绎显然是不足的。一个仅仅保障个人权利，而无视公共利益和保障人与社会共同发展的政治架构也是不够的。刘少奇同志1954年在《关于中华人民共和国宪法草案的报告》中指出：公民基本权利的规定回应了个人本位式保障基本权利的不足，是真真切切保障"人民真正的自由"，"国家要逐步扩大现在还不充分的物质条件，以保证公民享受这些权利"。在空前强调实事求是精神作为修宪原则的1982年，彭真同志既指出公民基本权利依据"社会主义民主"和"社会法制的原则"进行的"切实的、明确的规定"，也同刘少奇同志一样强调"我国公民享有比资本主义制度下更广泛的和真实的基本权利"。这种自新中国成立以来一以贯之的话语除了作为一种意识形态优越性的延伸和宣示之外，还意味着"宪法工程师"通过更充分地保障基本权利的方式凝聚国家认同以更好地建设国家的愿望。因为国家制度给予人的自由与发展多大的空间和多少的保障，是人们建构其国家认同的重要依据和基本动力。因此，在民主合法性作为价值理性的必然选择的前提下，就要在工具理性的层面通过真正落实基本权利，尤其是通过"立宪理性"和落实"国家尊重保障人权"，来进一步凝聚国家认同。

参与制定《共同纲领》和国旗国徽图案讨论的首届政协委员陈嘉庚曾表示，国旗代表国威，"对内对外关系至大"，需要"取义适当"、

"美观"和"气概宏伟",三者缺一不可。之所以首先强调"取义适当",便是意在说明国家象征的第一个维度在于使最广大人民所共享和认可。第二个维度则是在"美观"和"气概"的维度上激发国民美学意义的共鸣和振奋国民精神。中华人民共和国国旗、国歌、国都的诞生经历了成立新政协筹备会第六小组—发布启事—讨论图案—政治协商会议第一届全体会议讨论—毛泽东、周恩来参与讨论—政协第一届全体大会表决等若干程序。在1954年《宪法》制定过程中,对于是否将国歌写进宪法,毛泽东提出"国歌不必写在宪法上"的根本原因在于"我们的国歌有一句'最危险的时候',有些人就觉得不舒服"。因此,无论是对于承担"建国"使命的《共同纲领》的制定者们而言,还是对于承担"治国"使命的"五四宪法"的制定者们而言,基于社会平等的自由观这一马克思主义政治哲学教义,宪法上的国家象征和标志部分被进一步细化为两点理论内涵:第一,要最大可能平等赋予广大人民参与国家政治生活与选择国家象征和标志的权利;第二,国家象征和标志所传达的情感价值必须在最平等而广泛的程度上被人民所认同和产生共鸣。一旦理解了这两项宪法标准,毛泽东同志1954年所言"国歌不必写在宪法上"就必然需要服务于宪法变迁而不应作教条式的机械理解。

"民主参与"和"情感共鸣"这两条标准贯穿于"五四宪法"和现行宪法在国家象征和标志相关问题上的讨论中,也是宪法通过国家象征和标志塑造公民国家认同的具体实践。1954年4月27日和1954年6月25日,宪法起草委员会办公室印发《宪法草案初稿讨论意见汇辑》(七)和《宪法草案初稿讨论意见汇辑》(二十四),集中讨论了各地方单位对"五四宪法"草案中第四章"国旗、国徽、首都"的修改意见和疑问，其中最聚焦的问题就在于在宪法草案的基础上能否增加其他的国家象征和标志，除了前文已有说明的国歌外，还有国花、国玺、国服、国礼、国色、军旗等能否规定在第四章中。在我国现行宪法起草过程中，有人提出要赋予汉语以国语的地位，也有人提出"将汉语、汉字作为全国通用的语言、文字，写在第四章中"。还有群众建议在宪法中规定"国花""国鸟"。但是一旦把握上述两条宪法标准便不难发现，生活场景和政治环境中的国家象征和标志可能无法进入宪法的范畴。例如，诸多国家的宪法都规定了国玺，但对于我国这样一个立基于"反帝反封建"的现代性国家，国玺这一带有长期封建专制色彩的物品显然无法得到最广大人民的情感认同，也象征着不平等的社会等级。再例如，"八二宪法"最终否决了汉语作为国语写进宪法第四章的方案，重要原因就在于班禅在宪法修改委员会第二次全体会议小组会上的长篇发言中阐述的两点理由：第一，语言文字问题很敏感，要非常慎重；第二，如果写明汉语是国语，那么对民族语言的地位也要明确肯定。这两点原因毫无疑问地再次强调了国家象征和标志写进宪法第四章需要高度的民主正当性和基本权利（在这里是平等权）的反复考量作为支撑。"民主参与"和"情感共鸣"在历史的维度作为我国宪法上国家象征和标志的入宪标准，也应当指向未来，回应新的国家象征和标志入宪的呼吁，以及如果将来全国人大对宪法第四章进行可能的修改，作为可资参照的学理标准。

总而言之，社会平等的自由观作为设计国家象征、标志和确定其入宪标准的政治哲学原理，与宪法所确立的以人民民主和基本权利为中心塑造国家认同的思路一脉相承。在这一过程中，人民真正被赋予了主权者地位，人民通过国家象征和标志参与国家本身的建构也加深了其对国家的认同。从这一意义上说，国家象征和标志塑造国家认同的宪法逻辑本质上既是一种对结构化人民的认同，也是一种通过结构化的人民对人民本身的认同。

宪法是国家的根本法，是全面依法治国的根本依据。党的二十大报告对做好宪法工作提出明确要求，强调更好发挥宪法在治国理政中的重要作用。这对于坚持全面依法治国，推进法治中国建设，在法治轨道上全面建设社会主义现代化国家，具有十分重要的意义。

扫码查询宪法

其他宪法性法律相关要点

第四讲
CHAPTER 4

广义上的宪法规范不仅包括宪法文本本身，同时还包括其他具有宪法性质的法律规范，统称宪法性法律。宪法性法律一般是指有宪法规范存在其中，但形式上又不具备最高法律效力以及严格制定和修改程序的法律文件。宪法性法律有三个特点：一是不同于宪法惯例，其是由国家立法机关制定的法律文件；二是其规定的内容是国家根本制度问题，但并不是根本制度问题的全部，只是聚焦于某一个或某一方面的问题；三是它的法律效力低于宪法，其制定程序与宪法以外的其他法律相同，没有特别要求。本章由于覆盖法律规范较多且篇幅有限，将主要围绕相关宪法性法律的重点内容以及最新修订情况予以陈述、归纳与总结。

一 国家机关组织法

国家机关组织法是规定国家各类机关的组成和活动原则的法律规范之总和，其在我国的法律体系尤其是宪法规范之中具有重要基础地位。其具体规定了其他国家机关在设置、名称、产生方式和方法、性质、职能、任务、地方、权限、任期、组织原则、活动原则、机关首长的选举或任免方法及任期、国家机关相互之间关系等相关问题。

（一）中华人民共和国全国人民代表大会组织法

人民代表大会制度是我国的根本政治制度，全国人民代表大会是最高国家权力机关，行使宪法和法律赋予的重要职权。《中华人民共和国全国人民代表大会组织法》(以下简称《全国人大组织法》)是关于全国人大及其常委会组织制度和工作制度的基本法律,是全国人大及其常委会组织制度和工作制度的基本法律,是全国人大及其常委会依法行使职权的重要制度保障,是宪法有关规定的立法实施。《全国人大组织法》于1982年12月10日五届全国人大五次会议予以通过并公布施行。现行法律根据2021年3月11日十三届全国人大四次会议《关于修改〈中华人民共和国全国人民代表大会组织法〉的决定》予以修正,主要修改内容如下。

1. 增设"总则"一章

《全国人大组织法》制定比较早(1982年),当时没有设"总则",此次修改增设"总则"一章。一是增加规定全国人大及其常委会的性质、地位。二是贯彻坚持党的领导、人民当家作主、依法治国有机统一的精神,增加规定:全国人大及其常委会坚持中国共产党的领导,坚持以马克思列宁主义、毛泽东思想、邓小平理论、"三个代表"重要思想、科学发展观、习近平新时代中国特色社会主义思想为指导,依照宪法和法律规定行使职权;全国人大及其常委会坚持全过程民主,始终同人民保持密切联系,倾听人民的意见和建议,体现人民意志,保障人民权益;全国人大及其常委会行使国家立法权,决定重大事项,监督宪法和法律的实施,维护社会主义法制的统一、尊严、权威,建设社会主义法治国家。三是明确全国人大及其常委会的组织和活动原则,增加规定:全国人大及其常委会实行民主集中制原则,充分发扬民主,集体行使职权。四是根据全国人大及其常委会对外交往的实践和需要,增加规定:全国人大及其常委会积极开展对外交往,加强同各国议会、国际和地区议会组织的交流与合作。

2. 完善全国人大主席团和全国人大常委会委员长会议职权相关规定

全国人大主席团、主席团常务主席和全国人大常委会委员长会议是体现坚持中国共产党的领导、实行民主集中制原则、适应人民代表大会制度特点的重要组织形式和工作制度。一是对大会主席团的职权集中作出规定。增加规定主席团处理的具体事项，包括决定会议日程、决定会议期间代表提出议案的截止时间、决定会议期间提出的议案是否列入会议议程、决定是否将议案和决定决议草案提交会议表决等。二是明确主席团常务主席的职权。增加规定：主席团常务主席就拟提请主席团审议事项，听取秘书处和有关专门委员会的报告，向主席团提出建议，并可以对会议日程作必要的调整。三是进一步完善委员长会议的职权。增加规定：委员长会议决定是否将议案和决定决议草案交付常委会全体会议表决；制定常委会年度工作要点、立法工作计划、监督工作计划、代表工作计划等。

3. 完善全国人大专门委员会相关规定

我国宪法规定，全国人民代表大会根据需要设立专门委员会，在全国人民代表大会闭会期间受全国人大常委会领导。为进一步推动专门委员会工作规范化制度化，补充完善了有关专门委员会设置及其职责的内容：一是根据实际情况，列明全国人大现有的十个专门委员会名称，包括民族委员会、宪法和法律委员会、监察和司法委员会、财政经济委员会、教育科学文化卫生委员会、外事委员会、华侨委员会、环境与资源保护委员会、农业与农村委员会、社会建设委员会。二是从工作需要出发，明确规定专门委员会的每届任期与全国人民代表大会每届任期相同，履行职责到下届全国人民代表大会产生新的专门委员会为止。三是根据实践发展，增加有关专门委员会工作职责的规定，包括组织起草有关法律草案，承担全国人大常委会听取和审议专项工作报告、执法检查、专题询问等有关具体工作，听取"一府一委两院"专题汇报，研究办理代表建议和有关督办工作等。四是根据《深化党和国家机构改革方案》，增加规定：宪法和法律委员会承担推动宪法实施、开展宪法解释、推进合宪性审查、加强宪法监督、配合宪法宣传等工作职责。五是增加规定财政经济委员会的相关职责，明确财政经济委员会对国务院提出的国民经济和社会发展计划草案、规划纲要草案、预算草案、中央决算草案及相关报告和调整方案进行审查，向大会主席团或者全国人大常委会提出审查结果报告，其他专门委员会可以就有关草案向财政经济委员会提出意见。

4. 适应监察体制改革需要增加相关内容

根据宪法，增加规定国家监察委员会可以向全国人大及其常委会提出议案、常委会组成人员不得担任国家监察机关的职务，增加规定对国家监察委员会及其主任的质询、罢免制度。

5. 健全全国人大常委会人事任免权

为了保证国家机构正常有序运转，根据宪法的规定和精神以及实际工作需要，增加规定：一是全国人大常委会在全国人大闭会期间，根据国务院总理的提名，可以决定国务院其他组成人员的任免；根据中央军事委员会主席的提名，可以决定中央委员会其他组成人员的任免。二是全国人大常委会在全国人大闭会期间，根据委员长会议、国务院总理的提请，可以决定撤销国务院其他个别组成人员的职务；根据中央军事委员会主席的提请，可以决定撤销中央军事委员会其他个别组成人员的职务。

6. 加强代表工作、密切与代表的联系

全国人大常委会高度重视代表工作，提出尊重代表主体地位、更好发挥代表作用是坚持和完善人民代表大会制度的必然要求，是人大工作保持生机和活力的重要基础。为此，除在总则中增加有关规定外，根据实践发展增加规定：全国人大常委会和各专门委员会、工作委员会应当同代表保持密切联系，听取代表的意见和建议，支持和保障代表依法履职，扩大代表对各项工作的参与，充分发挥代表作用；全国人大常委会建立健全常务委员会组成人员和各专门委员会、工作委员会联系代表的工作机制。同时，完善代表建议办理工作机制，增加规定：对全国人大代表提出的建议、批评和意见，有关机关、组织应当与代表联系沟通，充分听取意见，介绍有关情况，认真研究办理，及时予以答复；负责办理代表建议、批评和意见的有关机关、组织应当及时向代表反馈办理情况；全国人大有关专门委员会和常务委员会办事机构应当加强对办理工作的督促检查；常务委员会办事机构每年向常务委员会报告代表建议、批评和意见的办理情况，并予以公开。

（二）中华人民共和国国务院组织法

《中华人民共和国国务院组织法》（以下简称《国务院组织法》）是关于国务院组织制度和工作制度的基本法律。1982年12月，五届全国人大五次会议在通过现行宪法的同时，通过了《国务院组织法》。其颁布施行，对于明确国务院组织制度和工作制度、保障国务院依宪依法履行职责发挥了重要作用。施行40多年来，《国务院组织法》一直没有修改过。2023年10月20日，《国务院组织法（修订草案）》提请十四届全国人大常委会六次会议首次审议。2023年12月29日，十四届全国

人大常委会七次会议审议修订草案二次审议稿并向社会公开征求意见。2024年2月19日，宪法和法律委员会召开会议，根据十四届全国人大常委会七次会议的审议意见、代表研读讨论中提出的意见和各方面的意见，对修订草案作了进一步修改完善。2024年3月11日，十四届全国人大二次会议表决通过新修订的《国务院组织法》。新的《国务院组织法》共20条，主要修改内容包括：增加国务院性质地位的规定，明确国务院工作的指导思想，完善国务院职权的表述，完善国务院组成人员相关规定，完善国务院机构及其职权相关规定，健全国务院会议制度，增加国务院依法全面正确履行职能的制度措施。

1. 增加国务院性质地位的规定

为全面贯彻落实《宪法》第八十五条、第九十二条有关规定，考虑国务院在国家机构组织体系中的重要地位和作用，为保证国务院组织法的完整性。新修订的《国务院组织法》在其第二条、第四条分别增设了两条规定，即"中华人民共和国国务院，即中央人民政府，是最高国家权力机关的执行机关，是最高国家行政机关"，"国务院对全国人民代表大会负责并报告工作；在全国人民代表大会闭会期间，对全国人民代表大会常务委员会负责并报告工作。国务院应当自觉接受全国人民代表大会及其常务委员会的监督"。

2. 明确国务院工作的指导思想

为落实党的二十大精神和2018年宪法修正案的规定，坚持党的领导、人民当家作主、依法治国有机统一的整体要求，贯彻全过程人民民主重大理念，《国务院组织法》第三条增加规定："国务院坚持中国共产党的领导，坚持以马克思列宁主义、毛泽东思想、邓小平理论、'三个代表'重要思想、科学发展观、习近平新时代中国特色社会主义思想为指导，坚决维护党中央权威和集中统一领导，坚决贯彻落实党中央决策部署，贯彻新发展理念，坚持依法行政，依照宪法和法律规定，全面正确履行政府职能。国务院坚持以人民为中心、全心全意为人民服务，坚持和发展全过程人民民主，始终同人民保持密切联系，倾听人民的意见和建议，建设人民满意的法治政府、创新政府、廉洁政府和服务型政府。"

3. 完善国务院职权的表述

根据《宪法》第三条等相关规定，我国实行单一制，国务院作为中央人民政府，统一领导全国地方各级国家行政机关的工作。为贯彻落实《宪法》第八十九条等规定，总结实践经验，《国务院组织法》第六条、十五条将国务院的职权表述修改为："国务院行使宪法和有关法律规定的职权"，"国务院统一领导全国地方各级国家行政机关的工作"。

4. 完善国务院组成人员相关规定

现行《国务院组织法》对国务院组成人员的规定比较原则。对此需要总结实践经验，作出进一步完善。一是进一步明确副总理、国务委员的职责。《国务院组织法》第五条第三款相应增加了副总理职责，统一规定为："副总理、国务委员协助总理工作，按照分工负责分管领域工作；受总理委托，负责其他方面的工作或者专项任务；根据统一安排，代表国务院进行外事活动。"二是《国务院组织法》第五条第一款增加规定国务院组成人员中包括"中国人民银行行长"。三是在第十二条中将部门正职领导人统一表述为"部长（主任、行长、审计长）"，将部门副职领导人统一表述为"副部长（副主任、副行长、副审计长）。"四是根据实践做法，在第十二条、十三条增加规定，即"国务院副秘书长、各部副部长、各委员会副主任、中国人民银行副行长、副审计长由国务院任免","按照规定程序设立若干直属机构主管各项专门业务，设立若干办事机构协助总理办理专门事项。每个机构设负责人二至五人，由国务院任免"。

5. 完善国务院机构及其职权相关规定

为充分贯彻习近平总书记关于"坚持在法治轨道上推进机构改革"重要论述精神，总结党和国家机构改革经验，做好法律衔接，《国务院组织法》作出如下修改：一是同全国人民代表大会决定批准的《国务院机构改革方案》相衔接，在第十二条中明确"国务院组成部门"的概念。二是在第十一条中明确规定"国务院组成部门的设立、撤销或者合并，经总理提出，由全国人民代表大会决定；在全国人民代表大会闭会期间，由全国人民代表大会常务委员会决定。国务院组成部门确定或者调整后，由全国人民代表大会或者全国人民代表大会常务委员会公布。"三是第十三条完善了国务院设立直属机构、办事机构的原则，根据宪法规定保留现行法中的"精简"原则，同时增加规定"优化协同高效"的原则。四是与2023年修改的立法法相衔接，完善规章制定主体的规定，即"国务院组成部门和具有行政管理职能的直属机构以及法律规定的机构，可以根据法律和国务院的行政法规、决定、命令，在本部门的权限范围内，制定规章"。

6. 健全国务院会议制度

修订之前的《国务院组织法》对国务院会议的主要任务以及讨论决定事项等未作具体规定。结合《国务院工作规则》和实践经验做法，《国务院组织法》围绕国务院全体会议和常务会议新增四项规定：一是国务院全体会议的主要任务是讨论决定政府工作报告、国民经济和社会发展规划等国务院工作中的重大事项,部署国务院的重要工作。二是国务院常务会议的主要任务是讨论法律草案、审议行政法规草案,讨论、决定、通报国务院工作中的重要事项。三是国务院全体会议和国务院常务会议讨论决定的事项,除依法需要保密的外,应当及时公布。四是国务院根据需要召开总理办公会议和国务院专题会议。

7. 增加国务院依法全面正确履行职能的制度措施

为进一步健全工作制度,《国务院组织法》还增加相应规定,保障国务院依法全面正确履行职能:一是在第十六条中规定"国务院坚持科学决策、民主决策、依法决策,健全行政决策制度体系,规范重大行政决策程序,加强行政决策执行和评估,提高决策质量和效率"。二是在第十七条中规定"国务院健全行政监督制度,加强行政复议、备案审查、行政执法监督、政府督查等工作,坚持政务公开,自觉接受各方面监督,强化对行政权力运行的制约和监督"。三是在第十八条中规定"国务院组成人员应当坚决维护党中央权威和集中统一领导,模范遵守宪法和法律,认真履行职责,带头反对形式主义、官僚主义,为民务实,严守纪律,勤勉廉洁"。四是在第十九条中规定"国务院组成部门、直属机构、办事机构应当各司其职、各负其责、加强协调、密切配合,确保党中央、国务院各项工作部署贯彻落实"。

(三)中华人民共和国地方各级人民代表大会和地方各级人民政府组织法

《中华人民共和国地方各级人民代表大会和地方各级人民政府组织法》(以下简称《地方组织法》)是关于地方人大、地方政府的组织和工作制度的基层法律,是宪法关于地方政权建设规定的立法实施,是地方各级国家权力机关、行政机关行使职权、履行职责的重要制度保障。1979年7月1日五届全国人大二次会议通过，1979年7月4日首次公布。2022年3月11日十三届全国人大五次会议《关于修改〈中华人民共和国地方各级人民代表大会和地方各级人民政府组织法〉的决定》第六次修正，主要修改内容如下。

1. 充实"总则"一章内容

一是贯彻党中央关于加强党的全面领导、加强党的政治建设的精神，明确地方人大和地方政府坚持党的领导、坚持党和国家的指导思想，增加规定：地方各级人民代表大会、县级以上地方各级人大常委会和地方各级人民政府坚持中国共产党的领导，坚持以马克思列宁主义、毛泽东思想、邓小平理论、"三个代表"重要思想、科学发展观、习近平新时代中国特色社会主义思想为指导，依照宪法和法律规定行使职权。二是贯彻习近平总书记关于践行以人民为中心的发展思想和发展全过程人民民主的重大理念，增加规定：地方各级人民代表大会、县级以上地方各级人大常委会和地方各级人民政府坚持以人民为中心，坚持和发展全过程人民民主，始终同人民保持密切联系，倾听人民的意见和建议，为人民服务，对人民负责，受人民监督。三是根据宪法有关规定精神，明确地方人大和地方政府在国家法治统一中的职责，增加规定：地方各级人民代表大会、县级以上的地方各级人民代表大会常务委员会和地方各级人民政府遵循在中央的统一领导下、充分发挥地方的主动性积极性的原则，保证宪法、法律和行政法规在本行政区域的实施。四是贯彻民主集中制原则，增加规定：地方各级人民代表大会、县级以上地方各级人民代表大会常务委员会和地方各级人民政府实行民主集中制原则。地方各级人民代表大会和县级以上的地方各级人民代表大会常务委员会应当充分发扬民主,集体行使职权。地方各级人民政府实行首长负责制。政府工作中的重大事项应当经集体讨论决定。

2. 完善地方各级人大及其常委会的组织、职权等相关规定

一是适当增加省、设区的市两级人大常委会组成人员名额。我国省、自治区、直辖市以及设区的市、自治州普遍人口较多,经济社会发展面临重大任务,保证适当数量的常委会组成人员,有利于优化常委会组成人员的结构,增加常委会组成人员的代表性、广泛性,集思广益,充分发扬民主,提高立法、监督等工作质量。中央人大工作会议明确提出,适当增加省、设区的市两级人大常委会组成人员名额。此次修改,我国对于省和设区的市两级人大常委会组成人员名额的上下限和最高限都有新增人数。同时,明确地方人大常委会组成人员的名额,按人口多少并结合常委会组成人员结构的需要确定。

二是根据中央人大工作会议精神和地方人大工作实际,完善地方人大专门委员会和常委会工作机构的设置,充实、细化常委会主任会议和专门委员会的职责:明确省、设区的市两级人民代表大会根据需要,可以设法制委员会、财政经济委员会、教育科学文化卫生委员会、环境与资源保护委员会、社会建设委员会和其他需要设立的专门委员会。明确地方人大常委会根据工作需要,设立办事机构和法制工作委员会、预算工作委员会、代表工作委员会等工作机构,同时县、自治县人大常委会可以比照本法有关规定,在街道设立工作机构。明确专门委员会的任期、职责和工作,规定专门委员会每届任期同本级人民代表大会每届任期相同,履行职责到下届人民代表大会产生新的专门委员会为止,具体职权包括向本级人大主席团或者常委会提出议案,承担本级人大常委会听取和审议专项工作报告、执法检查、专题询问等的具体组织实施工作，听取本级人民政府工作部门和监察委员会、人民法院、人民检察院的专题汇报，研究和督促办理代表建议、批评和意见等。进一步明确和细化地方人大常委会主任会议的职责，具体列举主任会议处理常委会重要日常工作的事项。

三是贯彻党中央有关精神，总结地方实践经验，完善地方人大及其常委会的职权，具体包括：细化和补充地方各级人大常委会对国民经济和社会发展规划计划、预算决算的审查监督职能。强化了人大对国有资产管理情况进行监督的职能，例如增加县级以上地方各级人大监督本级人民政府对国有资产的管理等多项规定。充实细化地方人大常委会的职责，包括听取和审议有关专项工作报告，组织执法检查，开展专题询问等规定。健全人大讨论决定重大事项制度，规定地方人大常委会讨论本行政区域内的重大事项和项目，可以作出决定或者决议，也可以将有关意见、建议送有关国家机关或者单位研究办理。适应建立健全党和国家功勋荣誉表彰制度的要求，删除地方人大常委会"决定授予地方的荣誉称号"的职权。

四是健全地方人大及其常委会的议事制度。根据新冠疫情防控期间地方人大召开会议的实践，增加规定：地方各级人大会议召开的日期由本级人大常委会或者乡镇人大主席团决定并予以公布；遇有特殊情况，县级以上地方各级人大常委会或者乡镇人大主席团可以决定适当提前或者推迟召开会议，提前或者推迟召开会议的日期未能在当次会议上决定的，常委会或者其授权的主任会议、乡镇人大主席团，可以另行决定并予以公布。同时，根据地方的实践经验，增加规定：乡镇人大听取和审议乡镇人大主席团的工作报告，县级以上地方各级人大常委会主任可以委托副主任主持常委会会议。

五是根据地方人大工作实际和有关方面的意见，修改地方国家机构正职领导人员选举有关内容。根据有关部门的意见和多年来的实际做法，将地方国家机构正职领导人员的候选人数"一般应多一人，进行差额选举"的规定，修改为"可以多一人，进行差额选举"。同时明确在大会闭会期间，县级以上地方各级人大常委会在地方国家机构正职领导人员因故不能担任职务的时候，根据主任会议的提名，从副职领导人员中决定代理人选。

六是加强和改进代表工作。具体包括三方面：首先，地方各级人大代表的建议、批评和意见的办理情况，由常委会办事机构或者乡镇人大主席团向本级人大常委会或者乡镇人大报告，并予以公开。其次，地方各级人大代表应当与原选区选民或者原选举单位和人民群众保持密切联系，听取和反映他们的意见和要求，充分发挥在发展全过程人民民主中的作用，并应当向原选区选民或者原选举单位报告履职情况。最后，县级以上地方各级人大常委会和各专门委员会、工作机构应当建立健全常委会组成人员和各专门委员会、工作机构联系代表的工作机制，支持和保障代表依法履职，扩大代表对各项工作的参与，充分发挥代表作用；县级以上地方各级人大常委会通过建立基层联系点、代表联络站等方式，密切同人民群众的联系，听取对立法、监督等工作的意见和建议。

3. 完善地方各级人民政府的组织、职权等相关规定

地方各级人民政府由地方各级人民代表大会选举产生，是地方各级人民代表大会的执行机关，承担着推动经济社会发展、管理社会事务、服务人民群众的重要职责。此次修订增加了以下规定：

其一，专设一节"一般规定"，明确地方政府建设的原则要求。增加规定：地方各级人民政府应当维护宪法和法律权威，坚持依法行政，建设职能科学、权责法定、执法严明、公开公正、智能高效、廉洁诚信、人民满意的法治政府；地方各级人民政府应当坚持以人民为中心，全心全意为人民服务，提高行政效能，建设服务型政府；地方各级人民政府应当严格执行廉洁从政各项规定，加强廉政建设，建设廉洁政府；地方各级人民政府应当坚持诚信原则，加强政务诚信建设，建设诚信政府；地方各级人民政府应当坚持政务公开，全面推进决策、执行、管理、服务、结果公开，依法、及时、准确公开政府信息，推进政务数据有序共享，提高政府工作的透明度；地方各级人民政府应当坚持科学决策、民主决策、依法决策，提高决策的质量；地方各级人民政府应当依法接受监督，确保行政权力依法正确行使。

其二，根据党中央有关精神，总结地方实践经验，完善地方政府职权和工作方面的有关规定，增加规定：县级以上地方各级人民政府编制和执行国民经济和社会发展规划纲要、计划和预算，履行国有资产管理职责；补充完善乡镇人民政府的有关职权，规定乡镇人民政府编制本行政区域内的国民经济和社会发展计划和预算；明确县级以上地方各级人民政府根据应对重大突发事件的需要，可以建立跨部门指挥协调机制；根据宪法和有关法律规定，明确基层政府与基层群众性自治组织的相互关系，规定乡、民族乡、镇的人民政府和市辖区、不设区的市的人民政府或者街道办事处对基层群众性自治组织的工作给予指导、支持和帮助。基层群众性自治组织协助乡、民族乡、镇的人民政府和市辖区、不设区的市的人民政府或者街道办事处开展工作。

其三，明确地方政府制定规范性文件的程序和要求。增加规定：

县级以上地方各级人民政府制定涉及个人、组织权利义务的规范性文件，应当经过评估论证、公开征求意见、合法性审查、集体审议决定等程序，按照法定要求和程序予以公布，并向本级人大常委会备案。

其四，贯彻落实党中央关于深化党和国家机构改革的精神，明确地方政府根据工作需要和优化协同高效以及精干的原则，设立必要的工作部门；县级以上地方各级人民政府工作部门的设立、增加、减少或者合并，按照规定程序报请批准，并报本级人大常委会备案。

其五，根据党中央关于加强基层治理体系和治理能力现代化建设的精神，增加规定街道办事处的职责。明确乡镇人民政府和街道办事处可以根据实际情况建立居民列席有关会议的制度。

4. 适应监察体制改革需要增加相关内容

根据修改后的宪法和监察法的有关规定，适应地方"一府一委两院"政权机关架构的需要，增加规定：一是明确县级以上地方各级人大常委会监督本级监察委员会的工作。二是明确地方各级监察委员会组成人员的提名和选举任免、辞职等程序；明确地方各级监察委员会主任列席本级人民代表大会会议；明确对监察委员会主任的罢免制度和对地方各级监察委员会的质询制度。三是明确县级以上地方各级人大常委会组成人员不得担任监察机关的职务。

5. 明确区域发展合作机制

贯彻国家区域协调发展战略，总结地方实践经验和做法，增加规定：一是省、设区的市两级人大及其常委会根据区域协调发展的需要，可以开展协同立法。二是县级以上地方各级人民政府可以共同建立跨行政区划的区域协同发展工作机制，加强区域合作；上级人民政府应当对下级人民政府的区域合作工作进行指导、协调和监督。

6. 充实铸牢中华民族共同体意识等内容并完善相关规定

根据宪法有关规定和中央民族工作会议精神，在地方人大和地方政府职责中分别增加"铸牢中华民族共同体意识"、"促进各民族广泛交往交流交融"等内容，并将"保障少数民族的权利"修改为"保障少数民族的合法权利和利益"；同时，将少数民族聚居的乡镇人大行使职权时"应当采取适合民族特点的具体措施"，修改为"可以依照法律规定的权限采取适合民族特点的具体措施"；将地方各级人民政府职权中的"尊重少数民族的风俗习惯"，修改为"保障少数民族保持或者改革自己的风俗习惯的自由"。

（四）中华人民共和国人民法院组织法

我国现行的《中华人民共和国人民法院组织法》（以下简称《人民法院组织法》）是在1979年7月1日由五届全国人大二次会议通过，并于1980年1月1日起正式施行，对于构建法院组织体系、加强审判工作、确立社会主义司法制度发挥了重要作用。此后1983年、1986年、2006年该法历经了三次修改。伴随我国经济社会快速发展，民主法制日臻完善，司法体制不断深化。2018年10月26日，十三届全国人大常委会六次会议通过了《中华人民共和国人民法院组织法（修订草案）》，新修订的《人民法院组织法》顺应了司法实践需求，符合中央司改精神要求，并于2019年1月1日正式实施。

1. 大幅调整框架内容

1979年《人民法院组织法》分为三章：总则、人民法院的组织和职权、人民法院的法官和其他人员。新修订的《人民法院组织法》对于法院组织法的框架结构进行重新设计。第一章为总则，规定了立法的宗旨和依据，人民法院的性质、任务和设置，依法独立行使审判权、适用法律一律平等、司法公正等基本原则，以及人民法院和人大的关系、最高人民法院的地位、上下级人民法院的关系等内容。第二章为人民法院的设置和职权，规定四级法院的层级设置及其职权范围，其中包括兵团法院和专门法院的专门规定。第三章为人民法院的审判组织，对独任制、合议制、主审法官负责制、审判委员会制度作出规定。第四章为人民法院的人员组成，明确了法院系统内部的审判机构和非审判机构的设置，规定法官及司法辅助人员的地位和职权，着重规定人员分类管理制度、法官员额制度等。第五章为人民法院行使职权的保障，对人民法院独立公正行使审判权的保障作了专章规定。第六章为附则。

2. 健全人民法院的组织体系

一是根据1998年全国人大常委会决定，确定了新疆生产建设兵团人民法院的法律地位。新修订的《人民法院组织法》第十四条规定："在新疆生产建设兵团设立的人民法院的组织、案件管辖范围和法官任免，依照全国人民代表大会常务委员会的有关规定。"二是根据改革开放以来人民法院的发展情况，对专门人民法院作出新规定。《人民法院组织法》新增第十五条专门规定，增加规定了海事法院、知识产权法院和金融法院的种类。

3. 规定人民法院内设机构的科学设置

根据审判工作的实践需要，法院内设机构设置应坚持精简效能、服务审判工作原则，既要满足工作需要，也要符合司法权运行机制，提高司法效率。新修订的《人民法院组织法》明确了专业审判庭、综合业务机构、审判辅助机构和司法行政管理机构的设置。第二十七条第一款规定了"人民法院根据审判工作需要,可以设必要的专业审判庭。法官员额较少的中级人民法院和基层人民法院,可以设综合审判庭或者不设审判庭"。第二款规定了"人民法院根据审判工作需要,可以设综合业务机构。法官员额较少的中级人民法院和基层人民法院,可以不设综合业务机构"。第二十八条规定了"人民法院根据工作需要,可以设必要的审判辅助机构和行政管理机构"。上述规定赋予了人民法院设立相应机构的权限,既符合深化司法体制改革的要求,又为进一步改革留有空间,在总结审判经验、研究司法政策、制定司法解释、提升审判工作管理质效等方面具有重要作用。

4. 完善了最高人民法院职能

为加强最高人民法院通过审判监督和指导下级法院和专门法院,统一法律适用,维护裁判权威,新修订的《人民法院组织法》对最高人民法院职能的完善作出以下规定:一是明确规定了最高人民法院可以设巡回法庭,审理最高人民法院依法确定的案件,此次修改被老百姓亲切地称为"家门口的最高法"。二是专利等知识产权案件审理机制的创新。2018年10月26日,十三届全国人大常委会六次会议审议通过《关于专利等知识产权案件诉讼程序若干问题的决定》,设立最高人民法院知识产权法庭,统一知识产权案件的裁判标准,加大知识产权的司法保护力度,优化科技创新的整体环境,自此国家层面的知识产权案件上诉审理机制正式成立。三是指导性案例在法院组织法中被正式赋予法律地位。《中共中央关于全面推进依法治国若干重大问题的决定》明确提出:"加强和规范司法解释和案例指导,统一法律适用标准。"新修订的《人民法院组织法》第十八条第二款规定:"最高人民法院可以发布指导性案例。"第三十七条第二款规定:

"最高人民法院对属于审判工作中具体应用法律的问题进行解释,应当由审判委员会全体会议讨论通过;发布指导性案例,可以由审判委员会专业委员会会议讨论通过。"

5. 对法院审判委员会制度作出重大修改

在总结审判委员会有益经验的基础上,《人民法院组织法》在第三十六条至第三十九条分别规定了审委会的组成、职能、议事规则、启动程序、决定效力、司法责任及公开机制等内容,由原来的1条(3款)变为现在的4条(10款),其中重大的变化主要体现在三方面:其一,明确了审委会与专业委员会的关系。此次修改,将审委会会议分为全体会议和专业委员会会议两种形式,明确专业委员会会议是根据审委会委员的专业和工作分工组成的,只是审委会的一种会议形式和工作方式,讨论决定的事项都是审判委员会的决定。其二,科学界定审委会职能。突出各级人民法院审委会总结审判工作经验的职能作用,《人民法院组织法》第三十七条明确规定,审判委员会履行总结审判工作经验,讨论决定重大、疑难、复杂案件的法律适用,讨论决定本院已经发生法律效力的判决、裁定、调解书是否应当再审等多项职能。同时明确规定最高人民法院审委会讨论通过司法解释、发布指导性案例,统一全国法院法律适用和裁判标准。其三,完善审委会运行机制。厘清了合议庭与审委会的关系,严格审委会讨论决定案件的启动程序。《人民法院组织法》第三十九条规定:"合议庭认为案件需要提交审判委员会讨论决定的,由审判长提出申请,院长批准。审判委员会讨论案件的决定,合议庭对其汇报的实施负责,审判委员会委员对本人发表的意见和表决负责。审判委员会的决定,合议庭应当执行。审判委员会讨论案件的决定及其理由应当在裁判文书中公开,法律规定不公开的除外。"

6. 充分体现司法改革成果

根据宪法、全国人大组织法等法律及司法体制改革的深入实践，《人民法院组织法》作出了如下修订。一是在审判组织中具体落实司法责任制。新修订的《人民法院组织法》第二十九条至三十三条就合议庭、独任庭的审判范围、合议庭组成、合议庭评议案件、裁判文书签署等作出规定。合议庭评议案件笔录由合议庭全体组成人员签名，法官组成合议庭的，其成员对于案件的事实认定和法律适用承担责任。同时规定合议庭和独任庭的审判活动有违法情形的，人民法院应当及时调查核实，并根据违法情形依法处理，都体现了"谁办案谁负责"的改革精神。二是法官实行员额制。法官员额根据案件数量、经济社会发展情况、人口数量和人民法院审级等因素确定。最高人民法院法官员额由最高人民法院商有关部门确定。地方各级人民法院法官员额，在省、自治区、直辖市内实行总量控制、动态管理。三是实行司法人员分类管理制度。完善司法人员分类管理制度，是深化司法体制改革的重要举措。党的十八届四中全会提出要加快建立符合职业特点的法治工作人员管理制度，建立法官等专业职务序列及工资制度。新修订的《人民法院组织法》第四十五条规定："人民法院的法官、审判辅助人员和司法行政人员实行分类管理。"第四十七条至五十一条具体对于法官的资格条件，法官的录用和遴选，院长的产生条件，法官助理、书记员、司法警察、司法技术人员的基本职责作出了一系列规定。

7. 规定人民法院行使职权的保障

一是独立行使审判权的保障。《人民法院组织法》第五十二条规定：

"任何单位或者个人不得要求法官从事超出法定职责范围的事务。对于领导干部干预司法活动，插手具体案件处理，或者人民法院内部人员过问案件情况的，办案人员应当全面如实记录并报告；有违法违纪情形的，由有关机关根据情节轻重追究行为人的责任。"二是规定维护司法权威。党的十八大以来，党中央采取了一系列措施保障人民法院独立公正行使审判权。为贯彻落实党中央精神，新修订的《人民法院组织法》第五十三条规定："人民法院作出的判决、裁定等生效法律文书，义务人应当依法履行；拒不履行的，依法追究法律责任。"三是增加维护法庭秩序和审判权威的规定。在第五十四条规定："人民法院采取必要措施，维护法庭秩序和审判权威。对妨碍人民法院依法行使职权的违法犯罪行为，依法追究法律责任。"此外，第五章还在第五十五至五十七条中专门规定了人民法院培训、法院人员编制专项管理、法院经费、信息化建设等保障法院行使职权的一系列制度。尤其是关于加强信息化建设的规定，对于顺应信息化发展潮流，提高工作效率，促进司法公正公开具有重要作用。

（五）中华人民共和国人民检察院组织法

1979年7月1日，《中华人民共和国人民检察院组织法》（以下简称《人民检察院组织法》）由五届全国人大二次会议通过，并于1980年1月1日起正式施行。此后1983年和1986年该法开展了两次修正工作。2018年10月26日，《人民检察院组织法》由十三届全国人大常委会六次会议审议修订通过，自2019年1月1日起施行。修订后的《人民检察院组织法》共6章53条，不仅条文数量增加了近一倍，而且从体例结构到内容，都发生了很大变化。

1. 明确了人民检察院的性质与任务

围绕坚持宪法定位,《人民检察院组织法》第二条规定:"人民检察院是国家机关的法律监督机关。人民检察院通过行使检察权,追诉犯罪,维护国家安全和社会秩序,维护个人和组织的合法权益,维护国家利益和社会公共利益,保障法律正确实施,维护社会公平正义,维护国家法制统一、尊严和权威,保障中国特色社会主义建设的顺利进行。"

2. 完善了人民检察院工作的基本原则和工作体制

在1979年《人民检察院组织法》规定的人民检察院依法独立行使检察权原则、适用法律一律平等原则的基础上,增加了人民检察院设置法定原则、司法公正原则、司法公开原则、司法责任制原则、接受人民群众监督原则等基本原则。坚持体现检察一体化原则,明确了最高人民检察院是最高检察机关,领导地方各级人民检察院的工作;上级人民检察院领导下级人民检察院的工作。明确了检察机关与权力机关的关系,最高人民检察院对全国人民代表大会及其常委会负责并报告工作,地方各级人民检察院对本级人民代表大会及其常务委员会负责并报告工作。

3. 完善了人民检察院设置的有关规定

在严格依照宪法确立的人民检察院分为最高人民检察院、地方各级人民检察院、军事检察院等专门检察院的基础上,增加规定地方各级人民检察院分为省级人民检察院、设区的市级人民检察院、基层人民检察院。增加规定市级人民检察院可以设立派出人民检察院,取消了县级人民检察院可以设立派出院的规定。增加规定新疆生产建设兵团人民检察院的组织、任免。

4. 完善了人民检察院内设机构的设置

明确了人民检察院根据检察院工作需要，设必要的业务机构；检察官员额较少的设区的市级人民检察院和基层人民检察院，可以设综合业务机构。增加设定人民检察院可以设必要检察辅助机构和行政管理机构。增加规定人民检察院可以在监狱、看守所等场所设立检察室，行使派出它的人民检察院的部分职权，也可以对上述场所进行巡回检察。

5. 完善了人民检察院职权的有关规定

明确了人民检察院行使下列职权：依照法律规定对有关刑事案件行使侦查权；对刑事案件进行审查，批准或者决定是否逮捕犯罪嫌疑人；对刑事案件进行审查，决定是否提起公诉，对决定提起公诉的案件支持公诉；依照法律规定提起公益诉讼；对诉讼活动实行法律监督；对判决、裁决等生效法律文书的执行工作实行法律监督；对监狱、看守所的执行活动实行法律监督；法律规定的其他职权。增加规定最高人民检察院对死刑复核活动的监督权、核准追诉权，以及发布司法解释、指导性案例的权力。

6. 完善了人民检察院行使职权的措施和方式

明确人民检察院行使法律监督职权，可以进行调查核实，并依法提出抗诉、纠正意见、检察建议；有关单位应当予以配合，并及时将采纳纠正意见、检察建议的情况书面回复人民检察院。增加规定检察院或者检察长委托的副检察长可以列席同级人民法院审判委员会会议。增加规定人民监督员对人民检察院的办案活动实行监督。

7. 完善了人民检察院的办案组织

按照司法责任制的要求，完善独任检察官和检察官办案组运行机制，落实谁办案谁负责、谁决定谁负责。明确检察官在检察长领导下开展工作，重大办案事项由检察长决定；检察长可以将部分职权委托检察官行使，可以授权检察官签发法律文书。完善了检察委员会的职责、组成、提请程序、议事程序、决定的效力，检察长与检察委员会多数意见不一致的处理等规定。

8. 明确了人民检察院的人员组成

规定人民检察院的检察人员由检察长、副检察长、检察委员会委员和检察员等人员组成。规定了担任检察官的条件，完善了检察院领导人员的任职条件，明确了检察长应当具有法学专业知识和法律职业经历，副检察长、检察委员会委员应当从检察官、法官或者其他具备检察官、法官条件的人员中产生。规定检察官、检察辅助人员和司法行政人员实行分类管理，明确了检察官实行员额制；对检察官的选人和遴选，检察官助理、书记员、司法警察的基本职责作出规定。

9. 完善了人民检察院行使职权的保障

明确任何单位或者个人不得要求检察官从事超出法定职责范围的事务。对于领导干部干预司法活动、插手案件处理，或者人民检察院内部人员过问案件情况的，办案人员应当全面如实记录并报告；有违纪违法情形的，由有关机关根据情节轻重追究行为人的责任。对人民检察院实行培训制度、编制管理、经费保障、人员培训、信息化建设等作出规定。

此次修改《人民检察院组织法》充分发挥了全国人大及其常委会的主导作用。同时，全国人大原内司委、全国人大常委会法工委、全国人大宪法和法律委员会也认真听取和高度重视各级人民检察机关、相关部门和社会公众对《人民检察院组织法》修改的意见建议，体现了科学立法、民主立法、依法立法的要求。最高人民检察院积极配合全国人大有关部门开展工作，对修订草案认真研究，提出的修改完善建议大部分被吸收采纳。还有一些意见建议，如对最高人民检察院设立巡回检察厅，专门检察院与专门法院对应设置，跨行政区划检察院以及特邀检察官助理等问题，由于时间不够，未能形成共识，写入《人民检察院组织法》的时机尚不成熟，因此暂未作规定。

二 中华人民共和国全国人民代表大会和地方各级人民代表大会选举法

1953年2月11日，中央人民政府委员会通过了新中国第一部选举法。1979年7月1日五届全国人大二次会议根据宪法，审议通过了《中华人民共和国全国人民代表大会和地方各级人民代表大会选举法》(以下简称《选举法》)。此后，1982年、1986年、1995年、2004年、2010年、2015年又对选举法不断进行了修改，2020年10月17日十三届全国人大常委会二十二次会议对选举法予以第七次修正。我国的选举制度无论是内容还是形式都更为完善，更符合我国现阶段的实际情况，逐步形成了一整套有利于发展社会主义民主、有利于发挥人大制度作用的选举法律制度。

在我国选举制度有广义和狭义之分。广义的选举制度，既包括国家权力机关的选举，也包括行政机关、审判机关、检察机关等的选举，还可以包括村民委员会、居民委员会等基层群众性组织的选举。狭义的选举制度，仅指国家权力机关的选举。我国选举法仅适用于全国人民代表大会和地方各级人民代表大会的选举、监督等。各级行政机关、审判机关、检察机关等的产生以及领导人员的选举、任命，由《地方组织法》等相关法律规定。

（一）选举的基本制度与原则

我国选举制度坚持直接选举和间接选举并用的原则。直接选举与间接选举两者是相对而言的，由选民按选区直接投票选举产生国家权力机关组织人员的选举，叫直接选举。在由选民按选区选出本级人大代表的基础上，再由这些代表依法投票选举产生本级国家机关组成人员和上一级人大代表的选举，叫间接选举。我国实行直接选举和间接选举并用的民主选举制度是从1953年开始的。基于当时的实际情况，选举法只规定基层人大的代表由直接选举产生，县以上（包括县）地方各级人大和全国人大代表都由间接选举产生。随着政治、经济、文化和交通等各方面的发展，1979年《选举法》规定直接选举扩大到县级。我国有全国、省级、市级、县级、乡级共5级国家权力机关，与此相对应也有5级人大代表。总的原则是：县、乡级人大代表由选民直接选举产生（即直接选举），县级以上（不包括县级）各级人大代表由下一级人民代表大会选举产生（即由选举单位产生，也就是间接选举）。在实践中，由于市一级的行政单位有设区和不设区之分，有归市领导和直接由省里领导之别，因此在确定选举单位和选举方式时需要作相应的区分：有些不设区的市在行政上未划归市管辖，或只是由市代管的，应属于省级人大代表的选举单位，直接产生省级人大代表；不设区的市和直辖市的区即使在行政级别上属于地市级，其人大代表也应由选民直接选举产生。

我国选举法实行一人一票的平等原则。每一选民在直接选举本县（市、区）、本乡的人大代表时，只能有一次投票权，不能同时参加两个或两个以上选举的投票。每一选民在一次选举中只有一个投票权，并不是在全国同一次县乡换届选举中只能参加一个地方的投票选举。由于不同省份县、乡换届选举的时间不同，有时跨度达一年以上，有的选民在一个地方参加完县、乡直接选举后，因为工作、学习、生活等原因，迁居另一行政区域，随后新居住的区域开始县、乡直接选举时，该选民有权登记为选民，参加新居住地区的县、乡直接选举。同时，所有有效选票都具有相等的法律效力。每一选票不能因为身份、地位、民族、种族、性别、年龄的不同而在法律效力上有差别，既不允许任何选民有特权，也不允许对任何选民有任何限制和歧视。需要予以强调的是，人民解放军单独进行选举，选举办法另订。

（二）选举的机构

间接选举产生的各级人大代表的选举工作，由该级人大常委会主持。这里的"主持"主要是指确定选举时间、分配代表名额、处理选举中的重大问题等事宜。理解这一款的规定应当联系《选举法》第三十九条等相关条款的规定。《选举法》第三十九条规定：县级以上的地方各级人民代表大会在选举上一级人民代表大会代表时，由各该级人民代表大会主席团主持。这里指的是各该级人大主席团主持本级人大选举上一级人大代表的会议。

直接选举人大代表的主持机构是相应的选举委员会。县、自治县、不设区的市、市辖区、乡、民族乡、镇设立选举委员会。县、自治县、不设区的市、市辖区的选举委员会的组成人员由本级人民代表大会常务委员会任命。乡、民族乡、镇的选举委员会的组成人员由县、自治县、不设区的市、市辖区的人民代表大会常务委员会任命。选举委员会设立办事机构，办理选举具体事务。选举委员会的职权是：（1）划分选举本级人民代表大会代表的选区，分配各选区应选代表的名额；（2）进行选民登记，审查选民资格，公布选民名单；受理对于选民名单不同意见的申诉，并作出决定；（3）确定选举日期；（4）了解核实并组织介绍代表候选人的情况，根据较多数选民的意见，确定和公布正式代表候选人名单；（5）主持投票选举；（6）确定选举结果是否有效，公布当选代表名单。

（三）地方各级人民代表大会代表名额

地方各级人大代表名额的多少，应当按照便于召开会议、讨论问题和解决问题，并且使各民族、各地区、各方面都能有适当数量代表的原则来确定。根据选举法的规定，地方各级人大代表名额的确定原则是"基数加人口数"，并且不得超过选举法所规定的上限。确定代表数额的基数是为了保证各民族、各地区、各方面都有适当数量的代表，体现了选举法的平等原则。同时考虑到有的地方人口较多，不能无限制地按人口数增加代表名额，否则不利于召开会议，讨论问题和解决问题，从而规定了代表名额的上限。《选举法》明确规定代表名额的确定办法，有利于选举工作的实施和选举制度的规范化。

1. 地方各级人大代表的名额分配规则

首先，地方各级人大代表名额的基础如下：（1）省、自治区、直辖市的代表名额基数为350名；（2）设区的市、自治区的代表名额基数为240名；（3）不设区的市、市辖区、县、自治县的代表名额基数为140名；（4）乡、民族乡、镇的代表名额基数为45名。其次，在代表名额基数的基础上，每增加一个代表名额所需人口数如下：（1）省、自治区每15万人可以增加1名代表；（2）直辖市每25000人可以增加1名代表；（3）设区的市、自治州每25000人可以增加1名代表；（4）不设区的市、市辖区、县、自治县每5000人可以增加1名代表；（5）乡、民族乡、镇每1500人可以增加1名代表。最后，地方各级人大代表总额的上限如下：（1）省、自治区、直辖市的代表总名额不得超过1000名；（2）人口超过1000万的设区的市、自治州的代表总名额不得超过650名；（3）人口超过155万的不设区的市、市辖区、县、自治县，代表总名额不得超过450名；（4）乡、民族乡、镇的代表总名额不得超过160名。此外，选举法还规定：人口不足5万的不设区的市、市辖区、县、自治县，代表总名额可以少于140名；人口不足2000的乡、民族乡、镇的代表总名额可以少于45名。这是考虑到全国各地情况有所不同，对人口少的地方的代表名额作出的特殊规定。

2. 聚居的少数民族多和人口居住分散的地方的人大代表名额规定

根据《选举法》的规定，对聚居的少数民族多和人口居住分散的地方，人大代表的名额有一定的照顾，经过法定程序，可以在基数加按人口数确定的代表名额基数上，另加百分之五。适用该规定的地方包括自治区、聚居的少数民族多的省以及聚居的少数民族多或者人口居住分散的县、自治县、乡、民族乡，但不适用于自治州、市、市辖区以及镇。聚居的少数民族多是指聚居的少数民族的种类多，而不是聚居的少数民族的人口多。对于聚居的少数民族多和人口居住分散的具体标准，可以由省级人大常委会根据具体情况决定。此外，另行增加代表名额需要经过法定的决定程序：（1）自治区、聚居的少数民族多的省，增加代表名额须经过全国人大常委会决定；（2）聚居的少数民族多或者人口居住分散的县、自治县、乡、民族乡，增加代表名额须经省、自治区、直辖市的人大常委会决定。乡、民族乡的代表名额，一般由县级人大常委会决定，但另行增加的代表名额，须由所在的省级人大常委会决定，体现从严掌握的精神。同时，代表名额的增加必须遵循选举法规定的幅度，即可以另加百分之五。另加百分之五是指在基数和按人口数增加代表名额两项之和的基础上再增加百分之五，但是名额不得突破选举法规定的最高限额。

3. 地方各级人大代表具体名额的确定

根据《选举法》第十三条规定，地方各级人大代表名额的确定，原则上是由上一级人大对下一级人大的代表名额作出决定。具体程序如下：（1）省、自治区、直辖市人大代表的具体名额，由全国人大常委会依法确定；（2）设区的市、自治州和县级人大代表的具体名额，由省、自治区、直辖市人大常委会依法确定，报全国人大常委会备案；（3）乡级人大代表的具体名额，由县级人大常委会依法确定，报上一级人大常委会备案。备案的决定是为了对代表名额的确定进行监督，如果上一级人大常委会发现代表名额的确定存在问题，有权予以纠正。此外，根据《选举法》第十四条的规定，以下法定情形可以重新确定地方各级人大代表名额：一是由于行政区划的调整，人口的变动较大的；二是因为重大工程建设造成人口的迁出或者迁入，人口的变动较大的。把握这两种法定情形必须注意：一是导致人口变化的原因必须是行政区划的调整以及重大工程建设。出生、新建小区、人口的正常迁入等导致人口自然增长的不在此列。二是人口的变动必须较大，即人口增加或者减少的幅度较大。如果以上原因导致人口增加或者减少的幅度不大，不需要重新确定代表名额。如果只是行政区划的名称发生变化，面积和人口都没有变化，也不能重新确定代表名额。确定代表名额所依据的人口数应当以常住户口为准，流动人口原则上应当计入户籍所在地。重新确定代表名额的程序与地方各级人大代表名额确定的程序相同。

（四）全国人民代表大会代表名额

1. 全国人大代表的产生单位

根据《选举法》第十六条第一款和第三款的规定，产生全国人大代表的单位是省、自治区、直辖市的人大和人民解放军以及香港、澳门特别行政区。我国现有23个省（包括台湾省）、5个自治区和4个直辖市。省、自治区、直辖市的全国人大代表由本级人大选举产生。台湾省应选全国人大代表由在各省、自治区、直辖市和中国人民解放军中的台湾省籍同胞派代表协商选举产生。香港特别行政区、澳门特别行政区和人民解放军进行单独选举。香港特别行政区、澳门特别行政区应选全国人大代表的名额和代表产生办法，由全国人大另行规定。中国人民解放军出席全国人大的代表，按照解放军选举办法的规定由军人代表大会选举产生。

2. 全国人大代表名额的确定程序

一般而言，分配全国人民代表大会名额的具体程序是在下一届全国人民代表大会召开前，由全国人大常委会拟订关于下一届全国人大代表名额分配及选举问题的决定的草案，提交本届全国人民代表大会最后一次会议审议。草案通过后形成决定，对于一些特殊方面代表名额的分配、选举问题，由全国人大常委会再作具体规定。

3. 全国人大代表名额分配

代表名额的分配，是指根据选举法所规定的权限和原则，将人大代表的名额分配到各个选区或者选举单位。代表名额的分配要依据选举法的有关规定进行，以保证人大代表的广泛性和调动各方面的积极性。根据第十七条第一款的规定，全国人大代表名额的分配应遵循三个原则：一是根据各省、自治区、直辖市的人口数，按照每一代表所代表的城乡人口数相同的原则，按人口数进行分配，保障了每个公民都享有平等的选举权，体现了人人平等的原则；二是保证各地区有适当数量的代表，保障个地方在国家权力机关有平等的参与权，各行政区域不论人口多少，都能选举一定数量的代表，体现地区平等；三是保障各民族都有适当数量的代表，民族人口再少，也要有一名代表，体现民族平等。这三个平等是我国国体、政体的内在要求，是有机统一的整体，不能强调其中一个方面而忽视其他方面。此外，各方面代表性人物比较集中的地方，也应给予适当的照顾。按照上述原则，本条第二款规定，省、自治区、直辖市应选全国人民代表大会代表名额，由根据人口数计算确定的名额数、相同的地区基本名额数和其他应选名额数构成。这里的其他应选名额数，既包括少数民族代表，也包括中央下派代表等。

4. 少数民族的全国人大代表

为保证各少数民族在各级人大中都有适当数量的本民族代表，选举法对各级人大中少数民族代表的选举作出了特殊规定。对于少数民族应选全国人大代表的名额，必须由全国人大常委会参照各省、自治区、直辖市各少数民族的人口数和分布等情况确定应选全国人大代表的名额，然后再分配给各省、自治区、直辖市的人大选出。人口特少的民族，至少应有代表一人。以上规定既体现了我国宪法规定的民族平等原则，也是选举法的平等原则的体现。

（五）少数民族的选举制度

《选举法》第十九条第一款规定，少数民族聚居的地方，每一聚居的少数民族都应有代表参加当地的人民代表大会。有少数民族聚居的地方，是指某少数民族在某行政区域内人口相对较多，且居住较为集中的状况。聚居是相对散居而言的，首先要考虑的是人口的集中。如果某少数民族在某行政区域内虽然人口较多，但是居住比较分散，则不能认定为聚居。此外，聚居是相对的。如某少数民族在某县居住比较集中，属于聚居，但从全省范围来看比较分散，则不属于聚居。要实现选举权的民族平等，就要保障各民族都有适当数量的代表，人口再少的民族，也至少要有一名代表。根据本款规定，只要是少数民族聚居的地方，不论聚居的少数民族的人口的多少，都应当保证其至少有一名代表参加当地的人大。如果某行政区域内聚居的少数民族较多，应当保证每一聚居的少数民族都至少有一名代表参加当地的人大，这也体现了聚居的各少数民族之间的平等。

1. 少数民族选举权的特殊规定

据《选举法》第十九条第二、三、四款的规定，少数民族的选举权有三方面的特殊规定：首先，聚居境内同一少数民族总人口占境内总人口数百分之三十以上的，每一代表所代表的人口数应相当于当地人大每一代表所代表的人口数。其次，聚居境内同一少数民族总人口数不足境内总人口数百分之十五，为了保证其有适当数量的代表参加所在地的人大，其每一代表所代表的人口数可以适当低一些，但是不得少于当地人大每一代表所代表的人口数的二分之一。由于该少数民族的人口数占总人口数的比例较小，法律对分配给该少数民族的代表名额占当地人大代表总名额比例的上限，并未作出规定。为保证人口特少的实行区域自治的民族有适当数量的代表参加当地人大，实行区域自治的民族人口特少的自治县，聚居的少数民族每一代表所代表的人口数可以小于当地人大每一代表所代表的人口数的二分之一，但必须由本省、自治区、直辖市人大常委会决定，并且只适用于自治县，不包括自治州。此外，为了保证人口特少的聚居民族有自己的代表，在少数民族聚居的地方，人口特少的其他聚居民族，在当地的人大中至少应有代表一人。该规定是为了保证少数民族当家作主的权利和人大代表的广泛性。最后，聚居境内的同一少数民族总人口数占境内总人口数百分之十五以上、不足百分之三十的，每一代表所代表的人口数可以适当少于当地人大每一代表所代表的人口数，但该民族应选代表名额不得超过代表总额的百分之三十。此外，民族的平等，不仅包括各少数民族和汉族之间的平等，也包括各少数民族之间的平等。对于自治区、自治州、自治县和有少数民族聚居的乡、民族乡、镇的人民代表大会，对于聚居在境内的其他少数民族和汉族代表的选举，适用《选举法》第十九条规定。

2. 少数民族单独选举或联合选举

《选举法》第二十二条规定，有少数民族聚居的不设区的市、市辖区、县、乡、民族乡、镇的人民代表大会代表的产生，按照当地的民族关系和居住状况,各少数民族选民可以单独选举或者联合选举。所谓单独选举,是指聚居的少数民族单独划分选区进行选举;联合选举,是指聚居的各少数民族可以联合组成选区进行选举。

3. 选举文件的民族文字

《选举法》第二十三条规定,自治区、自治州、自治县制定或者公布的选举文件、选民名单、选民证、代表候选人名单、代表当选证书和选举委员会的印章等,都应当同时使用当地通用的民族文字。民族自治地方使用本民族的语言和文字,是民族区域自治的体现,不仅体现了民族平等的精神,也有利于少数民族更好地依法行使自己的各项权利。民族自治地方选举要同时使用当地通用的民族文字,体现了选举法的民族平等原则,有利于民族自治地方的选民行使自己的选举权和被选举权,实现当家作主的民族权利。需要注意的是,使用当地通用的民族文字,是指民族自治地方在制定、公布本条规定的选举中的文件、名册、证件或者图章时,在使用汉字的同时,应当使用当地通用的民族文字,而不是只使用当地通用的少数民族文字。这种使用是强制性的,而不是可以变通的。

(六)选举单位及选民登记

选区是直接选举中选民进行选举活动、产生人大代表的基本单位,也就是说,只有在直接选举中才有选区划分问题,即只有在不设区的市、市辖区、县、自治县、乡、民族乡、镇的人民代表大会的选举中才有选区划分问题。与选区相对的另一个概念是选举单位。选举单位是指在间接选举中,依法产生上一级国家权力机关组成人员和本级国家行政机关组成人员的单位。县级以上的各级人民代表大会都是选举单位。选举单位与选区的不同主要在于：选举单位是一级人民代表大会进行投票选举的单位，其人员构成仅限于本级人民代表大会的代表，而不是一般的选民；所选出的出席上一级人民代表大会的代表或本级国家政权机关组成人员，应向选举他的人民代表大会负责，而不是直接向选民负责。选区则是由选民组成的，在本选区参加投票选举的人都是本选区的选民。由选民直接选举产生的人大代表，应向选举他的选区的选民负责，并受选民监督；要直接联系选民，听取和反映选民意见，并向选民报告工作，回答选民的询问。选民有权直接监督和依法罢免自己选出的人大代表。具体而言，选区的划分有两个原则：一是可以按居住划分状况划分，也可以按生产单位、事业单位、工作单位划分。二是选区的大小，要按照每一选区选一名至三名代表划分。这样划分选区可以防止选区过大，便于选民了解候选人，便于选民参加选举活动，便于进行选举的组织工作，便于代表听取选民意见和对选民负责，也便于选民对当选代表依法监督。各地的通常做法是，选举县级人民代表大会的代表，在农村可按村民委员会划分选区，也可按几个村民委员会联合划分选区。乡级人民政府机关及所属单位，按分布情况单独或联合划分选区。城镇原则上以街道办事处或居民委员会划分选区，人口较多的街道办事处可划分为若干选区，人口较少的居民委员会可与临近的居民委员会联合划分选区。选举乡级人民代表大会的代表，可按一个村民小组划分选区，也可按几个村民小组联合划分选区。总之各地应从实际出发，依法因地制宜决定选区的划分。

选民登记是选举工作中一项非常重要的程序，它是保证享有选举权的公民不被剥夺投票权和防止没有选举权的公民参加投票的重要措施。随着我国社会主义市场经济的发展，离开原户籍地工作的人越来越多，他们如何进行选民登记，参加选举，是选举法和选举工作的重大课题。其中，对于流动人口的选民登记问题值得关注：1983年《全国人民代表大会常务委员会关于县级以下人民代表大会代表直接选举的若干规定》规定，选民在选举期间临时在外地劳动、工作或者居住，不能回原选区参加选举的，经原居住地的选举委员会认可，可以书面委托有选举权的亲属或者其他选民在原地区代为投票。选民实际上已经迁居外地但是没有转出户口的，在取得原选区选民资格的证明后，可以在现居住地的选区参加选举。2010年选举法修改对此没有作出规定。对农民工等流动人口参加基层直接选举的问题，将继续按照全国人大常委会指导各地方直接选举的具体办法处理。2006年，各地方在组织县乡两级人大换届选举时，按照全国人大常委会关于做好选举工作有关指导意见，依照法律规定，采取了有关措施保障流动人口的选举权和被选举权，具体有：（1）流动人口原则上应在户口所在地参加县乡人大选举。选民在选举期间临时在外地劳动、工作或者居住，有条件的可以回原参选区参加选举。（2）不能回原选区参加选举的，经原居住地的选举委员会认可，可以书面委托有选举权的亲属或者其他选民在原选区代为投票。（3）选民实际上已经迁居外地但没有转出户口的，在取得原选区选民资格的证明后，可以在现居住地的选区参加选举，具体如何掌握，由有关省（区、市）人大常委会在调查研究的基础上，根据本地情况作出决定。在现实条件下，这些措施可以保障农民工等流动人口的选举权和被选举权。此外，《选举法》第二十九条对于选民资格异议规定了两种救济方法：一是向选举委员会提出申诉。选举委员会的职权之一即进行选民登记，审查选民资格，公布选民名单；受理对于选民名单不同意见的申诉，并作出决定。二是如果对选举委员会的决定不服，可以向人民法院提起诉讼，人民法院依照民事诉讼法规定的特别程序进行审理并及时作出判决。这两种救济方法的关系是：对选民名单有异议的，应当先向选举委员会提出申诉，也就是说，申诉是前置程序，而不是两种救济途径任选一种。

（七）代表候选人的提出

代表候选人的提出具体包括推荐、确定、介绍三方面内容。公民参加各级人民代表大会代表的选举，不得直接或者间接接受境外机构、组织、个人提供的与选举有关的任何形式的资助。

1. 代表候选人的推荐

根据选举法的规定，全国和地方各级人大的代表候选人，按选区或者选举单位提名产生：凡是采取直接选举的方式选举人大代表的，应按选区提名产生代表候选人；凡采取间接选举方式产生人大代表的，应按选举单位产生人大代表候选人。由于选民或者代表对本选区或选举单位的情况比较了解，规定按选区或选举单位提名产生代表候选人，有利于广大选民或者代表把有代表性的并且具有一定的参政议政能力的代表推荐出来，选出能真正代表人民利益、全心全意为人民服务的代表，同时也有助于代表候选人当选后联系选民或选举单位，接受本选区选民或原选举单位的监督。关于代表候选人的推荐规定，有两个相关问题需要予以明确。一是推荐代表候选人的主体。根据选举法规定，各政党、各人民团体，可以联合或者单独推荐代表候选人。选民或者人大代表十人以上联名，也可以推荐代表候选人。无论是哪个主体推荐的代表候选人都具有同等法律地位。二是代表候选人的资格。我国人大代表候选人没有年龄、财产、居住、文化程度、保证金等方面的资格限制。但是，为了使选出的人大代表真正能够代表人民行使国家权力，积极参政议政，各政党、人民团体或选民、代表在推荐代表候选人时，应当注意四个方面：首先，所推荐的代表候选人应当享有政治权利，享有选举权和被选举权，被剥夺政治权利的人，不得提名为代表候选人。其次，推荐的代表候选人应是模范遵守宪法和法律的选民。再次，应当注意优化代表结构。最后，所代表的代表候选人应当具有履职的素质和能力。代表候选人的推荐者，无论是政党、人民团体，还是选民或代表，应向选举委员会或者大会主席团提供有关候选人的情况，如候选人的个人经历、工作表现及议政能力等。

2. 正式候选人的确定

在确定正式代表候选人前，应当让选举人知悉候选人的名单及其基本情况。确定正式代表候选人包括直接选举和间接选举。在直接选举中，正式代表候选人的确定包括三个环节：（1）公布初步代表候选人名单及基本情况；（2）正式代表候选人的确定；（3）正式代表候选人名单及基本情况的公布。在间接选举中，正式代表候选人的确定包括三个环节：（1）在两天内提名、酝酿代表候选人；（2）印发代表候选人名单及其基本情况；（3）确定正式代表候选人名单和公布基本情况。

3. 代表候选人的介绍

介绍代表候选人的主体，在直接选举中，包括选举委员会，推荐代表候选人的政党、人民团体和选民，以及代表候选人本人；在间接选举中，包括大会主席团以及推荐代表候选人的政党、人民团体和代表。介绍候选人的方式是多种多样的，如向代表或者选民刊发介绍代表候选人情况的书面材料，在直接选举中，还可以在选区内张贴介绍代表候选人的材料，并由选举委员会组织候选人与选民见面。不论采取什么形式，都应对代表候选人的情况作全面、客观的介绍。

（八）选举程序

投票选举是选举权利的直接体现，是一项严肃的法律行为。根据《选举法》第三十七、三十八条规定，在选民直接选举人民代表大会代表时，选民根据选举委员会的规定，凭身份证或者选民证领取选票。选举委员会应当根据各选区选民分布情况，按照方便选民投票的原则设立投票站，进行选举。选民居民比较集中的，可以召开选举大会，进行选举；因患有疾病等原因行动不便或者居住分散并且交通不便的选民，可以在流动票箱投票。选民投票时应当注意下列问题：（1）投票人在进入投票站或选举大会会场后，要听取工作人员宣讲投票注意事项，遵守大会的纪律。（2）在领到选票时，要检查选票是否清楚，是否加盖印章，如果不清楚或未盖章，应及时报告更换选票。（3）在书写选票前，要弄清应选人的名额；要按规定办法画票、投票；书写选票要清楚，注意不要因为超过应选名额或者书写不清而成为废票。此外，选民如果是文盲或者因残疾不能书写选票的，可以委托信任的人代写。

我国候选人的当选规则采取多数当选制。1953年的选举法规定，各级人民代表大会代表候选人获得出席选民或代表半数以上选票时，始得当选。1979年修改选举法时，将该规定修改为：各级人民代表大会的代表候选人，获得选区全体选民或者选举单位的代表过半数的选票时，始得当选。1986年修改选举法时，对直接选举与间接选举中代表候选人当选的要求作出明确规定，其当选的法定票数是不同的。在直接选举中，选区全体选民的过半数参加投票，选举有效，代表候选人获得参加投票的选民过半数的选票,则可以当选,即要求两个过半数。从理论上说,代表候选人获得选区全体选民的四分之一以上的选票,则可以当选。在间接选举中,代表候选人须获得全体代表过半数的选票,则可以当选,比直接选举中代表候选人的得票数的要求更高。

各级人大代表选出后,其资格并不自然生效,在人民代表大会召开前,还要报该级人大的代表资格审查委员会进行代表资格审查,并经本级人大常委会或者乡、镇人大主席团确认其代表资格是否有效,确保代表的选举符合法律规定。

(九)对代表的监督和罢免、辞职、补选

全国和地方各级人民代表大会的代表,受选民和原选举单位的监督。选民或者选举单位都有权罢免自己选出的代表。

1. 罢免

代表的罢免包括直接选举的代表的罢免和间接选举的代表的罢免。《选举法》第五十条规定,对于县级的人民代表大会代表,原选区选民五十人以上联名,对于乡级的人民代表大会代表,原选区选民三十人以上联名,可以向县级的人民代表大会常务委员会书面提出罢免要求。罢免要求应当写明罢免理由。被提出罢免的代表有权在选民会议上提出申辩意见,也可以书面提出申辩意见。县级的人民代表大会常务委员会应当将罢免要求和被提出罢免的代表的书面申辩意见印发原选区选民。表决罢免要求,由县级的人民代表大会常务委员会派有关负责人员主持。而对于间接选举产生的代表的罢免,按照罢免要求提出的时间的不同,可以有两种情形:一种是人民代表大会期间的罢免,如果要在县级以上的地方各级人民代表大会举行会议的时候提出罢免要

求，主席团或者十分之一以上代表联名，可以提出对由该级人民代表大会选出的上一级人民代表大会代表的罢免案。另一种是在人民代表大会闭会期间提出的罢免要求，县级以上的地方各级人民代表大会常务委员会主任会议或者常务委员会五分之一以上组成人员联名，可以向该级人大常委会提出对由该级人民代表大会选出的上一级人民代表大会代表的罢免案。

2. 辞职

直接选举与间接选举产生的代表辞职程序也有不同之处。关于直接选举产生的代表的辞职，县级人大代表可以向本级人大常委会提出辞职，乡级人大代表可以向本级人大提出辞职。县级的人民代表大会常务委员会接受辞职，须经常务委员会组成人员的过半数通过；乡级的人民代表大会接受辞职，须经人民代表大会过半数的代表通过。接受辞职的，应当予以公告。因乡级人民代表大会不设常委会，而且其人数较少，代表居住比较临近，故可以由乡人大主席召集乡级人大代表，召开代表大会，进行讨论表决。关于间接选举产生的代表的辞职，2010年选举法修改增加了常务委员会接受辞职的规定。全国人民代表大会代表，省、自治区、直辖市、设区的市、自治州的人民代表大会代表，都是间接选举产生的，他们可以向选举他的人大常委会书面提出辞职。对于间接选举产生的代表，其辞职是向下一级的人大常委会提出。间接选举产生的代表当然也可以向选举他的人大书面提出辞职，只是人大会议每年一般只开一次，接受辞职在时间安排上不太方便。代表向常委会提出辞职，可以由常委会主任会议将其辞职请求提请常委会全体会议表决，决定是否接受其辞职。如果常务委员会全体会议过半数通过决定接受其辞职的，接受辞职的决议，须报送上一级人民代表大会常务委员会备案、公告。

3. 补选

代表在任期内，有的会因为工作调动等原因，使得原选区或原选举单位代表出缺。代表出缺会带来一些弊端，如使得每一代表所代表的人口数出现差异，影响代表比例的合理构成，不利于发挥代表整体作用。因此，各地应对出缺的代表及时补选。

三 中华人民共和国立法法

2023年3月13日，十四届全国人大一次会议审议通过了关于修改《中华人民共和国立法法》（以下简称《立法法》）的决定，这是继2015年修改该法之后的第二次修改。通过这次修改，《立法法》的指导思想和原则更加完善，立法的体制机制和程序更加健全，更好地助力完善以宪法为核心的中国特色社会主义法律体系，建设社会主义法治国家。

党的十八大以来，以习近平同志为核心的党中央从坚持和发展中国特色社会主义的全局和战略高度，对全面依法治国作出一系列重大部署，推进一系列重大工作，取得历史性成就。习近平总书记深刻阐述全面依法治国一系列重大理论和实践问题，形成习近平法治思想，为新时代全面依法治国、加强和改进立法工作提供了根本遵循。2019年，党的十九届四中全会决定提出，完善立法体制机制，坚持科学立法、民主立法、依法立法，不断提高立法质量和效率。2021年，党中央首次召开中央人大工作会议，明确提出要加快完善中国特色社会主义法律体系，以良法促进发展、保障善治。2022年10月，党的二十大报告对完善以宪法为核心的中国特色社会主义法律体系提出新的部署要求。

根据立法工作安排，全国人大常委会法工委于2022年初启动立法法修改工作，经广泛征求各方面意见和认真研究，提出了立法法修正草案。2022年10月，十三届全国人大常委会三十七次会议对立法法修正草案进行了初次审议。2022年12月，十三届全国人大常委会三十八次会议对这部法律修正草案进行了再次审议，并决定提请十四届全国人大一次会议审议。2023年3月13日，十四届全国人大一次会议通过了关于修改《立法法》的决定。此次修改《立法法》主要从以下几个方面完善了我国立法制度。

（一）完善立法的指导思想和原则

1. 完善立法的指导思想

2015年《立法法》第三条规定了立法的指导思想，这是2000年制定立法法时规定的，体现了宪法确立的我国社会主义初级阶段的基本路线，即"一个中心、两个基本点"。"一个中心"就是以经济建设为中心，"两个基本点"就是坚持四项基本原则，坚持改革开放。坚持四项基本原则是指坚持社会主义道路、坚持人民民主专政、坚持中国共产党的领导、坚持马克思列宁主义毛泽东思想。这是1982年《宪法》的内容。1999年《宪法》修改，增加了"邓小平理论"。2004年、2018年宪法修正案对国家的指导思想作了修改完善，确立"三个代表"重要思想、科学发展观、习近平新时代中国特色社会主义思想在国家政治和社会生活中的指导地位。2023年立法法修改，贯彻落实宪法规定和党的二十大精神，根据党和国家的重大理论创新成果，对立法的指导思想与时俱进作了修改完善，同时明确了立法的目标任务，修改决定规定："立法应当坚持中国共产党的领导，坚持以马克思列宁主义、毛泽东思想、邓小平理论、'三个代表'重要思想、科学发展观、习近平新时代中国特色社会主义思想为指导，推进中国特色社会主义法治体系建设，保障在法治轨道上全面建设社会主义现代化国家。"

2. 完善依法立法原则

依法立法是2000年《立法法》确立的重要原则。立法法是规范国家立法制度和立法活动的法律，它规定了各立法主体的立法权限，对法律的制定程序作了详细规定，对行政法规、地方性法规、自治条例和单行条例、规章的制定程序作了原则规定。各立法主体都应当遵守立法法规定的立法权限和程序，这是依法立法原则的核心要旨。当时立法法确定依法立法原则还有一层含义，就是明确立法应当"从国家整体利益出发"，防止部门利益法律化，防止立法中的地方保护主义倾向。在立法法修改过程中，有的意见认为地方立法应当从地方实际出发，"从国家整体利益出发"的规定，缺乏对发挥地方立法积极性的保障。但这一规定是对国家立法的原则要求，并不影响地方立法反映地方的实际情况和需要；另外，从全国人大常委会备案审查工作情况看，有的地方立法中确实存在着地方保护主义的问题，党的十八届四中全会强调，"明确立法权力边界，从体制机制和工作程序上有效防止部门利益和地方保护主义法律化"[1]。因此，保留的"从国家整体利益出发"的规定依然有现实必要性。2023年立法法修改，突出依法立法首先应当依宪法立法的理念，将2015年《立法法》第三条立法指导思想

---

[1] 《中共中央关于全面推进依法治国若干重大问题的决定》，人民出版社2014年版，第10页。

中"遵循宪法的基本原则"的内容移至依法立法原则中规定,将"遵循宪法的基本原则"修改为"符合宪法的规定、原则和精神",丰富了依法立法原则的内涵,同时也拓展了对立法进行合宪性审查的解释空间。在征求意见过程中,有的意见认为"宪法精神"欠缺确定性,担心会造成扩大解释。在我国,监督宪法实施的职责属于全国人大及其常委会,全国人大及其常委会能够把握好宪法的权威性、稳定性和立法的创新之间的平衡。总之,要通过上述依法立法的各项要求,实现维护社会主义法治的统一、尊严、权威的目的。

3. 完善民主立法原则

民主立法是2000年《立法法》确立的重要原则,包含了立法内容和立法程序两方面要求。从立法内容上,要求立法为了人民,体现人民的意志,维护人民的利益;从立法程序上,要求立法依靠人民,坚持立法公开,保障人民通过多种途径参与立法活动。民主立法原则是由我国的国家性质决定的,体现了人民当家作主。立法是为国家立规矩、为社会定方圆,是"国之大者"。一直以来,全国人大及其常委会、国务院、地方人大及其常委会,秉持民主立法原则,在制定法律、行政法规、地方性法规过程中,广泛听取各方面意见,将民主立法原则贯彻到立法全过程各环节,可以说,立法活动是最公开透明、公众参与最多的领域之一。实践中,全国人大及其常委会制定法律,形成了较为成熟的做法。通过召开座谈会、论证会、听证会听取各方面意见;书面征求中央国家机关、单位、全国人大代表、地方人大常委会、高校和科研机构的意见;开展立法调研,听取地方意见;等等。法律草案向社会公布、征求公众意见是民主立法的重要形式。1982年宪法修改,全国人民进行了四个月的讨论,是民主立法的典范。2000年《立法法》规定，经委员长会议决定，可以将重要法律草案向社会公布征求意见。其后，法律草案向社会公布征求意见的情况逐步增多。随着互联网的应用普及，网上公开征求意见逐步常态化，成为直接听取社会公众意见的重要渠道。2005年7月物权法（草案）首次通过中国人大网征求社会公众意见。2008年4月，十一届全国人大常委会委员长会议决定，凡是常委会审议的法律草案，原则上在中国人大网上公布，征求社会公众意见。2013年7月环境保护法修正案（草案）二审后再次征求社会公众意见。此后，法律草案二审后继续征求社会公众意见成为常态。设立基层立法联系点是立法直接听取基层群众意见的又一项制度创新。从2015年设立上海虹桥、甘肃临洮、江西景德镇、湖北襄阳4个基层立法联系点以来，截至2023年3月，全国人大常委会法工委在31个省、自治区、直辖市共设立了31个基层立法联系点和1个立法联系点，直接听取基层群众和各方面的意见，发挥立法"直通车"作用。

4. 坚持社会主义核心价值观

党的二十大报告提出"坚持依法治国和以德治国相结合，把社会主义核心价值观融入法治建设"。德治和法治的关系是一个古老而又常新的话题，也是一个中国特色的国家治理问题，长期以来没有形成共识。党的十八大以来，习近平总书记就这个问题作了一系列深刻论述，厘清了人们的认识。习近平总书记提出："法律是准绳，任何时候都必须遵循；道德是基石，任何时候都不可忽视。"习近平总书记强调，"法治和德治两手抓、两手都要硬"[1]，"必须坚持依法治国和以德治国相结合，使法治和德治在国家治理中相互补充、相互促进、相得益彰，

---

[1] 习近平：《论坚持全面依法治国》，中央文献出版社2020年版，第166页。

推进国家治理体系和治理能力现代化。""法律是成文的道德，道德是内心的法律。""法安天下，德润人心。法律有效实施有赖于道德支持，道德践行也离不开法律约束。法治和德治不可分离、不可偏废，国家治理需要法律和道德协同发力。"①坚持依法治国和以德治国相结合，是中国特色社会主义法治的鲜明特色，是习近平法治思想的重要内容。社会主义核心价值观是社会主义法治建设的灵魂。把社会主义核心价值观融入法治建设全过程、各领域、各方面，是坚持依法治国和以德治国相结合的必然要求。2016年中共中央办公厅、国务院办公厅印发《关于进一步把社会主义核心价值观融入法治建设的指导意见》，要求"推进社会主义核心价值观入法入规"，强调"把社会主义核心价值观的要求体现到宪法法律、法规规章和公共政策之中，转化为具有刚性约束力的法律规定"。党的十九大提出"培育和践行社会主义核心价值观"。2018年宪法修正案将"国家倡导社会主义核心价值观"纳入宪法文本。2018年中共中央印发《社会主义核心价值观融入法治建设立法修法规划》，强调"着力把社会主义核心价值观融入法律法规的立改废释全过程，确保各项立法导向更加鲜明、要求更加明确、措施更加有力"，"推动社会主义核心价值观全面融入中国特色社会主义法律体系，筑牢全国各族人民团结奋斗的共同思想道德基础"。近年来，在爱国主义教育、英雄烈士保护、见义勇为、文明行为促进、社会信用建设、弘扬家庭美德、弘扬中华优秀传统文化等方面，制定了许多法律法规，将人民群众广泛认同、较为成熟、操作性强的道德要求上升为法律规范，实现道德规范和法律规范相衔接、相协调、相促进，取得良好的

---

① 习近平：《论坚持全面依法治国》，中央文献出版社2020年版，第165页。

法律效果和社会效果。为贯彻党中央的部署要求，2023年立法法修改，增加规定："立法应当倡导和弘扬社会主义核心价值观，坚持依法治国和以德治国相结合，铸牢中华民族共同体意识，推动社会主义精神文明建设。"

5. 明确立法决策与改革决策相衔接相统一的原则

立法和改革的关系贯穿改革开放和法治建设整个过程。在一定程度上，改革会突破现有的制度、规则，突破法律法规的规定，造成事实上的所谓"良性违法"。为避免这种情况，很长一段时间立法的思路是"宜粗不宜细"，在立法时"留白"，作原则规定，或者先改革、后立法，改革积累实践经验，立法巩固改革成果，立法是对成熟经验的总结。这是很长一段时间把握立法与改革关系的原则。随着中国特色社会主义法律体系的形成和全面深化改革的推进，改革和法治的关系发生了重要的变化。党的十八大以来，党中央推进全面依法治国，并将全面依法治国纳入"四个全面"战略布局，强调发挥法治的引领和保障作用。习近平总书记在多个场合就改革和法治的关系发表重要讲话，有许多经典论述，如"改革和法治如鸟之两翼、车之两轮"[①]，要求"凡属重大改革要于法有据，需要修改法律的可以先修改法律，先立后破，有序进行。有的重要改革举措，需要得到法律授权的，要按法律程序进行"[②]。"改革和法治相辅相成、相伴而生"，要"在法治下推进改革，在改革中完善法治"[③]，强调"坚持改革决策和立法决策相统一、相衔接，立法主动适应改革需要，积极发挥引导、推动、规范、保障改

[①] 习近平：《论坚持全面依法治国》，中央文献出版社2020年版，第39页。
[②] 同上注，第35页。
[③] 同上注，第38页。

革的作用"①。

习近平总书记关于改革和法治关系的重要论述，是习近平法治思想的重要组成部分。为贯彻习近平总书记的重要论述精神，发挥立法对改革的引领和保障作用，党的十八大以来，全国人大及其常委会积极适应改革开放和经济社会发展需要，坚持在法治下推进改革和在改革中完善法治相统一，加强涉及改革有关法律的立改废释工作，通过"打包"修改、作出授权决定和改革决定等方式及时为推进相关改革提供法律依据，保障党和国家机构改革、经济社会发展各领域重大改革措施顺利实施，形成了一些行之有效的做法和经验。据统计，党的十八大以来，全国人大常委会作出了48项授权决定和改革决定，同时，通过打包修改方式修改法律152件次，保障在法治轨道中推进改革。总结立法推动改革的实践，2023年立法法修改，将习近平总书记关于改革和法治关系的经典论述法律化，作为一项立法原则，增加规定："立法应当适应改革需要，坚持在法治下推进改革和在改革中完善法治相统一，引导、推动、规范、保障相关改革，发挥法治在国家治理体系和治理能力现代化中的重要作用。"同时，对2015年《立法法》第十三条进行补充完善，修改为："全国人民代表大会及其常务委员会可以根据改革发展的需要，决定就特定事项授权在规定期限和范围内暂时调整或者暂时停止适用法律的部分规定。""暂时调整或者暂时停止适用法律的部分规定的事项，实践证明可行的，由全国人民代表大会及其常务委员会及时修改有关法律；修改法律的条件尚不成熟的，可以延长授权的期限，或者恢复施行有关法律规定。"

---

① 习近平：《论坚持全面依法治国》，中央文献出版社2020年版，第38页。

（二）完善全国人大及其常委会专属立法权

一是明确全国人民代表大会可以授权全国人大常委会制定相关法律。2015年《立法法》第七条关于全国人民代表大会和全国人大常委会立法权限的划分是宪法的规定，比较原则。其中第七条第二款规定："全国人民代表大会制定和修改刑事、民事、国家机构的和其他的基本法律。"有的意见认为应当明确什么是"基本法律"，以进一步区分哪些法律应当由全国人民代表大会通过，哪些法律应当由全国人大常委会通过。从理论上厘清哪些法律是基本法律，应当由全国人民代表大会通过，增强立法权限划分的规范性，是必要的。但是，在刑事、民事、国家机构的法律之外，还有哪些是基本法律，并不容易达成共识。2023年立法法修改，明确全国人大可以授权全国人大常委会制定相关法律，是根据近年来的立法实践作出的规定。2020年5月十三届全国人大三次会议通过《关于建立健全香港特别行政区维护国家安全的法律制度和执行机制的决定》，授权全国人大常委会就建立健全香港特别行政区维护国家安全的法律制度和执行机制制定相关法律。2021年3月十三届全国人大四次会议通过《关于完善香港特别行政区选举制度的决定》，授权全国人大常委会修改香港特别行政区基本法附件一和附件二。

二是明确监察委员会的产生、组织和职权由法律规定。国家机构的组织和职权是全国人大和全国人大常委会的专属立法权。国家监察体制改革后，2018年宪法修改，明确各级监察委员会是国家的监察机关，监察委员会的组织和职权由法律规定。2023年立法法修改，在立法权限一节增写了相应规定。

三是将全国人大及其常委会专属立法权中的"仲裁制度"修改为

"仲裁基本制度"。1994年仲裁法规定了民事仲裁基本制度，1995年体育法规定了体育仲裁制度，2007年劳动争议调解仲裁法规定了劳动争议仲裁制度，2009年农村土地承包经营纠纷调解仲裁法规定了土地承包经营纠纷仲裁制度，我国的仲裁制度越来越健全。近年来，为了推进更高水平对外开放，国家支持部分地区建设国际商事仲裁中心试点，如深圳、珠海探索建立国际仲裁院并出台国际仲裁院条例，有的自由贸易区探索临时仲裁制度，等等。上述实践探索无法完全适用仲裁法等法律的规定，有必要在立法权限上为地方制定相应的仲裁制度规则留下空间。因此，贯彻党中央关于强化涉外法律服务的战略部署，适应高水平对外开放工作需要，2023年立法法修改，将只能制定法律事项中的"仲裁制度"修改为"仲裁基本制度"。

（三）明确合宪性审查要求，加强宪法实施和监督

合宪性审查工作是新形势下加强宪法实施和监督的重要举措。2018年修改宪法，将全国人大法律委员会更名为"宪法和法律委员会"。2018年6月十三届全国人大常委会三次会议作出《关于全国人民代表大会宪法和法律委员会职责问题的决定》，在宪法和法律委员会的职责中，明确"推进合宪性审查、加强宪法监督"。2020年2月，党中央出台了关于推进合宪性审查工作的指导性文件，为推进合宪性审查工作提供了重要指导和基本遵循。2021年党中央印发《法治中国建设规划（2020—2025年）》，要求"全国人大及其常委会通过的法律和作出的决定决议，应当确保符合宪法规定、宪法精神。推进合宪性审查工作，健全合宪性审查制度，明确合宪性审查的原则、内容、程序。建立健全涉及宪法问题的事先审查和咨询制度，有关方面拟出台的行政

法规、军事法规、监察法规、地方性法规、经济特区法规、自治条例和单行条例、部门规章、地方政府规章、司法解释以及其他规范性文件和重要政策、重大举措，凡涉及宪法有关规定如何理解、实施、适用问题的，都应当依照有关规定向全国人大常委会书面提出合宪性审查请求"。

合宪性审查是中国式的宪法监督制度，具有中国特色，符合中国国情，彰显中国智慧。合宪性审查的提出和实践，实现了我国宪法监督理论的理论创新和话语转变，推动我国宪法监督实践取得重要进展。2023年立法法修改，贯彻党中央关于加强宪法实施和监督、推进合宪性审查工作等部署要求，总结近年来的实践经验，坚持对立法活动进行事前、事中、事后全过程合宪性审查：（1）明确法律案起草和审议过程中的合宪性审查要求。规定法律草案的说明应当包括"涉及合宪性问题的相关意见"；对法律案中"涉及的合宪性问题"，宪法和法律委员会应当在修改情况的汇报或者审议结果报告中予以说明。（2）明确备案审查工作中的合宪性审查要求。规定有关国家机关认为行政法规、地方性法规、自治条例和单行条例"存在合宪性、合法性问题"的，可以向全国人大常委会书面提出进行审查的要求；同时对存在合宪性、合法性问题的，规定了处理的主体和程序。

（四）完善全国人大及其常委会的立法程序和工作机制

一是增加紧急立法程序。在六届全国人大常委会以前，提请常委会审议的法律案，一般都在当次会议上表决通过。从六届全国人大常委会开始，提请常委会审议的法律案，一般是二审通过。1987年制定的全国人大常委会议事规则确认了这一制度。九届全国人大常委会为了提高立法质量，决定原则上法律案实行三审通过，并在2000年《立法法》中确认了这一制度。同时立法法规定各方面意见比较一致的，可以经两次常委会审议后交付表决；调整事项较为单一或者部分修改的法律案，各方面的意见比较一致的，也可以经一次常委会审议即交付表决。实践中，多数新制定的法律，一般三审通过，修改法律多数两审通过，修改内容较为单一的，一审通过。2023年立法法修改，考虑到如有特殊情况，需要紧急立法，因此规定列入常委会会议议程的法律案，"遇有紧急情形"的，也可以经一次常委会会议审议即交付表决。

二是完善法律案的终止审议程序。2000年制定立法法时，根据当时的实践情况，规定了法律案的终止制度，即列入常委会会议审议的法律案，因各方面对制定该法律的必要性、可行性等重大问题存在较大分歧搁置审议满两年的，或者因暂不付表决经过两年没有再次列入常委会会议议程审议的，由委员长会议向常委会报告，该法律案终止审议。这一制度是解决有的法律案因分歧较大、长期搁置问题而作出的规定。对于有的需要继续审议的法律案，在搁置审议两年到期前启动审议，然后再视情况适时审议通过。这样的例子不少，如监督法草案、行政强制法草案、资产评估法草案、证券法修订草案，等等。近年来也出现个别法律案，因出台时机不成熟又不宜终止审议的情况。为适应立法实践中的特殊情况，此次立法法修改，增加规定"必要时，委员长会议也可以决定延期审议"。

三是明确有关国家机关可以提出法律解释案。2015年《立法法》规定国务院、中央军事委员会、最高人民法院、最高人民检察院和全国人大各专门委员会以及省级人大常委会可以向全国人大常委会提出法律解释要求。截至 2022 年 12 月,全国人大常委会现行有效的法律解释共 24 件。多数情况下都是由其他国家机关提出法律解释要求,全国人大常委会作出法律解释。也有的是由有关国家机关提出法律解释的议案,比如 2022 年 12 月十三届全国人大常委会三十八次会议审议通过的《关于〈中华人民共和国香港特别行政区维护国家安全法〉第十四条和第四十七条的解释》,是由国务院提出议案。为适应实践中不同情况,2023 年立法法修改,增加规定国务院、中央军事委员会、国家监察委员会、最高人民法院、最高人民检察院和全国人大各专门委员会可以向全国人大常委会"提出相关法律案"。这里的相关法律案,即指相关法律解释案。

四是丰富和完善立法形式。随着中国特色社会主义法律体系的不断完善,立法的形式也越来越丰富。从十三届全国人大及其常委会五年立法成果看,通过宪法修正案,制定法律 47 件,包括编纂民法典,修改法律 111 件次,废止法律 16 件,作出法律解释、有关法律问题和重大问题的决定 53 件。① 立改废释纂和决定等立法形式都在实际运用。为贯彻党中央关于推进科学立法、民主立法、依法立法,丰富立法形式,统筹立改废释纂等要求,总结实践经验,2023 年立法法修改增加两条规定:(1)全国人大及其常委会坚持科学立法、民主立法、依法立法,通过制定、修改、废止、解释法律和编纂法典等多种形式,增强立法的系统性、整体性、协同性、时效性。(2)全国人大及其常委会作出有关法律问题的决定,适用本法的有关规定。

---

① 栗战书:《全国人民代表大会常务委员会工作报告——2023 年 3 月 7 日在十四届全国人民代表大会第一次会议上》。

五是明确基层立法联系点的法律地位和作用。建立基层立法联系点，是党的十八届四中全会作出的决策部署。自2015年设立4个基层立法联系点以来，全国人大常委会法工委在31个省、自治区、直辖市共设立了31个基层立法联系点和1个立法联系点。截至2022年12月，已有142部法律草案征求基层立法联系点的意见，收集了1.5万多条意见，采纳了2800多条意见，真正实现了人民民主和国家意志相统一。基层立法联系点是国家立法机关直接联系基层群众的有效渠道，是全过程人民民主的生动实践。党的二十大报告提出："健全吸纳民意、汇集民智工作机制，建设好基层立法联系点。"2023年立法法修改，为了更好体现立法坚持全过程人民民主的要求，根据党中央精神和实践做法，增加规定："全国人民代表大会常务委员会工作机构根据实际需要设立基层立法联系点，深入听取基层群众和有关方面对法律草案和立法工作的意见。""省、自治区、直辖市和设区的市、自治州的人民代表大会常务委员会根据实际需要设立基层立法联系点，深入听取基层群众和有关方面对地方性法规、自治条例和单行条例草案的意见。"

（五）完善地方性法规、规章的有关规定

一是完善设区的市立法权限的规定。2015年修改立法法的一个重要内容就是赋予所有设区的市立法权，规定设区的市可以对"城乡建设与管理、环境保护、历史文化保护"等方面的事项制定地方性法规和地方政府规章。之后，在设区的市行使地方立法权的实践中，不少地方就特定的具体事项来函询问是否属于设区的市立法权限，全国人大常委会法工委基本上都作了肯定答复，支持设区的市的立法需求。因此，实践中对"城乡建设与管理"范围的理解和把握是较为宽泛的。

在立法法修改过程中，一些地方建议适当扩大设区的市立法权限，以适应实践中地方不断增长的立法需求。考虑到设区的市的特点和地方创新基层治理的实际需要，增加规定设区的市可以对"基层治理"事项制定地方性法规和地方政府规章；同时，根据2018年宪法修正案有关表述，将"环境保护"修改为"生态文明建设"，进一步适应设区的市制定地方性法规的实际需要。

二是明确区域协同立法。区域协同立法是近年来地方立法的创新做法，从实践来看，京津冀、长三角已经形成比较成熟的立法协同工作机制，山西、福建、山东、江西、湖北、湖南、广西、云南、贵州、重庆、四川等不少地方也进行了积极探索。中央人大工作会议明确提出，建立健全区域协同立法、流域立法、共同立法工作机制。2022年修改的《地方组织法》，对区域协同立法作出了原则规定。此次修改立法法，不少地方建议总结实践中的成熟经验和做法，对区域协同立法作出规定。因此，为贯彻国家区域协调发展战略和中央人大工作会议精神，适应地方实践需要，增加规定："省、自治区、直辖市和设区的市、自治州的人民代表大会及其常务委员会根据区域协调发展的需要，可以协同制定地方性法规，在本行政区域或者有关区域内实施"，"省、自治区、直辖市和设区的市、自治州可以建立区域协同立法工作机制"。

三是对浦东新区法规、海南自由贸易港法规作出规定。为了推进更高水平对外开放，按照党中央决策部署，2021年6月，十三届全国人大常委会二十九次会议分别通过了《关于授权上海市人民代表大会及其常务委员会制定浦东新区法规的决定》和《海南自由贸易港法》，授权上海市人大及其常委会制定浦东新区法规、海南省人大及其常委会制定海南自由贸易港法规。在2023年立法法修改过程中，对要不要在立法法中作出规定，进行过认真研究。在十四届全国人大一次会议上，有些代表提出浦东新区法规、海南自由贸易港法规是新时代地方立法的新形式，是国家立法体制创新发展的重大制度成果，应当在立法法中固定下来。但也有代表认为这是两种特殊的地方立法形式，不需要在立法法中规定。考虑到全国人大常委会授权制定浦东新区法规、海南自由贸易港法规，是为我国推进更高水平对外开放提供法制保障，具有象征意义，而且这两种法规是新的地方立法形式，立法法作为规范立法制度的基本法律，对此作出规定是必要的。

四是进一步扩大部门规章制定主体范围。2015年立法法规定，国务院各部、委员会、中国人民银行、审计署和具有行政管理职能的直属机构，可以根据法律和国务院的行政法规、决定、命令，在本部门的权限范围内，制定规章。实践中，除立法法规定的上述机构外，有的是具有行政管理职能的国务院直属事业单位，如2023年3月国务院机构改革前的中国证券监督管理委员会、中国银行保险监督管理委员会，以及列入中共中央机构序列的合署机构，如国家保密局、国家密码管理局，分别依据证券法、银行业监督管理法、保密法、密码法的规定可以制定规章。为进一步规范规章的制定权，根据实践做法，此次修改立法法在部门规章制定主体中增加"法律规定的机构"，明确法律才能授予规章制定权，即立法法规定以外的国家机关需要单行法律的授权，才能制定规章。

（六）完善备案审查制度

对行政法规、监察法规、地方性法规、自治条例和单行条例、经济特区法规、司法解释、特别行政区本地法律、规章以及其他规范性文件进行备案审查,是宪法和法律规定的一项重要制度,是保障宪法法律实施、维护国家法治统一的重要举措。党的十八大以来,以习近平同志为核心的党中央从推进全面依法治国、加强宪法法律实施和监督的战略高度,就加强备案审查工作作出一系列决策部署。党的十八届三中全会、四中全会,十九届二中全会、四中全会和党的二十大,中央全面依法治国工作会议,中央人大工作会议以及党中央有关文件都提出了明确的任务要求。党的十八届四中全会决定提出,加强备案审查制度和能力建设,把所有的规范性文件纳入备案审查范围。党的十九届四中全会决定提出,加强备案审查能力建设,依法撤销和纠正违宪违法的规范性文件。党的二十大报告提出,完善和加强备案审查制度。中央人大工作会议提出,提高备案审查工作质量,依法纠正、撤销违反宪法法律规定的法规、司法解释和其他规范性文件;进一步加强相关法律法规的专项审查和集中清理。《法治中国建设规划(2020—2025年)》等文件提出:要建立健全党委、人大常委会、政府、军队等之间的备案审查衔接联动机制;针对法律规定之间不一致、不协调、不适应问题,及时组织清理。

全国人大常委会高度重视备案审查工作,委员长会议通过《法规、司法解释备案审查工作办法》等文件,建立全国人大常委会听取备案审查工作年度报告制度,健全备案审查衔接联动机制,加快备案审查信息平台建设,推动备案审查工作不断规范化制度化。经过持续努力和有力推动,围绕贯彻"有件必备、有备必审、有错必纠"的总要求,全国人大常委会工作机构扎实推进备案审查工作,加大审查力度、丰富审查方式,增强纠错刚性,逐步实现显性化、制度化、常态化。2023年立法法修改，贯彻中央文件精神，总结近年来的实践经验，对2015年立法法关于备案审查的有关规定进行补充和完善。

四 中华人民共和国民族区域自治法

民族区域自治既是中国共产党运用马克思主义民族理论解决我国民族问题的基本政策，也是我国的一项基本政治制度。我国不仅在宪法中对这一制度作出了明确规定，而且还专门制定了《中华人民共和国民族区域自治法》（1984年制定，2001年修正）（以下简称《民族区域自治法》）来规范和保障这一制度的实施。我国的民族自治地区不同于一般的地方行政区域，我国的民族区域自治也不同于西方具有一般性和普遍意义的地方自治。根据宪法和民族区域自治法的规定，只有少数民族聚居的地方才有权实行区域自治，没有少数民族聚居的地方则不能实行区域自治。总体来讲，民族区域自治法是规定民族区域自治制度原则和基本内容的基本法律，是制定自治条例和单行条例、民族区域自治行政法规和地方性法规的主要依据。民族区域自治法是由国家的最高权力机关——全国人民代表大会制定的基本法，它的解释权和修改权属于全国人大及其常委会。

（一）民族区域自治的基本原则

1. 民族区域自治的原则

在我国，各少数民族聚居的地方必须在国家统一领导下，设立自治机关，行使自治权。各民族自治地方都是中华人民共和国不可分离的部分。也就是说，在我国，民族区域自治是单一制国家结构下的地方自治，民族自治地方的人民代表大会和人民政府既是自治地方的自治机关，同时又是一级地方国家机关。根据我国宪法规定，自治机关既行使同级地方国家机关的职权，同时又行使地方国家机关所不能行使的自治权。各民族自治地方既没有制宪权，更没有分离权，不同于民族领土自治。我国的民族自治地方是国家统一领导下的地方行政区域，民族区域不是民族领土的概念，而是指少数民族人口占有一定比例的各民族杂居地区，不是独立自治或半独立状态的自治邦。也就是说，坚持和完善民族区域自治要做到坚持统一和自治相结合、坚持民族因素和区域因素相结合。团结统一是国家的最高利益，是各族人民的共同利益，是实行民族区域自治的前提和基础。没有国家的团结统一，就谈不上民族区域自治。民族区域自治，既包含了民族因素，也包含了区域因素。这是由我国的基本国情决定的。

2. 民族区域自治的内涵

早在1957年周恩来就指出，在多民族背景下实施的民族区域自治，实质上"是民族自治与区域自治的正确结合，是经济因素与政治因素的正确结合，不仅使聚居的民族能够享受到自治权利，而且使杂居的民族也能够享受到自治权利"[1]。新时代习近平总书记强调指出："民族区域自治，既包含了民族因素，又包含了区域因素，民族区域自治不是某个民族独享的自治，民族自治地方更不是某个民族独有的地方。"[2]因此在多民族国家，采取什么样的制度协调民族关系，保障民族平等，

---

[1] 《周恩来选集》，人民出版社1984年版，第258页。
[2] 转引自丹珠昂奔《沿着中国特色解决民族问题的道路前进——中央民族工作会议精神学习体会》，载《中国民族报》2014年11月7日。

至少应考虑两个因素：一是民族构成与发展状况。其关键在于各个民族之间在人口数量、发展程度等方面是否处于均衡状态。二是民族聚集与分布状况。这是多民族国家选择特殊的政策和制度保护特定少数民族的生存与发展权益之时必须考虑的关键因素。从民族构成及其人口比例来看，我国不仅有56个民族，而且汉族一直占全国人口的绝对多数，少数民族的人口只占少数。从民族发展程度来看，55个少数民族聚居地在政治、经济、文化和社会发展程度上明显低于汉族地区同时期的发展水平。从民族聚集与分布状况来看，我国的56个民族在历史发展中形成了"大杂居、小聚居"的空间分布态势，与之相适应，我国选择和实施了"民族区域自治"作为保障聚居少数民族当家作主的权利、建构平等的民族关系的基本政治制度。

3. 民族区域自治法的基本原则

民族区域自治法在基本法的法群中，有一个显著的特点，即有一个序言，并在序言中明确规定了民族区域自治必须坚持的一系列原则。这些原则包括：坚持实行民族区域自治原则，坚持实行各民族平等、团结和共同繁荣原则，坚持四项基本原则，等等，并且特别强调"这四项基本原则是全国各族人民团结前进的共同的政治基础，也是社会主义现代化建设顺利进行的根本保证"[①]。

第一，维护国家统一与实行民族区域自治相结合的原则。必须充分认识到坚持维护国家统一是国家最高利益所在、各族人民根本利益所在；必须大力弘扬爱国主义精神，坚决反对一切民族分裂活动；必须明确民族区域自治不是某个民族独享的自治；要做到依法行使民族

---

① 彭真：《关于中华人民共和国宪法修改草案的报告》（1982年11月26日）。

区域自治权和贯彻执行党和国家方针政策相统一、保护少数民族合法权益和依法履行公民义务相统一、促进区域内全体群众共同富裕和重点帮助相对贫困地区相统一。

第二，民族自治与区域自治相结合原则。要准确把握两种自治相结合的路径，首先应当区分自治权利与自治权力两种维度。在权利意义上，民族自治的主体是特定地域范围内居于主体地位的少数民族群体，区域自治的主体是特定地域范围内的全体居民。从权力视角分析，作为一种群体权力的民族自治与区域自治的结合，是通过民族自治地方不同民族群体的个体行使选举权和被选举权，选出人民代表大会代表，组成自治机关，并由宪法和法律赋予自治机关一定的自治权力来完成的。因此，在权力意义上，民族区域自治的主体是由自治地方各族人民共同组成的自治机关，不是某一个民族组成的自治机关，自治的范围是该区域的民族事务和地方事务。

第三，维护和发展各民族平等、团结和共同繁荣原则。这一原则不仅是民族区域自治法的原则，也是宪法确立的一个原则。具体包括三方面含义，即各民族一律平等、各民族共同团结奋斗、各民族共同繁荣发展。

第四，保障自治机关充分行使自治权的原则。这个基本原则有两个要点：一是国家的保障。我国的民族自治地方，只有5个自治区直接归中央管理，而大量的自治州和自治县是在中央统一领导下的多级管理。二是上级国家机关的保障。自治机关行使自治权，不仅受国家政治体制和经济体制的制约，还要受上级国家机关利益的制约。上级国家机关的保障对自治机关行使自治权的保障，既受国家政治和经济体制的制约，同时也受本地现实情况的制约。

第五，加速发展民族自治地方经济文化建设事业的原则。落实民族区域自治制度，就要牢牢把握帮助民族自治地方发展经济、改善民生这一关键任务，以民族区域自治制度为依托，充分发挥中央、发达地区和民族地区"三个积极性"。从而把发展落实到解决区域性共同问题、增进群众福祉、促进民族团结上来，推动各民族和睦相处、和衷共济、和谐发展。

（二）民族区域自治法的主要内容

1. 民族区域自治法的结构

《民族区域自治法》的结构，由序言、正文和附则三个部分组成。

序言共六个自然段，规定了五个方面的内容。一是明确了民族区域自治的地位。明确指出，民族区域自治是中国共产党运用马克思列宁主义解决我国民族问题的基本政策，是国家的一项基本政治制度。二是界定了民族区域自治的基本内涵，同时明确了实施民族区域自治的根本目的和基本原则。三是阐述了民族区域自治制度的主要功能和作用，明确了坚持和完善这一制度的必要性。四是指出了坚持党在社会主义初级阶段的基本路线的重要性，明确了民族自治地方的根本任务和奋斗目标。五是肯定了民族区域自治法是宪法规定的民族区域自治制度的基本法律。

正文共6章72条。第一章为总则，是对民族区域自治法的立法依据，民族自治地方和自治机关的法律地位，实行民族区域自治的基本原则，上级国家机关和自治机关应当承担的主要职责等根本问题的原则规定；第二章是对民族自治地方的建立和自治机关的组成问题的规定；第三章是对自治机关自治权的全面规定；第四章是对民族自治地方的人民法院和人民检察院的组成和职责问题的规定；第五章是对自治机关在处理民族自治地方内的民族关系应承担的职责、应遵循的原则等问题的规定；第六章是对上级国家机关应当承担的职责的全面规定。

最后的附则共两条，规定了两个方面的问题。一是要求国务院及其有关部门、自治区和辖有自治州、自治县的省、直辖市的人大及其常委会应当在其职权范围内，为实施民族区域自治法制定法规、规章、具体措施和办法。二是指明了民族区域自治法的制定机关和生效时间。

2. 民族区域自治制度的基本构成

根据《民族区域自治法》的规定，民族区域自治制度主要由以下几个具体制度构成。

第一，民族自治地方的建立、变更和撤销制度。包括民族自治地方建立、变更和撤销的条件、原则和程序，民族自治地方名称的组成要素等内容。

第二，民族自治地方国家机关的组成制度。包括自治机关的范围和地位，人大及其常委会的民族构成要求，人民政府的行政首长和其他组成人员的民族构成要求，自治机关所属工作部门工作人员的民族构成要求，以及人民法院和人民检察院的领导成员和工作人员的民族构成要求等内容。

第三，自治机关的职责和自治权制度。在自治权方面，主要规定了民族自治地方的人大享有的自治立法权，自治机关享有的变通或者停止执行上级国家机关决议、决定、命令和指示的自治权，自主地发展经济和科学技术、文化、教育、卫生、体育等建设事业的自治权等内容。在职责和义务方面，主要规定了民族自治地方的自治机关应承当维护国家的统一，保证宪法和法律在本地方的遵守和执行，领导各族人民集中力量进行社会主义现代化建设，不断提高劳动生产率和经济效益，发展社会生产力，逐步提高各民族的物质生活水平，要把国家的整体利益放在首位，积极完成上级国家机关交给的各项任务，维护和发展各民族的平等、团结、互助、和谐的社会主义民族关系、保障本地方各民族使用和发展语言文字的自由，保持或者改革风俗习惯的自由等义务。

第四，民族自治地方内的民族关系的协调和维护制度。一是自治机关在处理内部民族关系时应承担的职责，包括应保障本地方内各民族都享有平等权利，帮助聚居在本地方的其他少数民族建立相应的自治地方或者民族乡，照顾本地方散居民族的特点和需要，教育和鼓励各民族的干部互相学习语言文字，保障本地方内各民族公民都享有宪法规定的公民权利，并且教育他们履行公民应尽的义务等；二是自治机关处理内部民族关系时应遵循的程序要求，即自治机关在处理涉及本地方各民族的特殊问题的时候，必须与他们的代表充分协商，尊重他们的意见。

第五，上级国家机关的职责制度。一是上级国家机关在履行职责时必须从民族自治地方的实际情况出发，实行分类指导；二是上级国家机关必须保障民族自治地方自治机关有效行使自治权，并为自治权的行使提供便利和条件；三是上级机关应从财政、税收、投资、信贷、技术、人才等各方面帮助民族自治地方发展经济和文化。

（三）自治机关自治权与上级国家机关监督的关系

自治机关自治权与上级国家机关职责的关系，从法律关系层面上讲具有一种特定的权利义务关系，而从上下级的国家行政管理职权上讲，又是一种特殊的协调关系。为消解民族自治地方由于自然地理环境、历史发展水平和民族构成等方面所具有的特殊性对经济社会发展的制约，宪法和民族区域自治法不仅赋予民族自治地方优于一般性地方自治的自治权，而且明确规定上级国家机关应根据民族自治地方的特点和需要，帮助少数民族和民族地区加速经济、文化和社会发展，并对上级国家机关为履行帮助职责应当制定和实施的特别措施作出了专门规定。依据宪法和民族区域自治法的要求，制定了《国务院实施〈中华人民共和国民族区域自治法〉若干规定》，进一步明确了上级国家机关履行帮助职责的特别措施，各民族自治地方的上级国家机关也制定了相应规定。

《民族区域自治法》第八条规定："上级国家机关保障民族自治地方的自治机关行使自治权，并且依据民族自治地方的特点和需要，努力帮助民族自治地方加速发展社会主义建设事业。"从语法逻辑结构来看，这一规则规定了上级国家机关在处理民族自治地方政府的关系时应承当保障自治权的行使和帮助民族自治地方发展两个方面的职责。作为宪法意义上的地方权力，自治权属于行动权即必须作为，是自主做出、积极做出或必须做出的一定行为的能力与资格。如果不作为或消极作为在法律上是不允许的。尤其是在与本地区的社会主体的关系上，自治权是一种权力。权力强调的是"支配性"，从行为结果上看，权力行为的相对方职能承受行为的结果，但也拥有监督自治机关是否依法有效行使自治权的职责和权力。在与上级国家机关的关系上，自治权是一种权利。权利强调的是"自主性"，权利行为的相对方则应尊重权利主体的行为。而且，作为一种权利，权利主体是否行使权利，义务人都无权干涉。在这个意义上，上级国家机关无权干涉自治机关如何行使自治权，其领导和监督的范围应限于自治机关是否依法行使自治权。可见，与自治权相对应的上级国家机关的职责包括监督自治权是否合法行使的积极义务和尊重合法行使自治权行为的消极义务两个方面。就此意义而言，如果上级国家机关为履行帮助职责在征求自治机关意见的基础上制定和实施优惠政策，是与民族区域自治法的要求相符的。

（四）民族自治地方的建立

1. 民族自治地方的类型

民族自治地方是指根据宪法和法律规定实行区域自治的一个或多个少数民族聚居的地方：其一，从行政建制上看，我国的民族自治地方，根据宪法和民族区域自治法的规定，可以分为自治区、自治州和自治县。自治区是与省、直辖市平行的行政区域单位，是我国最高行政级别的民族自治地方。自治州是与设区、县的市平行的行政区域单位，其地位介于省与县之间，属于市级行政区，为第二级行政单位。自治县市旗是与县平行的行政区域单位，是我国最低行政级别的民族自治地方。考虑到历史习惯，在内蒙古自治区采取了以自治旗代自治县的名称，自治旗行政地位相当于县，为县级行政区。其二，按照民族数量划分，民族自治地方可分为单一民族自治地方和多个民族联合实行区域自治的民族地方。前者如西藏自治区、宁夏回族自治区、吉林省延边朝鲜族自治州等。在这类民族自治地方内，虽是以一个少数民族为实行区域自治的自治民族，但也包括相当数量的汉族或其他少数民族人口。后者如贵州省黔东南苗族侗族自治州，是苗族和侗族在黔东南联合建立的自治州；广西壮族自治区龙胜各族自治县，是多个民族在龙胜联合建立的自治县。后一种情况的主要特点是多个民族联合自治。这类民族自治地方，一般也有自治民族以外的其他少数民族和汉族人口居住。其三，按照内部区域构成划分，民族自治地方可分为区域内不含有其他少数民族自治地方和区域内含有其他一个或多个少数民族建立的民族自治地方。前者如西藏自治区、宁夏回族自治区。后者如在广西壮族自治区有都安瑶族自治县、融水苗族自治县、隆林各族自治县等其他少数民族建立的自治地方。

2. 民族自治地方的法律地位

民族自治地方的法律地位，是指宪法和法律规定的民族自治地方的行政区域级别及其职权范围大小。根据宪法和有关法律的规定，民族自治地方的法律地位表现为以下三方面：其一，各民族自治地方都是中华人民共和国不可分割的组成部分。我国的民族自治地方是国家统一领导下的地方行政区域，民族自治地方不是"民族领土"的概念，而是指少数民族人口占有一定比例的各民族杂居地区，不是"独立自治"或"半独立状态的自治邦"。其二，民族自治地方是我国一定级别的行政区域，具有一定级别的地方国家机关的权力。自治区的自治机关享有同省、直辖市相同的地方国家机关的权利，自治州享有与设区（县）的市相同的地方国家机关的权力，自治县（旗）享有与县相同的地方国家机关的权力。其三，民族自治地方是不同于一般行政区域的特殊行政区域。根据宪法规定，民族自治地方的自治机关除行使宪法规定的地方国家机关的职权外，同时依照宪法、民族区域自治法和其他法律规定的权限行使自治权，根据本地方实际情况贯彻执行国家法律、政策。

3. 建立民族自治地方的条件

《民族区域自治法》第十二条规定："少数民族聚居的地方，根据当地民族关系、经济发展等条件，并参酌历史情况，可以建立以一个或者几个少数民族聚居区为基础的自治地方。"同时在程序层面，《民族区域自治法》第十四条规定："民族自治地方的建立、区域界线的划分、名称的组成，由上级国家机关会同有关地方的国家机关，和有关民族的代表充分协商拟订，按照法律规定的程序报请批准。"《宪法》第六十二、八十九条对此已作出了明确规定，即由全国人民代表大会批准自治区的建置，国务院享有建立自治州、自治县的批准权。

（五）民族自治地方的国家机关

1. 民族自治地方的自治机关

民族自治地方的自治机关是自治区、自治州、自治县的人民代表大会和人民政府，其主要遵循的组织原则是民族集中制和行政首长负责制。自治区、自治州、自治县的人民代表大会是民族自治地方的国家权力机关，是民族自治地方行使自治权的最重要组织形式。它代表民族自治地方的各族人民，行使地方国家权力机关的职权，并通过行使自治权来实现自主管理本地方各民族内部事务的权利。而民族自治地方的人民政府是本级人民代表大会的执行机关，对本级人民代表大会和上一级国家机关负责并报告工作，在本级人民代表大会闭会期间，对本级人民代表大会常务委员会负责并报告工作。在职权范围内，它依法行使行政自治权。具体而言，根据宪法与民族区域自治法的相关规定，自治机关负有以下五个方面的特定职责：其一，维护国家与民族法制的统一。其二，发展民族经济，保障民族生存权和发展权。其三，发展民族文化，建设有民族特点的社会主义精神文明。其四，维护和发展平等、团结、互助、和谐的社会主义民族关系。其五，保障本地方各民族使用和发展自己的语言文字的自由、保持或改革本民族风俗习惯的自由以及宗教信仰自由等权利。

2. 民族自治地方的司法机关

民族自治地方的司法机关是指民族自治地方的人民法院和人民检察院，它与民族自治地方的立法机关和行政机关共同组成本地方的国家机关。在性质上，民族自治地方的司法机关与一般地方行政区域的司法机关是相同的，并且其在法律性质上不同于民族自治地方的立法机关和行政机关。根据宪法和人民法院组织法规定，民族自治地方的人民法院分为基层人民法院、中级人民法院、高级人民法院。根据宪法和人民检察院组织法规定，民族自治地方的人民检察院分为自治区人民检察院，自治区人民检察院分院，自治州人民检察院，自治县人民检察院，自治区和自治州行政区域内的县、市和市辖区人民检察院。关于民族自治地方人民法院和人民检察院的人员构成，民族区域自治法作了不同于一般地方的特别规定。《民族区域自治法》第四十六条第三款规定："民族自治地方的人民法院和人民检察院的领导成员和工作人员中，应当有实行区域自治的民族的人员。"这是民族自治地方人民法院和人民检察院组织工作中的一个特殊要求。同时，作为国家的司法机关，民族自治地方的人民法院和人民检察院必须同一般地方的人民法院和人民检察院一样，坚持贯彻宪法和法律所规定的各项司法原则，主要包括依照法律规定独立行使审判权和检察权的原则，公民在适用法律上一律平等的原则，实事求是、走群众路线的原则等。除此之外，民族自治地方的人民法院和人民检察院还应特别注意贯彻以下两项工作原则：一是在适用法律上，坚持法制的统一性和依法兼顾民族自治地方特殊性的原则；二是保障各民族公民都有权使用本民族语言文字进行诉讼的原则。

（六）自治机关的自治权

1. 自治权的主体、内容与客体

民族区域的自治权具有宪法、立法法、民族区域自治法等多项法律依据。其主要由三个要素构成：其一，行使自治权的主体。民族自治地方的自治机关是行使自治权的主体，包括自治区、自治州、自治县的人民代表大会和人民政府。由自治机关行使自治权，是由民族区域自治这个宪法基本政治制度所决定的。自治机关在行使自治权时虽然有其自主性，但仍是国家的一级地方政权机关。其二，法定的自治权内容。自治权的内容所涉及的范围，是根据本民族的内部事务和本地方的内部事务所设定的，并且具有权利和义务的性质。即自治机关行使的自治权，既是自治机关所享有的一种权力和一种职责，又是自治机关行使的一种权利和特定义务。自治权的权利属性是指，自治权是依法取得并受法律保护的权利，是一个区域内各民族享有的权利且表现出特殊性和不可转让性。自治权的义务属性是指，自治权主体必须遵守法律规定，积极、充分、有效地行使其所享有的自治权。具体而言，根据宪法和民族区域自治法的相关规定，自治机关自治权主要包括立法自治权、人事与人才管理自治权、财政与财税管理自治权、经济管理自治权、科教文卫管理自治权，治安管理自治权，语言文字选择使用权，获得国家帮助权以及社会事务管理自治权等。其三，实施自治权的客体。民族区域自治权的客体，除了行为和物质以外，还包括本民族内部事务和本地方内部事务的集中表现。具体而言是指自治机关依照宪法和法律实行的制定自治条例和单行条例等的立法行为、经济管理行为、财政管理行为、文化管理行为、人事管理行为和组织公安部队等行为。

2. 自治权行使的原则与方式

在一般原则层面，自治机关自治权的行使必须坚持民主原则、法治原则、监督原则和责任原则。对此民族区域自治法规定了聚居少数民族在自治机关必须有一定比例的代表、自治机关首长由实行区域自治民族的公民担任、自治机关尽量配备少数民族干部等。同时，从当前推进全面依法治国的整体目标来看，法治原则要求一切权力机关应当按照宪法和法律办事，要求一切权力的运行必须接受监督，做到有权必有责、权责相匹配。因此，各级政府，包括自治机关在内，不得法外设定权力，没有法律法规依据不得作出减损公民、法人和其他组织合法权益或者增加其义务的决定。在特殊原则层面，自治机关行使自治权要坚持维护国家统一与维护民族平等原则。为此《民族区域自治法》第五、九、十、十一条相继明确规定了民族自治地方的自治机关必须维护国家的统一，实现各民族在政治、经济、社会和文化等领域的平等。

在自治权的行使方式层面，依据宪法和相关法律的规定，民族自治地方行使自治权的方式主要包括三类：第一，民族自治地方的人大（及其常委会）通过立法的方式行使自治权；第二，民族自治地方的人民政府通过执法的方式行使自治权；第三，民族自治地方的司法机关通过适用自治法规和在司法过程中协调国家法与民族习惯的方式间接行使自治权。

（七）民族自治地方内的民族关系

《民族区域自治法》贯彻宪法精神，在序言中提出要发展"平等、团结、互助的社会主义民族关系"，并在具体条文中进行全面阐释和规定。《国务院实施〈中华人民共和国民族区域自治法〉若干规定》也强调要"巩固和发展平等、团结、互助的社会主义民族关系"，并在具体条文中作出进一步明确规定，以细化《民族区域自治法》的可操作性。

由此可见，《民族区域自治法》规定的民族自治地方内民族关系的内容，主要体现在民族平等、民族团结和民族互助三个方面。首先，《民族区域自治法》第四十八条规定："民族自治地方的自治机关保障本地方内各民族都享有平等权利。"民族平等即各民族在政治、经济、社会、文化、生活等方面都享有同等的权利，承担同样的义务，它的对立面是民族歧视与民族特权。民族平等是马克思主义民族观的核心和主要内容，得到了当今国际社会的普遍认同，也是《民族区域自治法》所明确规定的民族自治地方内民族关系的主要内容之一。其次，《民族区域自治法》第九条指出，要"禁止破坏民族团结和制造民族分裂的行为"。根据宪法、民族区域自治法、刑法等相关法律法规的规定，实现民族团结需要做到以下四个方面：第一，禁止破坏民族团结和制造民族分裂行为。第二，反对大民族主义（主要是大汉族主义）和地方民族主义倾向。第三，中华人民共和国公民要履行维护民族团结的法定基本义务。第四，国家机关要肩负起维护民族团结的重大责任。最后，《民族区域自治法》第九条专门规定："上级国家机关和民族自治地方的自治机关维护和发展各民族的平等、团结、互助的社会主义民族关系。"具体包括三个方面：一是国家和上级国家机关对民族自治地方的帮助；二是实行民族区域自治的民族对未实行民族区域自治民族的帮助；三是各民族成员个体之间的相互帮助。

（八）上级国家机关职责

《民族区域自治法》第八条明确规定："上级国家机关保障民族自治地方的自治机关行使自治权，并且根据民族自治地方的特点和需要，努力帮助民族自治地方加速发展社会主义建设事业。"2001年2月28日修改后的《民族区域自治法》，将"上级国家机关的领导和帮助"一章修改为"上级国家机关的职责"，强化了上级国家机关帮助民族自治地方加快发展的法律责任。《民族区域自治法》规定的"上级国家机关"，是指民族自治地方的自治机关的上级国家权力机关和国家行政机关。并且，这里的"上级"并不仅限于"上一级"。不同层级包括自治区、自治州、自治县的民族自治地方，其上级机关有所不同。

1. 上级国家机关的职责内容

根据民族区域自治法的规定，上级国家机关应当承担的职责主要包括五个方面：其一，在加强政治建设方面。主要表现为保障各民族及其公民的平等权利和其他基本权利。其二，在加强经济建设方面。主要表现为加大对民族自治地方的财政转移支付，加大对民族自治地方经济发展的金融支持和财政优惠，扶持民族自治地方的民族贸易和对外贸易，制定国民经济和社会发展计划应照顾民族自治地方的特点和需要，根据民族自治地方的资金需求制定和实施投资优惠政策，组织、支持和鼓励发达地区对民族自治地方的对口支援以及优先安排民族自治地方的资源开发（并给予一定的利益补偿）。其三，在加强文化建设方面。要扶持民族教育事业的发展，帮助民族自治地方发展民族传统文化，帮助民族自治地方发展科学技术产业。其四，在加强社会建设方面。要加大对民族自治地方贫困地区的扶持力度，帮助民族自治地方发展医疗卫生、体育事业以及完备的社会保障体系。其五，在加强生态建设方面。要把民族自治地方的重大生态平衡、环境保护的综合自治工程项目纳入国民经济和社会发展计划，要加快构建生态补偿和监督机制。

2. 上级国家机关职责的履行

根据宪法、民族区域自治法、地方组织法的规定，上级国家机关履行职责的具体方式主要包括：一是全国人大及其常委会对宪法中有关民族的规定实施监督和解释，对民族区域自治法实施监督和解释以及必要时候的修改和完善。二是自治区和辖有自治州、自治县的省、直辖市的人大及其常委会在本行政区域内，保证宪法、法律、行政法规中有关规定和上级人大及其常委会相关决议的遵守和执行。三是全国人大常委会对自治区的自治条例和单行条例的立法指导和批准。辖有自治州、自治县的省、直辖市的人大常委会对自治州、自治县的自治条例、单行条例的立法指导和批准。四是国务院领导和管理民族事务，保障少数民族的平等权利和民族自治地方的自治权利。国务院及领导所属各工作部门和下级人民政府的工作的有关部门在职权范围内，为实施民族区域自治法分别制定行政法规、规章、具体措施和办法。五是省级人民政府、设区的市及自治州人民政府执行本级人大及其常委会的有关决议，以及上级国家行政机关的决定和命令，规定行政措施，发布决定和命令。保障少数民族的权利和尊重少数民族的风俗习惯，帮助本行政区域内各少数民族聚居的地方依照宪法和法律实行区域自治，帮助各少数民族发展政治、经济和文化的建设事业。

（九）民族区域自治法的实施保障

民族区域自治法是实施宪法规定的民族区域自治制度的基本法律，担负着维护国家统一稳定和保障民族自治地方合法权益，加强各民族交往交流交融，促进各民族和睦相处、和衷共济、和谐发展，巩固和发展平等团结互助和谐的民族关系，共同实现中华民族伟大复兴的重任。只有有效贯彻和实施民族区域自治法，才能充分发挥民族区域自治制度的积极功能，妥善处理民族问题，实现民族区域自治法的立法宗旨和目的。

1. 民族区域自治法实施的立法保障

从影响和制约民族区域自治法实施效果的因素来看，为加强民族区域自治法实施的立法保障，应重点解决两个方面的问题：一是民族区域自治法自身的修改完善问题；二是配套法规的完善问题。为有效推进法律的修改完善和配套法规建设，全国人大及其常委会通过宪法、立法法和民族区域自治法等法律规定，建构了一个由法律修改、法律解释和配套立法构成的立法保障机制。

2. 民族区域自治法实施的监督保障

监督保障机制主要包括执行监督和争议裁决两大方面。执行监督的内容是监督客体为执行民族区域自治法的规定而实施的具体行为，以及除规范性法律文件之外的抽象行为的合法性。具体包括以下几类行为，即全国人大及其常委会，国务院，国务院有关部门，省级人大及其常委会、辖有自治县的地级市人大及其常委会，省级人民政府、辖有自治县的地级市人民政府，民族自治地方人大及其常委会、人民政府，各级人民法院、人民检察院依据法定职责各自实施的行为。而在争议裁决方面，民族区域自治法实施中的法律争议，主要存在于上级国家机关与自治机关之间，并且主要是其他法律、法规、规章与民族区域自治法的冲突，因此，此类争议主要应由全国人大常委会进行裁决。

扫码查询本讲法律

中华人民共和国全国人民代表大会组织法

中华人民共和国国务院组织法

中华人民共和国地方各级人民代表大会和地方各级人民政府组织法

中华人民共和国人民法院组织法

中华人民共和国人民检察院组织法

中华人民共和国全国人民代表大会和地方各级人民代表大会选举法

中华人民共和国立法法

中华人民共和国民族区域自治法

常见宪法问题

第五讲
CHAPTER 5

为更加充分地理解宪法在实际生活和政治实践中的多维应用，除了掌握宪法原理与宪法结构等理论外，也应了解宪法惯例、宪法宣誓、宪法与党章的关系、中国自主的宪法学话语体系等其他宪法问题。同时，通过对宪法案例的深入研究与分析，我们可以更为生动、准确地适用宪法原则，深刻领悟宪法精神，做习近平法治思想的坚定信仰者、积极传播者、模范实践者。

一 宪法惯例

宪法惯例是宪法的重要组成部分，对一国宪法的演进具有深远影响。在不成文宪法国家，宪法惯例是不成文宪法的重要渊源。在成文宪法国家，宪法惯例对宪法典起着重要的补充和完善作用，与宪法判例、文本宪法一起共同规范着整个社会中最根本、最本质的法律关系。

（一）宪法惯例的内涵

1. 不同类型国家对宪法惯例内涵的界定

全球各国的政治实践都提供了宪法惯例形成的土壤和条件，考虑到宪法惯例是一种不成文的宪法形式，在不成文宪法国家和成文宪法国家效力的差异性，并以此对宪法惯例内涵进行全面性界定。

（1）不成文宪法国家对宪法惯例内涵的界定

以最为典型的不成文宪法国家——英国为例，沿袭时间线索，重点介绍三位英国学者戴雪、詹宁斯、马歇尔的观点。

宪法惯例（conventions of the constitution），最早由英国著名宪法学者戴雪（A.V. Dicey）提出。他在《英宪精义》中对宪法惯例的定义被奉为经典："在英格兰，构成宪法的规则包括两套原则和准则。一套是严格意义的法律，可以在法院实施，既有成文的，也有不成文的，既有制定法，也有从诸多习惯、传统或法官造法衍生出来的普通法。为区别起见，这类规则统称为宪法法律；另一套包括惯例、默契、习惯和通例。它们对主权权力的成员、阁员和其他官员的行为有拘束力，但实际上不是法律，因为无法在法院实施。这类规则可称作宪法惯例或宪法道德（或叫政治伦理）。"① 戴雪在定义中以"是否经由法院认可和被实施"来区分"宪法性法律"和"宪法惯例"，这一观点后来被其他学者所反驳。尽管如此，戴雪对宪法惯例内涵的阐述仍然获得了后世学者的广泛认可。

但是，宪法学所研究的并非只是具有法律性的原则、规范及概念，它更应关注"活的宪法"——实际社会政治生活中的宪法，比如国家权力的实际分配与运作等。秉持规范主义立场的戴雪人为地割裂了宪法学与相关学科，如政治学、宪法史学等的联系，使其成为孤立的学科，并将一切非法律性的因素从宪法学的领域中剔除出去。这就决定了戴雪的宪法学说是带有先天的不足的。②

生于1903年的宪法学者詹宁斯（W. Ivor Jennings）成长于世界大战、经济危机和政治动荡的环境，其偏向于功能主义，提高了宪法惯例在宪法中的地位。关于如何鉴别一个宪法惯例的存在或一个实践属

---

① 戴雪：《英宪精义》，雷宾南译，中国法制出版社2001年版，第132页。
② 陈道英：《宪法惯例：法律与政治的结合——兼谈对中国宪法学研究方法的反思》，载《法学评论》2011年第1期。

于宪法惯例学者，他提出了三步判断标准：一是对于该实践，是否存在先例；二是那些遵守先例的人是否认为他们这么做是因为受到了约束，就像受到规则的约束一样；三是对于该先例，是否存在理由。[1]同时，他认为"只陈述'法律'而没有惯例的宪法是怪诞的，只承认教会和议会但不承认行政各部和内阁的一部宪法是荒唐的"[2]。他指出在政治实践中会出现对政府继任者形成某种约束的各种习惯，倘若以非法律的形式表现出来通常就是惯例。"它们充实丰富了空洞法律框架，使宪法得以发挥功能，并使宪法与思想观念的发展保持联系。"[3]詹宁斯立足于实践，宪法惯例已然构成英国宪法基础，将其排除在宪法学之外违背了客观事实。然而，"物极必反"，詹宁斯主张在性质上"宪法惯例是法"[4]的辩护难免过为已甚。

宪法学者杰弗里·马歇尔（Geoffrey Marshall）则是"站在巨人的肩膀上"，于1984年出版《宪法惯例》，体系化地论述了"宪法惯例"。一是扩展了宪法惯例的范畴。戴雪将惯例囿于王室特权的行使，惯例的主要目的是为确保这些权力为大臣所用并统一于代议制政府基本原则。马歇尔列举"内阁和首相之间的关系，作为整体的政府和议会之间的关系，议会之中上议院和下议院之间的关系，大臣和公

---

[1] 詹宁斯：《法与宪法》，龚祥瑞、侯健译，生活·读书·新知三联书店1997年版，第92页。
[2] 同上注，第50页。
[3] 同上注，第56页。
[4] 詹宁斯证明"宪法惯例是法"的主要论据是：（1）宪法惯例与法律具有千丝万缕的联系；（2）宪法惯例与立法的界限并非清晰；（3）宪法惯例与法律一样都是得到人们的"默认"的，受到普遍的遵循。显然前两点并不能证明宪法惯例即是法律；第3点虽然指出了宪法惯例与法律的共通之处，但"普遍的默认与遵循"是否就是法律区别于其他事物的本质特征呢？显然不是。道德为我们提供了一个具有说服力的反例。参见陈道英《宪法惯例：法律与政治的结合——兼谈对中国宪法学研究方法的反思》，载《法学评论》2011年第1期。

务员之间的关系，大臣和司法机关之间的关系，联合王国和联邦成员之间的关系"①等例子，证明了惯例的广泛性。二是宪法惯例的义务性质。不同于戴雪和詹宁斯，他突破性地认定宪法惯例的约束力，指出"我们不需要任何特殊或特有的解释去说明政治道德规则的遵守"②。简言之，宪法惯例具有强制性，无须探求得以遵守的原因。那么，在界定宪法惯例的内涵时，就需确保宪法惯例是具体的且于实践中被切实遵循的。

（2）成文宪法国家对宪法惯例内涵的界定

成文宪法国家也存在着不成文的宪法惯例。德国作为典型成文宪法型国家，在其政治实践中存在着丰富的宪法惯例。德国宪法典中的"任意宪法"就是指这种不成文形式的宪法，意味着它具有一定的灵活性，能够随时适应政治环境和政治关系的变化。也正是因为宪法惯例本身具有适时变化的特点，与成文法律文件严格修改程序的情况截然不同，违反这些"任意宪法"并不会被认定违法。美国拥有明确的成文宪法，其政治实践中也存在大量的宪法惯例——美国的两党制度和国会允许旁听等惯例即为明证。

2. 我国宪法惯例的内涵分析

我国的宪法学者早已对宪法惯例的概念进行探讨，在基于国情特征的前提下，汲取了西方对此定义的合理部分，特别强调了宪法惯例的动态和实践特征。

马起华采用集合概念，指出宪法惯例是"有关基本的政治及宪

---

① Geoffrey Marshall, *Constitutional Conventions: The Rules and Forms of Political Accountability*, London: Oxford University Press, 1984, P.6.

② Geoffrey Marshall, *Constitutional Conventions: The Rules and Forms of Political Accountability*, London: Oxford University Press, 1984, P.6.

法事项的一些格言（maxims）、信条（precepts）、常规（practices）、习惯（customs）、先例（precedents）、谅解（understandings）及权变（expediency）。惯例不是法律，而是一种非法律规范和惯行。"①赵喜臣指出："宪法惯例是一些国家长期形成的并得到国家认可的，与宪法具有同等效力的习惯或传统。"②孙丙珠则强调宪法惯例形成的"历史原因"，指出"宪法惯例是指某些政治制度和原则，最初不是由法律明文规定的，而仅仅是由于一些历史原因而形成的事实，逐渐形成一种惯例并为国家认可，赋予法律效力"③。蒋碧昆强调公众认可，主张"宪法惯例是一个国家在长期的政治实践中形成的涉及社会制度根本问题，并由公众认可且具有一定约束力的习惯和传统"④。董和平、韩大元、李树忠、徐秀义均强调宪法惯例形成于"长期的政治实践"，内容与"制度有关"，被"国家、公众承认""有一定约束力"的"习惯和传统的总和"。⑤

总的来看，虽然宪法惯例的具体内涵与实际地位在不同国家不尽一致，但在对其内涵进行界定时，有几个共性特征：

一是主体的有限性与时间的长期性。宪法惯例是由特定主体（尤其是依循西方国家宪法惯例的形成路径，其创设主体往往局限于国家中

---

① 马起华：《政治学原理》（上），大中华图书公司1986年版，第229页。
② 赵喜臣：《宪法学词典》，山东大学出版社1989年版，第699页。
③ 孙丙珠：《西方宪法概论》，中国政法大学出版社1989年版，第5页。
④ 蒋碧昆：《宪法学》，中国政法大学出版社1994年版，第37页。
⑤ 具体内容如下："宪法惯例是指在长期的政治实践中逐步形成的，以弥补或变更宪法制度为内容的，为国家和社会公众普遍承认从而具其连续的、稳定的、普通约束力的政治习惯和传统。"参见董和平、韩大元、李树忠《宪法学》，法律出版社2000年版。"宪法惯例是一个国家的统治阶级在长期的政治实践中形成的，不具有具体的法律形式，不为法院适用，其内容涉及到有关国家制度和社会制度的基本问题并为国家认可，由公众普遍承认，具有一定约束力的习惯和传统的总和。"参见徐秀义、韩大元《现代宪法学基本原理》，中国人民公安大学出版社2001年版，第302—311页。

央机关的活动及政治领袖的言行,并非任一机关随意创设)在长期的实践中反复检验,特别是政治实践中产生的某种行为习惯,这种习惯通常具有规则特性。

二是内容的重要性。宪法惯例大多涉及国家大政方针,关乎一国政治、经济、社会等制度的重大问题。实质内容的重要性决定了宪法惯例与一般的商业惯例或政治习俗有所不同。宪法惯例涉及内容的根本性也赋予了其较高的权威性。

三是形式并非成文法。与宪法典以及宪法性法律的表现形式不同,宪法惯例通常以不成文法的形式存在,即并非具体法律规范,常以政党、政府机构的会议决议、纲领性文件等形式出现。

四是具有合宪性。宪法惯例的出现、形成与宪法紧密相关,既符合当时的政治实践需要,也要在内在价值上符合宪法的精神原则,不是随意赋予其属性和标签,方能使得宪法惯例获得政治群体和普通民众的认可。它与普通意义上的政治道德、政治习惯等绝不能混为一谈。丧失了"合宪法性"的惯例,可能仍然是政治惯例,却无法再成为宪法惯例。

五是具有事实约束力。不同于法律效力,事实约束力是"准法律效力",存在着强制性和过渡性因素。只不过,宪法惯例的强制性并非法律规范的国家强制力,而是通过政治影响力以及社会舆论作用力对政治精英、政治团体和政府产生事实上的约束力,使得政治实践依循宪法方向。过渡性则是指宪法惯例可能通过国家认可而被纳入到宪法规范,由事实约束力转变为法律强制力。

因此,基于以上共识,可在某种程度上总结,宪法惯例是特定主体通过长期的政治实践而形成的,内容涉及国家制度、社会制度等方面的重大事项，具有内在合宪性，对该国的政治实践具有约束力的，并被公众广泛认同的习惯和传统的总和（通常是"一种具有规范意义的行为方式和行为准则"[①]）。

（二）宪法惯例形成的主要路径

宪法惯例的形成具有深刻的历史背景和现实依托，产生都是由于客观的社会现实和政治需求驱动的。它不仅是历史进程的产物，还是对现实政治生态的响应。具体来看，宪法惯例形成主要有以下路径。

第一，政党斗争。在日常的国家治理和政治操作中，一些重复的行为模式和决策流程最终会固化成为普遍接受和遵守的规范，这种由实践推动的逐步形成过程体现了宪法惯例的动态性和适应性。最为"激烈"的政治实践便是政党斗争。现代政治是政党政治国家更替、政府构成、政府决策都与政党活动息息相关。通过政党斗争而形成的宪法惯例广泛流行于英美等国。例如，在"两党制"发源地的英国，1742年形成的"内阁失去议会众议院信任应辞职"的宪法惯例即是当时执政的辉格党和在野的托利党之间斗争的产物。进入20世纪之后，英国开始了工党和保守党轮流执政的时期，两党在竞选中形成了"影子内阁"的宪法惯例，即"竞选失利的议院第二大党退居为反对党，组成'影子内阁'，为下届选举作准备，并监督政府当局的行为"[②]。再如，美国宪法并没有规定政党与选举的关系，但事实上，美国总统的选举都

[①] 卓力雄：《我国现有的宪法惯例探析》，载《广西政法管理干部学院学报》2016年第2期。

[②] 王邦佐等主编《新政治学概要》，复旦大学出版社1998年版，第192页。

是由民主、共和两党所操纵的。由于现代各国一般都有政党且其活动一般围绕执掌政权展开，因而以政党斗争的方式形成宪法惯例普遍存在于各资本主义国家之中。[①]

第二，领袖人物的言行。国家元首、政府首脑及政党领袖在一国的政治生活中往往扮演着十分特殊的重要角色。个人的重要言行一旦为后人所反复遵循，有时也能形成某些宪法惯例。比如，1939年罗斯福总统根据《政府机构组织法》建立了由总统亲信、助手等组成的总统办事机构，从而形成了"总统自行组织办事机构"的宪法惯例。

第三，中央国家机关的活动。中央立法、行政及司法机关都可以通过自身的活动形成某些宪法惯例。例如，英国议会在长期的政治活动中形成了"下院每年至少举行一次会议""会议采取三读程序"等宪法惯例。美国联邦最高法院则以判决的形式确立了自身的违宪审查权。[②]

（三）我国宪法惯例的类型

在探讨我国宪法惯例的存在性问题时，绝大部分学者持有肯定态度。然而，关于具体存在哪些宪法惯例，学术界的意见则呈现出较大的分歧。不同学者对于宪法惯例的界定、范围及其具体内容的看法有异，导致了对我国宪法惯例具体实例的认定上存在着广泛的讨论和不一致的观点。这种分歧在一定程度上反映了宪法学研究中对于理论与实践结合的复杂性，同时也突显了进一步深化宪法实践与理论研究的

[①] 章志远：《宪法惯例的理论及其实践》，载《江苏社会科学》2000年第5期。
[②] 同上注。

必要性。

1. 中国共产党的领导维度

中国共产党领导是中国特色社会主义最本质的特征。新中国成立之初，宪法就明确了中国共产党的领导地位。党的领导是全面、系统、整体的，坚持我们党总揽全局、协调各方的领导核心作用，确保我国社会主义现代化建设正确方向。党在领导全国各族人民尊崇并践行宪法的伟大历程中，逐渐形成了一系列宪法惯例。

第一，中共中央通过向全国人民代表大会提出建议案的方式，将党的路线、方针、政策主张转化为国家意志，进而贯彻执行。自党的十八大以来，通过人民代表大会来落实国家政策方针这一惯例日益加强。第二，党的中央全会在人民代表大会之前召开。党的中央全会每年秋天召开，决定这一年或接下来一年或未来几年关于党和国家的重大事项。涉及国家的重大事项，则在次年由人大通过法律的形式将其上升为国家意志。这是党对国家的领导的重要形式，会议召开时间也成为一种惯例。第三，《宪法》第六十四条第一款规定："宪法的修改，由全国人民代表大会常务委员会或者五分之一以上的全国人民代表大会代表提议，并由全国人民代表大会以全体代表的三分之二以上的多数通过。"但实践中，我国五分之一以上的代表（近600名）联名提出修宪建议不具可行性，且人大会议会期短、任务多等客观因素，加剧了实现难度。历史上，在制定1954年《宪法》时，中共中央首先提出宪法草案初稿，然后以毛泽东为首的宪法起草委员会在该草案基础上，组织讨论修改，最后再向人大提出宪法草案。从此，形成了中共中央向人大常委或人大提出修宪建议，再由人大对其表决通过的惯例。如此一来，既符合了宪法规定与宪法精神，又满足了可操作性的要求。①第四,《宪法》第九十三条第一款规定:"中华人民共和国中央军事委员会领导全国武装力量。"该条款表明了中国共产党对中国人民解放军实行绝对领导和直接领导,这一惯例是中国共产党军队建设理论的主要原则。

2. 人民代表大会的维度

《宪法》第五十七条规定:"中华人民共和国全国人民代表大会是最高国家权力机关。它的常设机关是全国人民代表大会常务委员会。"第六十二条明确了全国人民代表大会行使的职权②,诸如修宪权、立法权等。为了更有效地行使宪法所赋予的职权,确保贯彻落实宪法精神,全国人民代表大会在多年的实际运作中逐步发展并形成了若干宪法惯例。以两个程序上的惯例为例:

一是在提出宪法修正案的草案之前,全国人民代表大会常务委员会要征询专家意见,以确保草案的准确性和实用性。在草案形成后,人大常委会进一步向社会公开发布,开放给公众参与讨论,广泛征集全国范围内的意见,旨在加强民主参与和透明度的过程。这一惯例就

---

① 卓力雄:《我国现有的宪法惯例探析》,载《广西政法管理干部学院学报》2016年第2期。
② 《宪法》第六十二条:"全国人民代表大会行使下列职权:(一)修改宪法;(二)监督宪法的实施;(三)制定和修改刑事、民事、国家机构的和其他的基本法律;(四)选举中华人民共和国主席、副主席;(五)根据中华人民共和国主席的提名,决定国务院总理的人选;根据国务院总理的提名,决定国务院副总理、国务委员、各部部长、各委员会主任、审计长、秘书长的人选;(六)选举中央军事委员会主席;根据中央军事委员会主席的提名,决定中央军事委员会其他组成人员的人选;(七)选举国家监察委员会主任;(八)选举最高人民法院院长;(九)选举最高人民检察院检察长;(十)审查和批准国民经济和社会发展计划和计划执行情况的报告;(十一)审查和批准国家的预算和预算执行情况的报告;(十二)改变或者撤销全国人民代表大会常务委员会不适当的决定;(十三)批准省、自治区和直辖市的建置;(十四)决定特别行政区的设立及其制度;(十五)决定战争和和平的问题;(十六)应当由最高国家权力机关行使的其他职权。"

必须溯及"制宪时刻"——1954年《宪法》的制定。"五四宪法"是中国历史上第一部人民自主制定出的民主宪法。在正式颁布之前，先将宪法草案通过《人民日报》向社会公布，发表了在全国人民中广泛展开讨论宪法草案的社论，向全国征求意见，最后根据民众意见进一步修改，最终形成了1954年《宪法》。这场轰轰烈烈的全民讨论持续近3个月，共有1.5亿多人参加，全国人民提出的修改和补充意见，经整理后共计118万余条。[①]新中国成立后的修宪，提前向社会征求意见已逐渐成为一项宪法惯例。这种做法确保了修宪活动的透明度和广泛参与，增强了宪法修改的民主性和合法性。

二是人大常委会审议法律草案，至少经两次讨论后方能表决。1983年人大常委会在审议《海上交通安全法》时，因会议期间存在重大分歧，延至第二次会议才审议通过，至此"两读通过"成为宪法惯例。[②]

3. 中国共产党领导的多党合作和政治协商的维度

中国共产党领导的多党合作和政治协商制度，是中国法治体制的基础。[③]中国共产党领导下的多党合作和政治协商在宪法的框架内形成了一些宪法惯例。

例如，在会议时间上，政协会议和人大会议通常在每年3月份召开，称为两会。自1954年《宪法》正式施行后，全国人民代表大会召开第一次会议后，政协从建国初的代行人大职权改为中国最广泛的爱国统一战线组织继续发挥参政议政功能。自1959年起，政协会议和人

[①] 许崇德：《中华人民共和国宪法史》，福建人民出版社2003年，第234—235页。

[②] 卓力雄：《我国现有的宪法惯例探析》，载《广西政法管理干部学院学报》2016年第2期。

[③] 强世功：《中国宪法中的不成文宪法——理解中国宪法的新视角》，载《开放时代》2009年第12期。

大会议开始同期召开，政协会议先开已成常态。具体来说，1959年政协第一次会议从4月17日持续到29日，而人大会议则从4月18日至28日。政协大会先行召开自此形成惯例。

再如，中国人民政治协商会议作为具有广泛代表性的统一战线组织，虽不同于人大的民意代表机关定位，但实践中在每年的两会期间，所有政协委员都会列席人大会议，即使不具有表决权，通过听取政府和最高人民法院、最高人民检察院的工作报告，发挥了重要的参政议政功能，监督了行政权和司法权。[①]

4. 国家主席的维度

国家主席是我国宪法规定的重要国家机构，依照宪法行使职权。我国实行共产党执政、其他民主党派参政的政党制度，与西方存在诸多不同。我国形成中华人民共和国国家主席由中共中央总书记经全国人民代表大会选举担任的惯例，习惯上中华人民共和国中央军事委员会主席由中国共产党中央军事委员会主席兼任。这样就逐渐形成了由党的总书记兼任党的中央军事委员会主席，并经全国人民代表大会选举担任国家主席和国家中央军委主席的四位一体的宪法惯例。

（四）宪法惯例的效力

从整体维度而言，宪法惯例效力的高低需要基于两种不同宪法体制：在成文宪法体制之下，宪法典在效力位阶上居于无可置疑的最高地位，因而宪法惯例的效力普遍低于成文宪法典；而在不成文宪法体制之下，由于宪法惯例本身是该国宪法的重要组成部分，因而其效力

[①] 卓力雄：《我国现有的宪法惯例探析》，载《广西政法管理干部学院学报》2016年第2期。

同宪法性法律一样，要高于普通立法。

若具化到宪法惯例效力的判定，则需应对两个基本问题：其一，考虑到宪法惯例没有具体的法律规范形式，其效力从何而来？其二，既然每项宪法惯例都带有一定的约束力，违反这些惯例是否应当承担特定的责任？是道德责任、政治责任还是法律责任？[①]

1. 宪法惯例的效力来源于社会公众的一致确信

宪法惯例的本质是"惯例"，与法律在形式上明显的区别之处为，惯例并无确切生效或失效的时间，因此，惯例的效力只能通过经验来检验。换言之，惯例的存在与否、效力高低均是实然判断，强调其在事实层面发生规范的作用。而判例又不同于书籍、手机这般的"客观存在物"，它仅仅存在于人的意识当中。基于此，探究宪法惯例的效力根本上还是对人类意识、对人类集体行为的研究。这也就揭示了，为什么某个宪法惯例得到普遍遵守，我们通常感知不到它的存在；当它被违反或者产生争议时，却会带来明显的心理压力。此种"义务感""内心确信"证明了惯例的存在与效力。事实上，不论在何种宪法类型的国家，宪法惯例正是因其经历了长时期连续、普遍的适用，权威获得了社会公众的一致"确信"，"社会信任"让宪法惯例产生了效力，让社会成员均视其为不可逾越的信条。[②]

2. 违背宪法惯例的责任

如上文所述，惯例的约束力源于主体的内心承认。这种承认又源自"协调"的必要。在由惯例确立的长期关系中，各方对彼此均持有一定的预期。若某一方违背了其他方的预期，极可能引发对方的警告

[①] 何永红：《论宪法惯例的基本性质》，载《西南政法大学学报》2022年第6期。
[②] 章志远：《宪法惯例的理论及其实践》，载《江苏社会科学》2000年第5期。

或提醒。[1]因而，个体一般会选择按照先前的相互预期进行行动。所谓"按预期行事"指的是个体在做出行为选择时，既考虑到对方的预期，也期待对方理解并按照自己的预期行动，若违背了"预期"，往往会导致"责任"的产生。

对于责任的性质，若立足于宪法惯例的监督维度，主张对宪法惯例的效力维护主要是来源于政治上的、社会上的监督，而不是法律上的监督，那么，违反宪法惯例仅承担政治上或道德上的责任。若认为"许多惯例具有与法律同等的效力"，那么，违反宪法惯例，还需承担法律上的责任。

通常而言，对违反宪法惯例的处理，仍应结合不同的宪法分类，具体情况具体分析。在不成文宪法国家，由于宪法惯例具有与宪法性法律同等的效力，一旦违反通常需承担法律责任。然而，在成文宪法国家，宪法惯例是否触发法律责任，则需根据其具体内容而定。若某项宪法惯例的内容关系到国家权力的分工及其制约，或者涉及公民基本权利，那么违反该惯例应承担法律责任；若仅涉及具体权力的行使，那么可能只需承担一定的政治责任。因此，为了防止宪法惯例被随意弃置，建立一套分门别类的责任追究机制是必要的。

（五）宪法惯例的作用

由于宪法惯例存在于两种不同的宪法体制国家，其所发挥的作用亦有差异。对于不成文宪法国家而言，宪法惯例被视为该国宪法的直接组成部分，其作用与宪法性法律相同，"看不到宪法惯例及其作用就

---

[1] Colin Turpin & Adam Tomkins, *British Government and the Constitution: Text and Materials*, Cambridge University Press, 2011, pp. 190–191.

会对该国宪法及政治制度形成完全错误的认识"[1]。而在成文宪法国家，宪法惯例的作用自然不同于成文宪法，更多体现在其灵活性上。宪法惯例极强的现实适应性可以弥补成文宪法原则性规范之不足，弥补频繁修宪之痹症，"活化"宪法精神。

1. 补充和完善成文宪法

从立宪的角度看，立宪者主观认识是有限的，社会生活是无限的，成文宪法注定难以尽善尽美。"立法者有时候有一种外行人甚至在今天也常有的想法，希望有一部包含着对法院或法官可能遇到的每一个明确、详细的事态都有明确与详细法规的完整法典。但是全部经验表明，这种想法完全不切实际。与法律秩序的各种限制进行着紧张斗争的无限人类才智、生活环境的无限多样、一切事物都不能避免的变化，以及不断进步的发明和发现都使一套绝对完整的法规无从谈起。"[2]社会生活的变化使得制定宪法不可能一劳永逸，这使得较为灵活的宪法惯例在实际应用中拥有了施展的空间，也在一定程度上确保了成文宪法得以平稳过渡。例如，我国1982年《宪法》确认"个体经济"的合法存在形式后，在此基础上，"私营经济"形式又如雨后春笋般在实践中茁壮成长，并逐渐形成一种例行实践，这就为1988年就私营经济合法化的宪法专门修正案提供了必要的实践土壤与经验材料。

2. 引导宪法发展

宪法惯例是顺应社会实际发展需要而形成的。宪法惯例的创立初期可能是在摸着石头过河，在社会定型和理论完善之前，创立者应时

---

[1] 朱国斌：《中国宪法与政治制度》，法律出版社1997年版，第17页。
[2] 庞德：《通过法律的社会控制》，沈宗灵等译，商务印书馆1984年版，第98页。

代变化发展要求，依照宪法精神可以创立某种先例，经实践检验并逐渐加以完备[①]。因此，宪法惯例通常需要经历长久的时间积淀才能逐渐显现，不易发现也不会破坏良好的宪法秩序，便可以最大限度降低盲目修宪带来的风险以维护宪法稳定。一项成熟的宪法惯例可以引导宪法发展，推进政治生活的可预期性。例如，近十年来，我国形成的"立法吸收法学家的参与""为使人大代表更具代表性，名额分配照顾社会方方面面"等宪法惯例，完善了现行人民代表大会制度的同时，也利于扩大民主、了解民意，推动着国家的政治生活朝着法治化、规范化的方向推进。[②]

3. 促进宪法实施

习近平总书记在首都各界纪念现行宪法公布施行30周年大会上的讲话中指出："宪法的生命在于实施，宪法的权威也在于实施。我们要坚持不懈抓好宪法实施工作，把全面贯彻实施宪法提高到一个新水平。"[③]一项成熟的宪法惯例不仅能够引导并加速宪法理念与法治精神的具体实现，还能为探索具有中国特色的宪法变迁模式积累宝贵经验。最为典型的例子便是实现党的领导方面。中国共产党是我国的执政党，"党政军民学、东西南北中，党是领导一切的"。2018年宪法修正案第三十六条规定：宪法第一条第二款"社会主义制度是中华人民共和国的根本制度"。后增写一句，内容为："中国共产党领导是中国特色社会主义最本质的特征。"宪法修正案的这项规定，是总结新中国宪法

[①] 谷士刚：《关于宪法惯例的涵义与价值的思考》，载《美中法律评论》2007年第3期。
[②] 武俊山：《论我国的宪法惯例》，载《湖北第二师范学院学报》2013年第11期。
[③] 习近平：《在首都各界纪念现行宪法公布施行30周年大会上的讲话》，载《中国人大》2012年第23期。

制定和实施的经验得出的重要结论。同时，为了更好地实现党的全面领导，采取遵循先例的做法，如通过人大将党的政策上升为国家意志，与其他党派就国家重要事项进行协商等惯例正是将宪法的规定具体化和细致化。也正是因为对这些惯例的认定，党与宪法的关系、党与国家机关的关系，就会遵循"有宪法法律依照宪法法律，没有则依照惯例"这一做法，这对于理顺党与宪法关系，确认党与其他国家机关的行为界限和行为依据有着重要指引作用。[1]

总的来看，宪法惯例是一种现实的宪法规范，是宪法秩序最终形成和实现的重要因素。逐步认识我国的宪法惯例，承认宪法惯例在我国的存在是宪法运行的客观产物和必然结果。适时建立起我国的宪法惯例制度，推动其进入良性有序的发展轨道后，能够充分发挥其对文本宪法的补充和完善作用。因此，在成文宪法制度建构下的中国要认真对待宪法惯例，通过宪法解释、宪法修改等方式使成熟的中国宪法惯例成文化或许亦是一个选择。

二 宪法宣誓

宪法的生命在于实施，而实施中最为重要的是作为"关键少数"领导干部的宪法意识。为了深化领导干部的宪法理念，党中央决定"要把宪法教育作为党员干部教育的重要内容"。宪法教育的举措包括将每年的12月4日定为"国家宪法日"，并将其所在的一周定为"宪法宣传

---

[1] 卓力雄：《我国现有的宪法惯例探析》，载《广西政法管理干部学院学报》2016年第2期。

周"等。作为宪法教育的重要形式，宪法宣誓有助于强化宪法的最高法律地位和人民主权的理念。宣誓的核心在于要求国家工作人员从内心尊崇宪法，认同宪法作为国家根本法的价值，并严格按照宪法的理念和思维行使权力。

（一）宪法宣誓制度的历史渊源与理论逻辑

1. 宪法宣誓制度的历史渊源

在悠长广阔的历史长河中，宣誓是一种始终与人类文明相伴而生的古老仪式。"誓"在《说文解字》中释义为："誓，约束也。"[1]意指凡是自己表示不会违背的言行皆被称为誓，并且包含受其约束的意义。作为名词，"誓"还表示"盟誓"或"誓约"，通常用于指称古时国家之间或人与人之间订立的誓约。吉奥乔·阿甘本指出："誓言直接将我们从赤裸生命变成体制、框架下的生命，让我们从纯生物的生命状态变成了具有意义的能进行言说的政治性生物。"[2]因此，宣誓即是对誓言的信守，意味着按照某种誓言的秩序来行事。人们普遍认为，宣誓过程中会产生一种特殊的庇护，这种庇护将守誓者与伪誓者区分开来，伪誓者会受到诅咒或惩罚。[3]因此，早期的宣誓意在两方面：宗教维度是对神灵的信仰；政治或法律维度是对起誓事态的遵守，即对秩序的遵循。

宪法宣誓制度的正式出现是在宪法诞生之后，反映了历史发展的特定阶段。随着市民阶级的不断壮大和新兴资产阶级的形成，文艺复

---

[1] 许慎：《说文解字》，陕西师范大学出版社2011年版，第327页。
[2] 吉奥乔·阿甘本：《语言的圣礼——誓言考古学》，蓝江译，重庆大学出版社2016年版，第7页。
[3] 邓静秋：《宪法宣誓制度》，江苏人民出版社2017年版，第5页。

兴将人文主义理念引入公众视野，而启蒙运动激发了人们对民主和自由的渴望。这一系列历史进程最终促成了宪法的出现。1215年的英国《自由大宪章》开创了先河，成为世界上第一份近代意义的宪法性文件，为宪法宣誓制度的渊源奠定了基础。[①]美国作为第一个成文宪法国家，其宪法宣誓制度依据《美国宪法》第二条第一款以及第六条而正式确立，[②]这标志着宪法宣誓制度首次在成文宪法文本中以条文形式出现，具有重要的历史意义。

2. 宪法宣誓制度的理论逻辑

宪法宣誓成为一项明确的制度溯源于宪法的产生，作为一项宪法性制度，宪法宣誓始终镌刻着宪法蕴含的精神内涵。因各国经济、社会、文化等因素差异，宪法宣誓的建立原因、具体设施或各有侧重，但根源仍是基本的宪法理论及心理语言学的支撑。

（1）人民制宪权

在法国大革命时期，西耶斯（Emmanuel Abbe Sieyes）最早提出了宪法制定权概念（Lehre von derverfassunggebenden Gewalt），并提出了人民制宪权学说："如果我们没有宪法，那就必须制定一部：惟有国民拥有制宪权"[③]。卡尔·施米特进一步完善了制宪权理论，他强调制宪权是

[①]《自由大宪章》第六十三条："余等即以此敕令欣然而坚决昭告全国：英国教会应享自由，英国臣民及其子孙后代，将如前述，自余等及余等之后嗣在任何事件与任何时期中，永远适当而和平，自由而安静，充分而全然享受上述各项自由，权剂与让与，余等与诺男爵俱已宣誓，将以忠信与善意遵守上述各条款。上列诸人及其他多人当可为证。"

[②]《美国宪法》第二条第一款规定总统在就职前应作如下宣誓或郑重声明："我谨庄严宣誓（或郑重声明），我一定忠实执行合众国总统职务，竭尽全力，恪守、维护和捍卫合众国宪法。"《美国宪法》第六条："上述参议员和众议员、各州议会议员以及合众国政府和各州一切行政、司法官员均应宣誓或郑重声明拥护本宪法。"

[③] 西耶斯：《特权：第三等级是什么》，冯棠译，商务印书馆1991年版，第56页。

一种政治决断,是不隶属于任何权力的权力,它先于一切宪法法律程序,凌驾于一切宪法法律程序之上。[1]制宪权理论体现了主权在民与社会契约思想,它不同于由宪法所产生的权力那样依附于宪法存在,实际上是以最高权力形态而独立存在,即不受限制地去选择国家形态并且具体制定宪法,且不可分割也不可让与。制宪权的价值不仅体现在宪法的诞生,也影响、引导着宪法后续运行,除了表现在制度化的修宪权之外,还无时无刻不表现在如宪法宣誓制度一样的每一个具体宪法制度中。[2]

当人民成为政治实体,人民依据其制宪权而制定凝结了人民共同意志的宪法,进而又根据宪法规定产生了国家基本架构以及政治运转规则,那么其中宪法所产生的立法、行政、司法等方面的权力也自然隶属于人民制宪权。需要明确的是,这些国家权力虽然与人民制宪权属不同层次的概念,但并不能割裂其之间的产生与被产生的关系。由于人民制宪权并非实体,它是一种无形但可感知的力量,因此宪法所产生的权力无法直接与之沟通,但人民制宪权可以内化于宪法典中发挥效力。在宪法宣誓仪式上,宣誓主体在严肃、庄重的气氛下手触宪法典而完整无误地念出誓词,既彰显对宪法的信仰,更是在提醒宣誓主体铭记宪法文字中所蕴藏的人民制宪权。

(2)宪法赋权

宪法赋权是近现代宪法的内核之一,是世俗权力长期以来与宗教封建权力斗争的结果,在人民主权等民主法治思想的影响下,人们逐

---

[1] 卡尔·施米特:《宪法学说》,刘锋译,上海人民出版社2005年版,第93页。
[2] 李忠夏:《从制宪权角度透视新中国宪法的发展》,载《中外法学》2014年第3期。

渐将安全感的基础从"神"转变为公民权利的确立。这种观念的变迁标志着由"权力神授"向"宪法赋权"转变。宪法赋权意义远超于简单的权力赋予，而是涵盖了权力的合法性、行使的限制以及权力与责任的平衡。作为具有最高效力的规范，一切公权力的行使均需要宪法的明确赋予，方可获得正当性。

宪法宣誓作为一种制度安排，体现了宪法赋权理论基础的实践应用，动态展现了宪法赋权的组织性与限制性，印证了宪法是赋权及限权的统一体。宪法宣誓不仅是一种形式，更是一种庄严的仪式，展示了宣誓主体与宪法之间不可分割的联系，通过宣誓承诺，宣誓者始终将自己置于宪法之下，接受宪法的监督和约束，确保权力不被滥用。从宪法宣誓主体维度而言，通过规定宣誓主体范畴，在宣誓过程中公开表明"权力来源于宪法"，彰显权力平稳交接以及合法性；同时，从宣誓誓词内容而言，明确了主体忠于宪法恪尽职守的责任与义务，表明"权力受宪法监督"，将行使的公权力与宪法联系起来，承诺忠诚于宪法、维护宪法的原则和价值。如此一来，宪法宣誓表征了宏观国家权力来源于宪法，也体现了宣誓微观主体对宪法的尊崇。

（3）心理学仪式观效应

仪式是指一系列正式的、具有可重复模式、表达价值和意义的行为活动，这些行为动作通常不具备直接的工具性目的，而是通过其符号意义和象征性质，满足个体心理上的情感需求和认知期望。[①]仪式观效应指的是通过参与仪式性活动来塑造个体行为和态度的心

[①] 冉雅璇、卫海英、李清、雷超：《心理学视角下的人类仪式：一种意义深远的重复动作》，载《心理科学进展》2018年第1期。

理现象。"法律的各项仪式……乃是被深刻体验到的价值之庄严的戏剧化"①，伯尔曼认为这些仪式不仅以反映追求的共同价值为核心，而且最重要的是唤醒参与者和周围人的主观意识。通过参与宣誓仪式，个体会意识到自己的角色和责任，从而更加自觉地遵守宪法以及履行公职所需的职责。因此，仪式观效应为宪法宣誓提供了一种心理基础，促使个体更加认真地对待宪法，从而加强了法治的稳定和可靠性。

宣誓仪式可产生心理学上的闪光灯效应（flashbulb effect），产生沟通效应，重塑或强化价值准则。宪法宣誓仪式通过庄严的气氛和神圣的环境能给予宣誓主体以极大的秩序感和使命感等感官刺激，并且"它能激活个体大脑中的多巴胺奖励体系（dopaminergic reward system），从而给人带来情绪抚慰"②。这种强烈的感官刺激会在记忆中格外清晰和突出，会直接作用于心灵，引导着宣誓主体符合仪式既定的价值体系，并剔除与之不符的观念，完成身份归属和角色转变。监誓人与观誓人的参与亦会对宣誓主体内心形成无形压力，增强身份认同与国家认同感，敦促宣誓主体遵守宪法和法律、履行法定职责和义务。而对于其他参与者而言，通过参与这一权力运行的动态仪式，能更快地产生对于宣誓主体的心理认同以及对于权力转移结果的接受与肯定，也能培育宪法观念和宪法意识。

（4）誓言的语言哲学理论

誓言不同于普通语言，具有独特的力量。"誓言首先是语言的圣

---

① 伯尔曼：《法律与宗教》，梁治平译，商务印书馆2012年版，第27页。.
② 冉雅璇、卫海英、李清、雷超：《心理学视角下的人类仪式：一种意义深远的重复动作》，载《心理科学进展》2018年第1期。

礼，因而誓言能够作为权力的圣礼"并逐步引入政治、法律领域。[①]吉奥乔·阿甘本在《语言的圣礼：誓言考古学》中强调誓言是人类语言中的"元语言"，"我们在誓言中被移交到了一个空洞的维度，即一个神圣维度，誓言对我们的生命进行了洗礼，也造就我们的赤裸生命和我们的政治生命的共生状态"[②]。宪法誓言中的关乎宪法忠诚、信仰及恪尽职守等语句若不在"我宣誓"的框架内讲出，便会与宣誓主体脱节，难以体现个体责任与义务。若前述语句与宣誓语句相联，誓词便成为宣誓主体的承诺，被赋予了相应的公权力与职责义务，使誓词内化为内心确信。因此，誓言之关键不仅是内容的确定性，也潜藏于誓词与其产生效力的密切联系。

（二）宪法宣誓制度的定义与特征

1. 宪法宣誓制度的定义

"宪法宣誓"的完整表述是"由宪法而产生的宣誓仪式"或者"向宪法宣誓的仪式"[③]，是指法定主体根据法律规定，在特定时间按照预设流程把主观宪法意识通过仪式枢纽转化成宣誓客观行为，同时表示忠于宪法并对未来行为与态度作出某些承诺的展现。而宪法宣誓制度之所以称为制度，是因其形成了宪法宣誓独立且较完整的运行架构，具备了包括规范体系、具体程序以及操作方法等要素。按照宣誓对象与规范来源界定宪法宣誓，广义而言，原则上是以宪法或者宪法性法律

---

① 吉奥乔·阿甘本：《语言的圣礼：誓言考古学》，蓝江译，重庆大学出版社2016年版，第147页。
② 蓝江：《语言的圣礼：誓言考古学·译者序》，载吉奥乔·阿甘本《语言的圣礼：誓言考古学》，第Ⅳ页。
③ 陈端洪：《权力的圣礼：宪法宣誓的意义》，载《中外法学》2018年第6期。

为宣誓对象而进行的宣誓活动都能被认为是宪法宣誓;狭义而言,宪法宣誓仅指由宪法或法律明确规定,且宣誓对象为宪法或宪法性法律的宣誓行为。

2. 宪法宣誓制度的特征

宪法宣誓作为一项极富意义的特殊法律形式,承载着既定目的与价值导向,具有鲜明特征。

一是以宪法的存在为前提。宪法宣誓制度设定起点是规范文本的明确规定,宣誓对象是宪法,若不存在宪法或宪法性文件,宪法宣誓难以为继。值得澄清的是,宪法成文与否并不影响宪法宣誓制度的存在。例如,英国作为不成文宪法国家的代表,其颁布的众多宪法性文件和法案均证实了宪法宣誓在英国的存在,如《加冕宣誓法》《王位继承法》等。

二是程序与主体的固化。与偶然、临时的活动不同,宪法宣誓的基础是相对稳定的架构,其作为带有政治、法律色彩的仪式,决定了宣誓主体是与国家政治权力运行相关的特定主体。

三是具有法律性、政治性双重属性。一方面,宪法宣誓是由法律法规所规定,通过象征表达的方式展现法律规范及法治文化;另一方面,宪法宣誓一般在公务人员就职时举行,代表着国家政治权力的过渡与交接。

四是目标是将主观意识转化为宣誓行为。宪法宣誓作为"积极仪式"[①],让参与主体根据内心信仰指引而膜拜,以表达其内心确信。也正是通过不断的正式仪式反作用于主观意识,再次强化内心确信。

[①] 爱弥尔·涂尔干:《宗教生活的基本形式》,渠东、汲喆译,上海人民出版社1999年版,第495页。

（三）我国宪法宣誓制度的发展轨迹

宪法宣誓制度作为一项法律仪式，不仅具有象征意义，还承载了法治精神和国家权威的象征。在我国，宪法宣誓制度的发展经历了一个逐步完善的过程，从无到有，从简单到复杂，逐步形成了一套独特的、具有中国特色的宪法宣誓制度。

1. 探索期

宪法宣誓制度的起源可以追溯到古代社会的誓言仪式，但作为现代国家治理的一部分，其形成则与法治国家建设密不可分。宪法宣誓制度在我国的成形与宪法进入我国的历史密切相关。

新中国成立后，从1949年的《共同纲领》到1954年《宪法》、1975年《宪法》、1978年《宪法》、1982年《宪法》以及1988年、1993年、1999年和2004年的四次修宪，均未在宪法文本中对宪法宣誓作出明确规定。随着我国对宪法的日益重视和民众宪法意识的不断增强，宪法宣誓制度建立与否的讨论越发热烈。早在1989年，钱卫清就建议应设立"就职宣誓制度"，强调"随着政治体制改革的深化，建立我国的就职宣誓制度是很有必要的"[①]。到了2000年，蒋伟建议国家应建立"宪法宣誓制度"，他表示"根据中国的具体情况，建立中国的忠于宪法的宣誓制度"[②]。这两位学者分别成为提倡建立"就职宣誓制度"和"宪法宣誓制度"的第一人。同时，各个地方对于宪法宣誓的先行探索，为全国人大常委会建立宪法宣誓制度提供了宝贵经验。例如，2008年在湖南省张家界市永定区人大常委会上，由选举产生的"一府两院"地方

[①] 钱卫清：《我国应建立就职宣誓制度》，载《理论探讨》1989年第1期。
[②] 蒋伟：《论建立忠于宪法的宣誓制度》，载《法商研究》2000年第5期。

领导人和由人大常委会的决定而任命的24名政府组成部门的负责人身着正装,手持宪法,由该区区长领读就职誓词。①

2. 建立期

党的十八届四中全会审议通过的《中共中央关于全面推进依法治国若干重大问题的决定》作为党的重要文件,首次明确"建立宪法宣誓制度,凡经人大及其常委会选举或者决定任命的国家工作人员正式就职时公开向宪法宣誓",标志着宪法宣誓制度被纳入我国宪法体系。2015年7月1日,十二届全国人大常委会十五次会议通过了《全国人民代表大会常务委员会关于实行宪法宣誓制度的决定》(以下简称《宣誓决定》),其中规定了必须进行宪法宣誓的领导干部的范围、宣誓的基本要求和程序、宣誓的誓词。自此,我国正式建立起宪法宣誓制度。

《宣誓决定》除了开头的"说明语"之外,共有10条内容,规定得较为详细。第一条规定了应当履行宪法宣誓程序的主体。第二条规定了宣誓誓词。第三条到第七条规定了就职之时应当履行宪法宣誓程序的相关国家机关的组成部门的重要公职人员,以及主持宪法宣誓仪式的主体。第八条规定了宣誓仪式(第一款)、宣誓纪律和宣誓现场的悬挂物(第二款)以及授权相关主体②可以对具体事项制定实施办法(第

---

① 何旺旺、钱周伟:《我国宪法宣誓制度的形成及其完善研究》,载《黑龙江省政法管理干部学院学报》2023年第5期。

② 考虑到我国实施宪法宣誓的范围广、人员多,所面临的实施环境各有差别,而差异化、灵活化的实施办法可保障宪法宣誓制度在初期阶段尽快落地实施。因此,宣誓具体组织办法和具体事项作为授权性事项授权给宣誓的具体组织办法由省、自治区、直辖市人民代表大会常务委员会参照本决定制定,报全国人民代表大会常务委员会备案。

三款)。①第九条规定了地方上应该履行宪法宣誓程序的主体,并规定了制定《宣誓决定》具体实施办法的主体(省级人大常委会)和接受备案的主体(全国人大常委会)。第十条规定了《宣誓决定》开始施行的日期。

3. 完善期

事实上,2015年的《宣誓决定》是一份由全国人大常委会制定的、带有立法性质的"决定",并非严格意义上的法律。2018年3月11日全国人大通过了修宪建议,代表着宪法宣誓制度顺利入宪。

2018年1月26日,中共中央向全国人大常委会提出《中国共产党中央委员会关于修改宪法部分内容的建议》(以下简称《修宪建议》),2月25日,该建议被公布,共有21条,由全国人大常委会依照法定程序提出宪法修正案议案,提请十三届全国人大一次会议审议。该《修宪建议》第九条规定涉及的就是宪法宣誓。

其与旧的《宣誓决定》相比,数量上无变化,在内容上有三点进步:其一,根据监察体制改革的需要,在第一条、第三条、第六条、第七条、第九条相应的地方,增加了监察委员会主任、副主任、委员等主体,为从中央到地方的各级监察委员会的主要公职人员依据新的《宣誓决定》履行宪法宣誓程序提供了法律依据。其二,全国人大常委会于2017年依据党的十九大精神②对宪法宣誓誓词作出了必要的修改,在誓词中增加了"美丽""现代化"五个字,并将"国家"改为"强国",

---

① 从2015年7月至2016年1月13日止,全国有31个省、自治区、直辖市制定了实施宪法宣誓制度办法。参见李树春《地方实施宪法宣誓制度办法比较研究(上)》,载《吉林人大》2016年第1期。

② 党的十九大对《党章》第11段进行了修改,在末尾语句中增加了"美丽"一词,而且把"国家"改成了"强国"。

即"为建设富强民主文明和谐美丽的社会主义现代化强国努力奋斗！"其三，在第八条第二款，增加了"宣誓仪式应当奏唱中华人民共和国国歌"的规定。2017年9月通过的《国歌法》第四条规定"在下列场合，应当奏唱国歌……（三）宪法宣誓仪式……"，故此，宪法宣誓仪式也应随之修改。

至此，《宪法》第二十七条增加一款，作为第三款："国家工作人员就职时应当依照法律规定公开进行宪法宣誓。"25个字虽短意义却丰富：第一，其以国家目标的形式规定在总纲部分，体现了宪法宣誓制度的重要地位；第二，宣誓主体明确为国家工作人员，以个人为单位，而非国家机关或团体；第三，宣誓时间限定为"就职时"；第四，宪法宣誓被设定为"应当"作为的积极性宪法义务；第五，宪法宣誓制度的依据是相关"法律规定"，对立法机关而言设定了相应的立法任务以提供宣誓依据；第六，宪法宣誓仪式"公开进行"成为最重要的形式要求。

我国宪法宣誓制度的发展历程，体现了我国法治建设的不断进步和完善。自党的十八届四中全会的提出，到十三届全国人大一次会议写进宪法，短短四年时间形成了具有中国特色、凝结党和人民共同意志的宪法制度，成为我国展现宪法文化的重要宪法仪式，离不开国家对法治建设的高度重视和持续推进。

（四）我国宪法宣誓制度的基本结构

经过修改的《宣誓决定》于2018年3月12日施行，成为我国现行宪法宣誓制度的具体实施依据，明确了宪法宣誓的目的、主体、组织机关、仪式形式、时间、会场布置等要求。

1. 宪法宣誓制度目的

宣誓目的是为彰显宪法权威、促进宪法实施、培养宪法信仰。依法治国就是要依宪治国，把宪法放在最重要地位，所以向宪法宣誓就是为了展现其原有权威，同时也是推进宪法实施中的一项重要举措，最终通过建立和施行宪法宣誓制度以培育包括宣誓主体在内全社会的宪法信仰。

2. 宪法宣誓制度适用主体

宣誓主体范围采用的是多元型主体结构。宪法宣誓主体涵盖了大多数公务人员，各级人大及县级以上各级人大常委会选举或者决定任命的国家工作人员，以及各级人民政府、监察委员会、人民法院、人民检察院任命的国家工作人员都包括在内。

全国人大选举或者决定任命的国家主席、副主席，全国人大常委会委员长、副委员长、秘书长、委员，国务院总理、副总理、国务委员、各部部长、各委员会主任、中国人民银行行长、审计长、秘书长，中央军委主席、副主席、委员，国家监察委员会主任，最高人民法院院长，最高人民检察院检察长，以及全国人大专门委员会主任委员、副主任委员、委员等，在依照法定程序产生后，进行宪法宣誓。宣誓仪式由全国人大会议主席团组织。

在全国人大闭会期间，全国人大常委会任命或者决定任命的全国人大专门委员会个别副主任委员、委员，国务院部长、委员会主任、中国人民银行行长、审计长、秘书长，中央军委副主席、委员，在依照法定程序产生后，进行宪法宣誓。宣誓仪式由全国人大常委会委员长会议组织。

全国人大常委会任命的全国人大常委会副秘书长，全国人大常委会工作委员会主任、副主任、委员，全国人大常委会代表资格审查委员会主任委员、副主任委员、委员等，在依照法定程序产生后，进行宪法宣誓。宣誓仪式由全国人大常委会委员长会议组织。

全国人大常委会任命或者决定任命的国家监察委员会主任、委员，最高人民法院副院长、审判委员会委员、庭长、副庭长、审判员和军事法院院长，最高人民检察院副检察长、检察委员会委员、检察员和军事检察院检察长，国家驻外全权代表，在依照法定程序产生后，进行宪法宣誓。宣誓仪式由国家监察委员会、最高人民法院、最高人民检察院、外交部分别组织。

国务院及其各部门、国家监察委员会、最高人民法院、最高人民检察院任命的国家工作人员，在就职时进行宪法宣誓。宣誓仪式由任命机关组织。

地方各级人大及县级以上地方各级人大常委会选举或者决定任命的国家工作人员，以及地方各级人民政府、监察委员会、人民法院、人民检察院任命的国家工作人员，在就职时应当公开进行宪法宣誓。宣誓的具体组织办法由省、自治区、直辖市人大常委会参照《宣誓决定》制定，报全国人大常委会备案。

3. 宪法宣誓誓词内容

誓词类型为单一固定的宣誓誓词。所有宣誓主体的宣誓誓词都统一为75字的宣誓誓词："我宣誓：忠于中华人民共和国宪法，维护宪法权威，履行法定职责，忠于祖国、忠于人民，恪尽职守、廉洁奉公，接受人民监督，为建设富强民主文明和谐美丽的社会主义现代化强国努力奋斗！"

其中的"忠于中华人民共和国宪法"至少有以下三层要求：一是

要求宣誓的领导干部要忠于宪法的核心价值、基本原则和基本精神。宪法的核心价值是尊重和保障人权，宪法的基本原则是中国共产党的领导、人民主权、基本人权、权力制约和监督、社会主义法治、国家统一，宪法的基本精神是通过各项制度限制和防止国家权力滥用。二是要求宣誓的领导干部必须忠于宪法的基本原理。领导干部读的是宪法文本，文本由条款构成，而条款内在地体现了不同的宪法规范，由宪法规范构成了宪法制度，而宪法制度又体现了宪法原理，如人民主权原理、基本人权原理、正当程序原理、平等原理等。只有理解了这些基本原理，才能真正理解宪法。三是要求宣誓的领导干部必须按照宪法思维行使权力。宪法思维具体包括人民主权的思维、宪法法律至上的思维、尊重和保障人权的思维、权力制约和监督的思维、正当程序的思维及平等的思维。

4. 宪法宣誓程序与形式

宣誓仪式根据情况，可以采取单独宣誓或者集体宣誓的形式。单独宣誓时，宣誓人应当左手抚按《中华人民共和国宪法》，右手举拳，诵读誓词。集体宣誓时，由一人领誓，领誓人左手抚按《中华人民共和国宪法》，右手举拳，领诵誓词；其他宣誓人整齐排列，右手举拳，跟诵誓词。

宣誓场所应当庄重、严肃，悬挂中华人民共和国国旗或者国徽。宣誓仪式应当奏唱中华人民共和国国歌。

负责组织宣誓仪式的机关，可以根据《宣誓决定》并结合实际情况，对宣誓的具体事项作出规定。

5. 地方实施细则的其他要求

各地方在不同程度上参照《宣誓决定》对宪法宣誓的宣誓程序进

行了细化，主要有以下几种情形。一是在宣誓时间方面，部分地方将其列为单独的条款，对所有宣誓主体的宣誓时间统一作出限制。例如，北京市、云南省规定宣誓主体应在3个月内进行宣誓。二是在宣誓地点方面，有的地方结合宣誓主体作出相对应的要求。例如，北京市采用的是在《北京市国家工作人员宪法宣誓组织办法》第九条和第十条中单条概括性地写明：由市人大常委会主任会议组织的宣誓在市人大常委会全体会议上举行宣誓仪式；由市人大会议主席团组织的宣誓在其全体会议上举行。三是在宣誓形式方面，在沿用集体或单独宣誓形式的基础上，有些地区详细规定了集体和单独宣誓的适用情形，如北京市要求市法院院长和检察院检察长需要单独宣誓。四是在宣誓着装、动作与宣讲台方面，例如西藏自治区要求宣誓人员着正装、民族服装、职业装。五是在领誓人、主持人、监誓人方面，例如，上海对不同的宣誓主体配备了特定的领誓人，由市人大常委会主任对其组成人员进行领誓，其他地方大多规定由宣誓仪式的组织机构指定领誓人。

（五）宪法宣誓的意义

习近平总书记在《中共中央关于全面推进依法治国若干重大问题的决定》的说明中指出，宪法宣誓制度"有利于彰显宪法权威，增强公职人员宪法观念，激励公职人员忠于和维护宪法，也有利于在全社会增强宪法意识、树立宪法权威"[①]。在十三届全国人大一次会议上，王晨副委员长作关于《中华人民共和国宪法修正案（草案）》的说明，指

[①] 习近平：《关于〈中共中央关于全面推进依法治国若干重大问题的决定〉的说明》，《人民日报》2014年10月29日。

出:"将宪法宣誓制度在宪法中确认下来,有利于促使国家工作人员树立宪法意识、恪守宪法原则、弘扬宪法精神、履行宪法使命,也有利于彰显宪法权威,激励和教育国家工作人员忠于宪法、遵守宪法、维护宪法,加强宪法实施。"

1. 强化宪法权威

宪法以法律的形式确认了我国的根本制度和根本任务,是党的主张和人民意志的高度统一,具有最高法律效力。宪法是一切国家机关、社会团体和全体公民的最高行为准则,全国各族人民、一切国家机关和武装力量、各政党和各社会团体、各企业事业组织,都必须以宪法为根本的活动准则;宪法是我国社会主义法律体系的核心,一切法律、行政法规和地方性法规都不得同宪法相抵触。宪法是国家的根本法,国家的一切制度都以宪法为依据和基础。宪法是"母法",其他法律是"子法"。因此,我国绝大多数法律第一条明确规定,"根据宪法制定本法"。即使法律的第一条未作出这一规定,其实际上也是依据宪法制定的。领导干部向宪法宣誓表明,我国所有的国家机关和社会主体都在宪法之下,都必须服从宪法;一切法律文件都在宪法之下,都必须符合宪法。[①]

2. 强化人民主权理念

我国现行《宪法》第二条第一款明确"中华人民共和国的一切权力属于人民",人民通过宪法设定了国家权力、行使国家权力的制度和国家机构体系、不同国家机关间的权力分配和相互关系。宪法规定了国家权力的组织和活动原则。因而,宪法确保了国家权力的合法性和

---

① 胡锦光:《领导干部宪法宣誓的宪法意涵》,载《人民论坛》2019年第18期。

正当性，保证了国家机关的合法性。"我的权力是人民赋予的"，这一表述只是抽象地、一般性地表明了国家权力的政治来源。在此基础上，必须回答国家权力的法律来源。在法治社会，任何一种国家权力都只能来自于宪法的授予。宪法宣誓则有效证明了这一点：公权力必须来自于宪法，而且只能来自于宪法。

3. 强化领导干部尊崇宪法

国家工作人员就职时向宪法宣誓的本质就是要求公职人员从内心里尊崇宪法、认同宪法作为国家根本法的价值，严格依据宪法理念行使权力。通过宣誓，实现外部昭告与内在自律的"双管齐下"，以强化其对自身角色及行使公权力的认知。更为关键的是，宣誓的"预先性"，其是在该主体作出实际行为前，已提前对外部标准进行校准前并巩固内部守誓意志。宣誓人在公开场合的宣誓即可被视为一次宪法实践，明确了权力和职责的来源，确保其在履职过程中时刻牢记宪法赋予的使命和任务，在宪法引领下守法、尽责、为民、奋斗。

4. 推动公职人员践行宪法

作为宪法实施的一项重要制度，宪法宣誓的根本价值不在宣誓的仪式本身，而在于宣誓者宣誓后的履职践行。对于国家工作人员而言，宪法宣誓制度是他们在宪法仪式中接受宪法教育的生动实践，其身份达到了法律意义上的正式转变，目的就是让行使国家权力的公职人员把公仆意识和承诺公开化，有助于增强他们的使命感和责任感。经过宪法宣誓，行使公权力的正当性有了宪法背书的同时也受到了限制。誓词不仅在"知"的维度引导宣誓者，更要在"行"的维度发挥约束作用。

5. 引领社会形成宪法信仰思潮

"宪法宣誓制度的核心功能是'宣示',核心价值是凝聚共识"[①],推动从内心深处对宪法产生认可、尊重和认同的情感。从我国宪法宣誓制度所构建的主体、誓词、程序、形式等细节可分析出我国宪法宣誓富有极强的导向作用。宪法宣誓制度不可局限地关注外部仪式表象,其更是宪法实施的重要制度,以彰显国家公职人员忠于宪法的决心和承诺,亦是对全社会尊重和遵守宪法的示范和引领。宣誓者通过宪法宣誓,向社会传递宪法的理念和价值,发挥"头雁效应",带动社会的宪法信仰风潮。

三 其他宪法问题

党的二十大报告强调,要完善以宪法为核心的中国特色社会主义法律体系,加强宪法的实施和监督,健全保证宪法全面实施的制度体系,更好发挥宪法在治国理政中的重要作用。而宪法序言中明确规定党在各项事业中的领导地位,党章与宪法最终都是人民意志的体现。宪法作为国家根本大法的权威地位不仅需要在宪法文本中自我宣示,更重要的是来自党章的保障落实,来自党对领导国家在理想与现实、现在与未来之间形成有机互动和妥协的理性认识。[②]因此,在厘清宪法基础理论、核心架构与关键问题的前提下,还要结合我国特色法治实践,关注宪法与党

---

① 刘艺灵:《"宣示"——宪法宣誓制度的核心功能探讨》,载《东南学术》2017年第3期。

② 强世功:《党章与宪法:多元一体法治共和国的建构》,载《文化纵横》2015年第4期。

章的关系、中国自主宪法学话语体系等其他宪法问题。

（一）宪法与党章

宪法与党章同属中国特色社会主义法治体系的重要组成部分。在中国特殊的政治体制及党政关系下，宪法与党章既非混同，更非割裂，而是有机统一地存在于党领导人民进行现代化建设的实践中。[①]

1. 宪法与党章的差异性

宪法是"国家的根本法"，而党章是"最根本的党内法规"，二者差异明显。

第一，二者的制定主体、内容、调整范围、调整对象等方面不同。宪法作为国家根本大法，只有人民才是制宪权的唯一主体。宪法规定国家根本任务、基本原则，规定国家政权组织形式、公民基本权利和义务等内容，是国家赖以建立法律体系的基础，调整对象是全体公民，实施依靠的是国家强制力。[②]而党章，由党的代表大会制定，关涉党的性质宗旨、路线纲领、组织机构、党员义务权利、党的纪律等，体现的是党的统一意志，规范的是党的领导和党的建设活动，调整的是党的各级组织和全体党员，实施依靠的是党的纪律。

第二，二者效力等级不同。宪法是国家根本大法，具有最高法律效力；党章是最高党法，只有在党内才具有根本大法效力。我国现行《宪法》第五条规定："一切国家机关和武装力量、各政党和各社会团体、各企业事业组织都必须遵守宪法和法律。一切违反宪法和法律的

[①] 马尚：《宪法与党章关系论》，载《黑龙江省政法管理干部学院学报》2022年第4期。

[②] 王勇：《宪法与党章关系密切》，载《中国纪检监察报》2018年3月16日。

行为，必须予以追究"，"任何组织或者个人都不得有超越宪法和法律的特权"。因此，依规管党治党，需要确保所有党组织、党员既自觉遵守党章党规党纪，又模范遵守国家宪法法律。

第三，二者的行为标准不同。宪法体现"义务的道德"，党章体现"愿望的道德"。宪法从最低要求出发，规定了社会生活的必需条件，确立了使有序社会成为可能或使有序社会能够达致其特定目标的基本规则。党章调整的是全体党员，党员不能满足于做一名普通的公民，而应该追求崇高的理想、高尚的人格、纯洁的党性。因此，党章规定不仅仅是维持这个团体存在的必要义务，而且体现了对一定的政治理想和道德理想的追求。

2. 宪法与党章的有机统一

宪法与党章是有机统一的关系，从最直观的文本上来看，党章在总纲中规定"党必须在宪法和法律的范围内活动"，强调"坚持依规治党、标本兼治，坚持把纪律挺在前面，加强组织性纪律性，在党的纪律面前人人平等"。宪法规定，"一切国家机关和武装力量、各政党和各社会团体、各企业事业组织都必须遵守宪法和法律"。党组织和党员既要自觉遵守党章，又要模范遵守国家法律。党强调挺纪在前、纪在法前、纪严于法等，强化法治思维和法治方式，把党组织和党员干部置于党内法规和国家法律的双重约束之中，为党的执政大业奠定了坚实的制度基础。具体而言，宪法与党章的统一关系可从以下五个方面分析。

第一，宪法与党章均坚持党的领导。"党政军民学，东西南北中，党是领导一切的。"坚持党对一切工作的领导，是由党的性质决定的，是宪法对历史经验的深刻总结和法律确认。党章关于"中国共产党是中国工人阶级的先锋队，同时是中国人民和中华民族的先锋队，是中国特色社会主义事业的领导核心"的规定与宪法关于"中华人民共和国是工人阶级领导的、以工农联盟为基础的人民民主专政的社会主义国家"的规定，党章关于"中国共产党的领导是中国特色社会主义最本质的特征，是中国特色社会主义制度的最大优势"的规定与宪法关于"社会主义制度是中华人民共和国的根本制度。中国共产党领导是中国特色社会主义最本质的特征"的规定，共同构建了党章和宪法关于我国社会主义事业领导阶级和社会主义最本质特征的同源共流，实现了党内法规与国家宪法的有机统一，是党章和宪法对中国共产党成长、发展、成熟过程中领导地位的历史总结，是对坚持"党是领导一切的"本质概括。

第二，宪法与党章的人民价值取向一致。宪法是国家意志，是党的意志和人民意志的有机统一。党章体现党的意志，而党的宗旨是全心全意为人民服务，党员也是公民，二者是统一的。坚持党的初心和使命，就是坚持把党的工作动力、工作目标、工作效果与人民利益紧密结合起来，始终把人民立场作为根本政治立场，把人民利益摆在至高无上的地位，把实现好、维护好、发展好最广大人民的根本利益作为党和国家一切工作的出发点和落脚点，把"三个有利于"作为党工作的出发点和检验工作成效的标准，不断增强人民的幸福感、获得感。

第三，党章是宪法的重要渊源之一。从形式上看，党章属于"党规党法"，既不是国家的法律文件，更不是宪法性文件，但是，从其实质的规范性作用来看，党章的作用有时还更为显著。实践中，党是社会主义法治建设的领导者、组织者、实践者，要善于使党的主张通过法定程序成为国家意志，党中央提出的宪法修改建议，一般也是把党章中已经确定的且经过长期实践证明正确的规范上升到宪法高度，因此，党章可以看作宪法的重要渊源之一。

第四，宪法与党章都具有政治属性与制度属性。宪法规定了国家的基本政治制度和基本政治原则，确立了国家的基本政治路线和政治领导，任何与宪法有关的活动，都应当坚持讲政治与讲法律相统一。党章明确了党的基本纲领和奋斗目标，展示了党的政治理念、价值观和行动纲领，指导党的所有活动和决策，以政治属性为首亦通过制度属性发挥对全体党员、党的各级组织的约束力。也正是因为属性的兼容性，宪法与党章才可衔接协调，才可共融。①

第五，依规治党与依宪治国有机统一的必然要求。全面从严治党，必须积极推进以宪法为基础的法律规范体系建设和以党章为核心的党内法规体系建设，实现依规治党与依宪治国有机统一，这是实现国家治理体系和治理能力现代化的必然要求，也是政党现代化的必然要求。习近平总书记强调："我们党要履行好执政兴国的重大历史使命、赢得具有许多新的历史特点的伟大斗争胜利、实现党和国家的长治久安，必须坚持依法治国与制度治党、依规治党统筹推进、一体建设。"②这一重要论断体现了推进全面从严治党与依法治国的逻辑统一。

总的来看，中国共产党通过党章和宪法，实现了对党组织和党员的双重制度约束。一方面，以宪法为基础的国家法律对党员的行为提出了底线要求；另一方面，以党章为核心的党内法规设定了更为严格的标准，已超越了纯粹的行为调整，而是触及党员的内心和灵魂，它不仅仅要求"己所不欲，勿施于人"，更包含了对党员道德和修养的规

---

① 王勇：《宪法与党章关系密切》，载《中国纪检监察报》2018年3月16日。
② 《习近平关于依规治党论述摘编》，中央文献出版社2022年版，第12页。

训。在全面从严治党的伟大自我革命中，国家法律和党内法规具有功能上的互补性，能够实现守底线和高标准的统一、以德治党和以法治党的统一。通过党章、党规的教化强化党性，涵养宪法意识；通过宪法、法律的实施形塑规矩意识，促进党性的提升。

（二）构建中国自主的宪法学话语体系

习近平总书记强调："要按照立足中国、借鉴国外，挖掘历史、把握当代、关怀人类、面向未来的思路，着力构建中国特色哲学社会科学，在指导思想、学科体系、学术体系、话语体系等方面充分体现中国特色、中国风格、中国气派。"[①]法学"三大体系"建设的重心在于"话语体系"，其是中国法学自主性知识体系的传播载体，必须有正确的世界观和方法论的指导。[②]中国自主的宪法学话语体系是以中国的实际国情和发展需求为基础，结合马克思主义法学理论和中华优秀传统文化，逐步形成的一套独特的宪法学理论和实践体系，不仅反映了我国宪法的基本原则和制度设计，更体现了中国特色社会主义法治建设的具体路径和独特优势。

1. 构建中国自主的宪法学话语体系的必要性

相较于其他法学学科，中国特色社会主义宪法学话语体系的构建较于其他法学学科更具有紧迫性。首先，宪法是国家法律体系中最根本、最重要的法律，是一个国家法律体系有别于其他国家法律体系的关键所在。因此，构建中国特色社会主义法学话语体系，应以宪法学

---

① 习近平：《在哲学社会科学工作座谈会上的讲话》，《人民日报》2016年5月19日。
② 莫纪宏：《构建中国自主的宪法学知识体系》，载《习近平法治思想研究与实践》专刊2023年第1、2期。

话语体系为核心。其次，宪法学与政治制度关系极为密切。世界上不存在政治制度完全相同的两个国家，政治制度是彰显国家特质和个性的关键因素，宪法则是政治制度在法律体系中的直接体现。中国特色社会主义道路自信、制度自信的规范载体，即主要体现在宪法文本和制度之中。最后，宪法学更强调法律制度的特殊性和国别性，民法学、刑法学则更强调法学原理的普适性，在各种政治制度激烈竞争的当下，构建中国特色社会主义宪法学话语体系显得尤为重要。[①]

从根本上而言，我国宪法是全体人民共同意志的体现，旨在维护全体人民的共同利益，而非服务于少数人的私利。宪法得到了最广大人民的衷心拥护和一体遵循，彰显出思想性、价值性和真理性的统一，展现出显著的优势和强大的生命力。通过构建中国自主宪法话语体系，利于将此种宪法自信融入日常工作，凝心聚力，推动广大中华儿女团结一致，同心同行，更好地在宪法的光辉照耀下满怀自信地投身于社会主义现代化国家的建设。

2. 构建中国自主的宪法学话语体系的可行性

法学理念与知识体系是人类文明的宝贵遗产，无论在西方还是中国都具有其历史与时代价值，刑法学、民法学等法学部门更强调这种文明的普遍性而非特殊性。然而，宪法作为一个国家的根本法和最高法，虽然在形式上表现为法律文本，但其实质与政治须臾不可分离。我国宪法坚持以马克思主义为指导、坚持社会主义制度、坚持中国共产党领导。这是我国宪法与西方国家宪法的本质区别，也是中国特色社会主义宪法学话语体系构建最重要的中国特质。

---

① 周叶中：《中国特色社会主义宪法学话语体系论纲》，载《武汉大学学报（哲学社会科学版）》2023年第6期。

其一，我国宪法的政治理念从根本上不同于西方国家。诚然，源自西方启蒙运动的人民主权、天赋人权、社会契约等政治思想对宪法学产生了影响。但是，我国宪法与西方国家宪法在事实上形成社会主义制度与资本主义制度、科学社会主义与自由主义的分野，这意味着我国的政治制度与政治指导思想完全差异于西方国家。例如，我国宪法坚定地保障人权，但并不承认天赋人权理念，不承认人权具有某些抽象的、超验的起源，而认为权利是经济社会发展的产物；国家权力并非源于抽象的社会契约，而是源于革命的正当性和人民的拥护支持。

其二，我国的政治思想与文明源远流长。如我国宪法在强调人民主权原则的同时，坚持的共同富裕、对社会弱势群体的保护等内容，即与传统政治思想中"不患寡而患不均"（《论语·季氏》），"使老有所终，壮有所用，幼有所长，鳏寡孤独废疾者，皆有所养"（《礼运·大同篇》）等民生、民本思想深度契合。[1]这些历经岁月洗礼的中国传统政治理念，在崇尚自由主义的西方资本主义制度中却罕见。

其三，我国宪法与西方国家宪法的生成和发展逻辑大相径庭。西方近现代宪法是在资产阶级与专制王权斗争过程中逐步形成的，各国宪法文本与其政治、经济、文化背景高度契合，具有自生秩序的特征。[2]我国宪法的生成与发展，并非社会发展自然而然的产物。晚清民国宪法的应运而生，体现了浓厚的生存主义哲学，挽救国家民族危亡是当时的时代主旋律。而且，与西方国家宪法往往在确认各种基本原

---

[1] 夏勇：《民本与民权——中国权利话语的历史基础》，载《中国社会科学》2004年第5期。

[2] 弗里德里希·冯·哈耶克：《法律、立法与自由》，邓正来、张守东、李静冰译，中国大百科全书出版社2000年版，第5页。

则后，将制度设计成与原则相吻合的建构模式不同，我国宪法更倾向于总结国家建设的诸种经验，并赋予其最高法律效力。①

3. 构建中国自主的宪法学话语体系的方向性

我国政治制度的正当性与宪法学话语的独特表达存在直接关联，要将中国宪法学话语体系与中国政治制度的成功实践相结合，证明中国宪法制度的优越性。社会主义制度具有天然的优越性，以证明中国宪法制度经验的可复制和可推广性。

一是将马克思主义宪法观同中国具体实际相结合、同中华优秀传统文化相结合。习近平总书记强调，坚持和发展马克思主义，必须同中国具体实际相结合、同中华优秀传统文化相结合。②在构建中国宪法学话语体系时，无疑必须坚持这一方法论，将宪法与中国具体实际、中华优秀传统文化相结合。

二是坚持问题导向。宪法学研究不是纯粹的理论研究，而应以宪法实践为依托。宪法不仅要成为依法治国、依法执政的基石，亦要务实管用。应关注宪法规范的实施效果，毕竟宪法规范写得再好，如果不能得以实现，便是一纸空文。③

三是立足大局观。中国宪法的独特发展路径丰富了宪法的理论与实践，为世界提供了中国智慧与范本，应立足世界观、大局观研究中国自主的宪法学话语体系。首先，中国宪法丰富了世界宪法的类型。

---

① 周叶中：《中国特色社会主义宪法学话语体系论纲》，载《武汉大学学报（哲学社会科学版）》2023年第6期。

② 习近平：《高举中国特色社会主义伟大旗帜 为全面建设社会主义现代化国家而团结奋斗——在中国共产党第二十次全国代表大会上的报告》，《人民日报》2022年10月26日。

③ 周叶中：《中国特色社会主义宪法学话语体系论纲》，载《武汉大学学报（哲学社会科学版）》2023年第6期。

中国宪法的自主性时代的来临，使中国宪法从指导思想与任务、公民基本权利与义务的内容、国家机构的架构与权责内容、基本原则的内核要素等核心内容上完全不同于西方宪法的模式与基础理论。特别是中国特色的社会主义市场经济模式、文化制度、生态文明等层面丰富了社会主义宪法的模式与路径，开辟了中国特色社会主义宪法发展路径。其次，中国宪法丰富了世界宪法的理论根据。中国宪法所倡导的"人类命运共同体"指出世界是一个文化与种族多样的世界，但却在同一个命运共同体当中，各国人民在追求本国利益时要兼顾他国合理关切，在谋求本国发展中促进各国共同发展。最后，中国宪法丰富了世界宪法的实践形式。我国在宪法的适用上走的是一条与自己的政治传统、文化、历史与法治进程相适用的"解释与监督实施"模式，在保证国家机关权威的同时可解决问题，在避免撕裂社会的同时实现公权力机关的自我纠正与调整，从而发挥着宪法的凝聚共识、弥合社会纷争的任务。[1]

---

[1] 刘大勇：《中国宪法发展的自主性确立及其贡献评述》，载《黑龙江省政法管理干部学院学报》2023年第5期。

典型宪法案例

第六讲
CHAPTER 6

一 用人单位可以完全主观地设置招聘条件吗？

【案例回顾】

2019年7月，浙江喜来登度假村有限公司通过智联招聘平台向社会发布了一批公司人员招聘信息。7月3日，闫某琳通过智联招聘手机App针对喜来登公司发布的岗位招聘信息分别投递了求职简历。闫某琳投递的求职简历中，包含有姓名、性别、出生年月、户口所在地、现居住城市等个人基本信息，其中户口所在地填写为"河南南阳"，现居住城市填写为"浙江杭州西湖区"。据杭州市杭州互联网公证处出具的公证书记载，公证人员使用闫某琳的账户、密码登录智联招聘App客户端，确认了以下事实：闫某琳投递的前述"董事长助理"岗位在7月4日14点28分被查看，28分时给出岗位不合适的结论，"不合适原因：河南人"；"法务专员"岗位在同日14点28分被查看，29分时给出岗位不合适的结论，"不合适原因：河南人"。闫某琳因案涉公证事宜，支出公证费用1000元。闫某琳向杭州互联网法院提起诉讼，请求判令喜来登公司赔礼道歉、支付精神抚慰金及承担诉讼相关费用。

杭州互联网法院于2019年11月26日作出（2019）浙0192民初6405号民事判决：第一，被告喜来登公司于本判决生效之日起十日内赔偿原告闫某琳精神抚慰金及合理维权费用损失共计10000元。第二，被告喜来登公司于本判决生效之日起十日内，向原告闫某琳进行口头道歉并在《法制日报》公开登报赔礼道歉（道歉声明的内容须经本院审核）；逾期不履行，本院将在国家级媒体刊登判决书主要内容，所需费用由被告喜来登公司承担。第三，驳回原告闫某琳其他诉讼请求。宣判后，闫某琳、喜来登公司均提起上诉。杭州市中级人民法院于2020年5月15日作出（2020）浙01民终736号民事判决：驳回上诉，维持原判。①

【以案释法】

平等就业权是人权重要内容，属于生存权和发展权体系中的下阶位权利。在"闫某琳案"中，法院认为，"喜来登公司以'河南人'为由拒绝给予闫某琳就业机会的行为已经构成就业歧视，其存在侵权的主观过错，该就业歧视行为造成闫某琳丧失了就业机会，损害了闫某琳作为劳动者的人格尊严"。一方面，裁判者从反就业歧视视角，对企业用工自主权的滥用给予规制，实现了法律的秩序价值，体现了司法裁判政治效果、社会效果和法律效果的统一。另一方面，闫某琳案裁判体现了《经济、社会和文化权利国际公约》《消除一切形式种族歧视国际公约》《消除对妇女一切形式歧视公约》《劳动和职业歧视公约》等国际公约和国际法有关就业歧视和平等就业权的相关规定所体现出的精神。

《宪法》第三十三条第二款规定"中华人民共和国公民在法律面前一律平等"，第三款规定"国家尊重和保障人权"。第三十八条第一款规定"中华人民共和国公民的人格尊严不受侵犯"。第四十二条第一款规定"中华人民共和国公民有劳动的权利和义务"。

1994年《劳动法》从劳动者权利保护视角，在第三条明确规定，"劳动者享有平等就业和选择职业的权利"，并在促进就业章第十二条

---

① 《指导案例185号：闫佳琳诉浙江喜来登度假村有限公司平等就业权纠纷案》，中华人民共和国最高人民法院官网，https://www.court.gov.cn/fabu/xiangqing/364691.html。

中规定,"劳动者就业,不因民族、种族、性别、宗教信仰不同而受歧视"。此后,2008年施行的《中华人民共和国就业促进法》则从反对就业歧视视角,在第三条重申《劳动法》第三条和第十二条内容,并将《劳动法》第三条和第十二条合二为一,确定了就业平等权保护的基本内容,并通过在"民族、种族、性别、宗教信仰"之后增加"等"字,扩展了平等就业权弹性化外延。从该法律规定来看,平等就业主要任务是反对就业歧视,包括性别歧视、民族歧视等。

从平等就业权的司法保障来看,《就业促进法》第六十六条明确了侵害就业平等权的民事赔偿责任。2018年12月,最高人民法院发布了《最高人民法院关于增加民事案件案由的通知》,增加了"平等就业权纠纷"案由。但从闫某琳案的救济内容看,法院支持了精神抚慰金、合理维权费用、公开道歉诉讼请求,实现了司法裁判的法律效果。

【总结提示】

当前就业歧视现象成为最广泛、最严重的社会问题之一,其核心在于侵害宪法和法律上赋予公民的平等就业权。我国各类各级国家机关高度关注公民平等就业权的实现问题,通过制定劳动法等法律,出台相关政策、措施和通知,公布指导性案例等,表明了坚决的反歧视态度。

2022年7月6日,最高院公布了第32批指导案例,其中指导案例185号,明确了用人单位在招用人员时,基于地域、性别等与"工作内在要求"无必然联系的因素对劳动者进行无正当理由的差别对待的,构成就业歧视,应当承担相应的法律责任。

2022年11月11日,最高人民法院会同最高人民检察院、教育部发布《关于落实从业禁止制度的意见》,按照最有利于未成年人的原则,就依法严格执行犯罪人员从业禁止制度，明确了司法保护与学校保护、社会保护的具体规则及职责分工、工作衔接等问题。《意见》共10条，主要内容如下：一是明确了司法机关在办理教职员工犯罪案件中适用从业禁止、禁止令规定的具体规则。二是规定了在教职员工犯罪案件的判决生效后，人民法院应当向教育行政部门送达裁判文书。三是明确了人民法院刑事判决与犯罪教职员工所在单位、主管部门处理、处分和处罚的关系。

事实上，就平等权而言，在个案中如何衡量平等权受到损害，首要的标准是差别对待是以何种标准来划分的。划分标准越接近人的固有特征，比如相貌、年龄等，对平等权的损害强度越大，而越接近财产、职业、学历等客观情形或特征，对平等权的损害强度相对较小。此外，除了考量平等，也应当考量用人单位的自由，如果自由优于平等，就不构成歧视。这就提示，在适用法律时遇到一个抽象的概念，应当考虑背后的宪法因素，贯彻落实《宪法》第三十三条平等条款和人权保障条款。

二　言论自由是无限制的吗？

【案例回顾】

江某毕业于某航空航天大学，现就职于国家某航天航空研究中心，主要从事数据分析等工作。一日，江某的项目完成后和朋友去泰国度假，到某酒吧喝酒，江某趁着酒劲儿大肆宣扬自己的职业，说自己能力很强。因为朋友们没有听过航空研究的内部事情，都很好奇，在朋友的追问下，江某将一些不能透露的机密宣扬出来。①

【以案释法】

《宪法》第三十五条："中华人民共和国公民有言论、出版、集会、结社、游行、示威的自由。"

言论自由是指公民享有宪法赋予的通过口头、书面、著作及电影、戏剧、音乐、广播电视等手段发表自己意见和观点的自由权利。它有广义和狭义之分：（1）狭义的言论自由是公民在公共场所发表意见或者讨论问题的权利；（2）广义的言论自由除了包含狭义的言论自由外，还包括出版自由、学术自由和新闻自由等权利。言论自由在宪法中主要指政治言论自由。言论自由在政治权利体系中处于核心地位，是民主政治的基础，具有政治监督作用。

言论自由作为公民的法律权利，其核心是指国家的任何立法与行政活动都不得剥夺公民的言论自由。但是，任何自由都不是绝对的，都要受到一定的限制。（1）不得侵犯他人的名誉权，否则构成诽谤；（2）不得侵犯他人的隐私权，否则构成侵权；（3）不得有猥亵和淫秽等违反善良风俗的言论；（4）不得泄露国家机密、危害国家安全。

在上述案例中，江某的言论泄露了国家机密，是对言论自由的不正当行使，应当加以限制。

【总结提示】

言论自由，是公民自由发表意见的权利。正如任何权利都有边界，言论自由也有其底线。领导干部既有公职身份，也有个人身份。作为个人，理所当然地享有宪法和法律所保障的各种权利。我们党也

---

① 《弘扬宪法精神，维护宪法权威——宪法典型案例》，澎湃新闻，https://www.thepaper.cn/newsDetail_forward_24363640。

一直提倡讲真话、讲实话，甚至允许"讲错话"。但是，较之普通公民，公职人员的"言论自由"要受到更多的限制。许多国家都规定，法官不得利用言论自由泄露审判秘密，公务员履行职务时无权向公众发表个人意见。我国《行政机关公务员处分条例》禁止公务员散布有损国家声誉的言论，《法官职业道德基本准则》也要求法官"不得针对具体案件和当事人进行不适当的评论"。这是因为，作为代表民众行使国家权力的人，公职人员在工作场合甚至在一些其他场合的言论，都会被解读为官方意志。作为手中掌握公权力，背负特殊义务的公职人员，其权利应当受到一定限制，这是现代社会的一项基本政治和法律常识。

正如公职人员不得经商、必须申报个人财产、出境自由受到限制一样，公职人员的"言论自由"，除了要与其他公民一样受到法律的约束之外，还要受到身份的约束、党纪政纪的约束。我们提倡"知无不言"，但这种言论应该建立在组织纪律的基础上，建立在"权为民所用，情为民所系，利为民所谋"的基础上，建立在调查研究、深思熟虑的基础上。

三 如何理解法律面前一律平等？

【案例回顾】

欠债还钱，天经地义，支付罚息，也理所应当。但是，银行却在本金、罚息之外，另收"滞纳金"，并且还是按复利计算，结果经常导致"滞纳金"远高于本金，成了实际上的"驴打滚"。中国银行某高新技术产业开发区支行起诉信用卡欠费人沙女士，请求人民法院依法判令沙女士归还信用卡欠款共计375079.30元（包含本金339659.66元及利息、滞纳金共计35419.64元）。银行按每日万分之五的利率计算的利息，以及每个月高达5%的滞纳金，这就相当于年利率高达78%。受理本案的人民法院认为，根据合同法、商业银行法，我国的贷款利率是受法律限制的，最高人民法院在关于民间借贷的司法解释中明确规定：最高年利率不得超过24%，否则就算"高利贷"，不受法律保护。但问题在于，最高法的司法解释针对的是"民间高利贷"，而原告是根据中国人民银行的《银行卡业务管理办法》收取滞纳金的，该如何审理？[①]

【以案释法】

在我国社会主义法律体系中，宪法是国家的根本大法，处于最高位阶，一切法律、行政法规、司法解释、地方性法规和规章、自治条例和单行条例都不得与宪法和法律规定精神相违背。依法治国首先是必须依宪治国。党的十八届四中全会重申了《宪法》第五条关于"一切违反宪法和法律的行为，必须予以追究"的原则，强调要"努力让人民群众在每一个司法案件中感受到公平正义"。此案中，法官引述了《宪法》第三十三条第二款规定："中华人民共和国公民在法律面前一律平等。"法官认为："平等意味着对等待遇，除非存在差别对待的理由和依据。一方面，国家以贷款政策限制民间借款形成高利；另一方面，在信用卡借贷领域又形成超越民间借贷限制一倍或者几倍的利息。这显然极可能形成一种'只准州官放火，不许百姓点灯'的外在不良

[①] 《让人民群众在司法案件中感受到公平正义》，仁怀市人民政府官网，https://www.rh.gov.cn/zwgk/zdlyxx/ggflfw/yasf/202011/t20201109_69253852.html。

观感。"法官从宪法"平等权"等多个层面，提出应对法律作系统性解释，认为"商业银行错误将相关职能部门的规定作为自身高利、高息的依据，这有违于合同法及商业银行法的规定"，从而最终驳回了银行有关滞纳金的诉讼请求，仅在本金339659.66元、年利率24%的限度内予以支持。

【总结提示】

无论是在执法还是司法过程中，都要把尊重人权放在第一位，坚持以人为本，严格依照法定程序执法、司法。在执法、司法过程中不因人而异，不因事而异，要同等对待。对任何个人或单位的违法犯罪行为都要依法经过查证属实，证据确凿，才能依照相关法律规定追究其法律责任。保证不冤枉一个好人，也不能放过任何一个违法犯罪的人，做到法网恢恢，疏而不漏。

四 "不知者无罪"是否可以成为挡箭牌？

【案例回顾】

2005年7月13日上午，陕西省西安市中级人民法院对某市委宣传部原副部长张某涉嫌受贿、巨额财产来源不明、滥用职权一案作出一审判决：以受贿罪，判处其有期徒刑十二年，并处没收财产五万元人民币；以巨额财产来源不明罪，判处其有期徒刑一年零六个月；以滥用职权罪，判处其有期徒刑四年零六个月。决定对张某执行有期徒刑十七年，并处没收财产五万元人民币。

张某在担任某市广电局局长、党组书记，兼任有线网络公司及广电传输公司董事长期间，在有线网络公司增资扩股过程中，明知该市三家公司均不具备投资资格和实力，无视有线网络公司评估的净资产值为43288.75万元的事实，超越职权擅自决定成立融资小组，并将上述三家公司作为融资对象，强行通过股东会决议，使三家公司通过银行贷款享有了有线网络公司49%的股权，致使有线网络公司10892.55万元的国有资产受损；另外被告人张某还滥用职权违法同意给该市某公司贷款提供担保，给广电传输公司造成1020.19万元的直接经济损失。

张某在任该市某公司法定代表人和某科技有限责任公司实际出资人期间，为达到偷税目的，指使公司会计采用在账簿上虚列工资、差旅费、误餐费等支出的手段，将现金套出，存入私人存折等手段共计偷税金额324934.75元。庭审中，昔日的副部长当庭7次痛哭不已，哽咽着说："我没有学好法律，当时没有认识到自己的行为是受贿，但是现在我已经认识到了自己是在犯罪。作为一名犯罪嫌疑人，我应该认罪服法。"[1]

【以案释法】

《宪法》序言最后一自然段中的原则性规范依据，包括三个方面的内容：一是宪法是国家的根本法，具有最高法律效力；二是所有组织、团体和个人都必须以宪法为根本活动准则；三是所有组织、团体和个人都负有维护宪法尊严和保证宪法实施的职责。

《宪法》第五条第四款明确规定："一切国家机关和武装力量、各政党和各社会团体、各企业事业组织都必须遵守宪法和法律。一切违

---

[1]《涉嫌受贿、巨额财产来源不明、滥用职权 重庆市委宣传部原副部长张小川被一审宣判》，中国法院网，https://www.chinacourt.org/article/detail/2005/07/id/170128.shtml。

反宪法和法律的行为，必须予以追究。"

法律面前人人平等包括立法平等、守法平等、司法平等、执法平等。任何主体都有平等地享有宪法法律规定的权利，平等地履行宪法法律规定的义务。这意味着在我国，守法的主体是非常全面、广泛和普遍的，没有任何例外。

党的十八大以来，中国共产党重拳出击严厉惩治贪污腐败，坚持老虎苍蝇一起打。既针对贪腐高官，又针对百姓周围的蝇贪，不分级别高低，不分地域领域，只要触犯了党纪国法，侵犯了人民群众的合法权益，就要受到严肃追究和法律的制裁。

领导干部腐败不能以"不懂法"为借口。近两年，被查处的官员不计其数，而被查处的官员给出的贪腐的理由更是五花八门，甚至有些理由让人哭笑不得。贪官出事之后，以自己"不懂法"作为借口，张某不是第一人。某省原省委书记刘某"忏悔"时说："作为省委书记，自以为什么都懂。但是，通过这次法庭审理才发现，自己其实是个法盲。"据报道，中组部干部监督局在分析违法犯罪的多个原领导干部的反省材料时发现，其中81.4%的人认为自己犯罪与不懂法有关。

然而说到底，贪腐就是欲望在作祟。贪官都说自己不懂法是明摆着的谎言，真正的原因不是他们不懂法律，而是他们不懂得尊重法律。一名领导干部从基层上来，接受过多年的教育和培训，应该知道什么事能做，什么事不能做。在法治社会，连老百姓都应有基本法律常识，作为一名党的领导干部，竟然不学法、不懂法，未免令人诧异。究其原因，是个别领导干部抱着侥幸心理，也有人拿党纪国法当儿戏，肆意放纵手中的权力。一些干部官本位意识强，在他们眼里，权力大于一切，甚至凌驾于法律之上，由此导致法律观念淡薄，对法律没有敬畏，没有守法、遵法意识。也有干部轻视政治学习和法纪学习，就像金华市原副市长朱福林，把自己定位为技术型领导干部，对政治学习毫无兴趣，15年没有去党校参加过学习进修，也谈不上学习党纪国法。这些都是典型的法治理念、法治思维、法治精神、法治信仰没有入脑入心。法律格言说：法律必须被信仰，否则它将形同虚设。法律信仰就是要在全体人民（包括官员）心目中树立起法律权威，这是法治社会的要义。[①]

【总结提示】

面对错综多变的形势，各级领导干部们如何保持清醒的头脑，如何做到清廉自律、远离腐败？

党的十八届四中全会通过的《中共中央关于全面推进依法治国若干重大问题的决定》在谈到增强全民法治观念、推进法治社会建设时，非常鲜明地提出了"让尊法守法成为全体人民共同追求和自觉行动"的目标。作为一名干部，要加强自身廉政修养，从思想上树立正确的人生观、价值观，坚定为人民服务的信念，想人民所想、解人民所忧，维护好人民切身利益，坚决杜绝徇私枉法、贪污腐败行为。要主动做到廉洁自律，克己奉公，面对纷繁的物质诱惑，面对奢靡、享乐之风，更要提高自我控制能力，对贪腐主动说"不"。

在新的历史节点，党的二十大报告再次对腐败这个危害自身生命力和战斗力的最大毒瘤宣战，对反腐败未来工作提出明确要求，强调"坚决打赢反腐败斗争攻坚战持久战"，"反腐败是最彻底的自我革命"，"以零容忍态度反腐惩恶""决不姑息"等。"不懂法"绝不能成为贪腐

[①] 《贪腐岂能找借口》，《浙江日报》2015年7月30日。

的借口，各地都应加强党员干部党纪国法教育，强化党章意识、忠诚意识、纪律意识、责任意识、廉洁意识，让干部心生畏戒，真正做到不敢腐、不能腐、不想腐。

五 被"自愿"退学会获得宪法保护吗？

【案例回顾】

某地某中学是远近闻名的初中，学校的中考升学率连年高升，近几年上升幅度逐年放缓，甚至会出现降低的趋势。该校为提高中考升学率，在临近中考的前一两个月，会授意老师对各学科总分排名在年级最末的数十名学生，以与家长沟通、协商，许诺保证给予初中毕业证等方式，使家长"自愿"让孩子提前退学，不参加中考，这样使该校学生中考升学录取率得以提高。而对学校如此的要求，家长们中有的被迫同意，导致孩子无学可上，但也有家长表示不服，声称孩子上学是国家赋予的基本权利，不能被这么剥夺，要将该校起诉到法院，用法律武器保护孩子们受教育的权利。数十名学生的家长联名上告，学校表示认识到了违法行为，说明之前是过于追求升学率，却忽视了学生受教育的基本权利。[1]

【以案释法】

"受教育权"规定在《宪法》第四十六条第一款："中华人民共和国公民有受教育的权利和义务。"此外，《中华人民共和国义务教育法》

---

[1]《宪法宣传周|以案普法第六期：这是我受教育的权利》，澎湃新闻网，https://www.thepaper.cn/newsDetail_forward_21107341。

第二条第二款规定："义务教育是国家统一实施的所有适龄儿童、少年必须接受的教育，是国家必须予以保障的公益性事业。"《中华人民共和国未成年人保护法》第二十八条第一款规定："学校应当保障未成年学生受教育的权利，不得违反国家规定开除、变相开除未成年学生。"

在上述案例中，某中学为了提升升学率，剥夺学生在校学习的权利，明显有违国家法律法规的条款内容。即使学生的成绩差，学校也不能以此为借口，非法剥夺学生的受教育权。对于成绩差的学生，更加需要学校和老师进行引导，帮助其提升，而不是弄虚作假，劝其"退学"。同时，当学生及家长因合法权利遭到非法侵害时，可向人民法院提出诉讼，依法维护自己的合法权益。

【总结提示】

宪法是国家的根本大法，但在很多人印象中，宪法似乎离自己很远，日常生活中好像也很少用到。实则不然。每个人从出生的那一天起，就与宪法建立了紧密的联系。实际上，对社会的每一分子来说，从出生到上学到工作、买房、退休……每个人生的重要时刻都离不开宪法的保护。

受教育义务包括义务教育、就业前教育和针对劳动者的教育。我国《宪法》第四十六条规定公民有受教育的权利和义务，其背后蕴涵着国家教育权与受教育权的法律关系。受教育权是一项基本人权，受教育权是中国公民所享有的并由国家保障实现的接受教育的权利，是宪法赋予的一项基本权利，也是公民享受其他文化教育的前提和基础。当受教育权受到侵犯时我们要运用法律武器来维权。

就在2023年6月25日，湖南省高级人民法院公布了与受教育权有关的案件。15岁的小丽（化名）被录取为长沙某职业技术学院学生。学校发现小丽手臂上有一处文身，告知其父后宣布校方将开除小丽学籍。小丽报警后协商无果，承诺消除文身后再行返校亦遭拒绝，遂决定将学校诉至法院。据查明，该校招生简章载明，报考该校学生不得有文身，开学发现文身将取消入学资格。长沙铁路运输法院审理认为：长沙市某学校具有行政诉讼的被告主体资格，本案属于行政诉讼的受案范围。长沙市某学校取消小丽入学资格的行为不符合行政行为合法性要求、比例原则，且仅口头决定取消入学资格这一程序明显不当。故决定取消原告小丽入学资格的行为违法。这一决定有力地保护了未成年学生受教育的权利。

国家与公民之间的关系是受教育权在宪法层次的立足点，归根结底是基本权利义务关系，有自己独立的价值。而从行政法的角度来看，受教育权更多地是在表达公民与国家行政机关以及教育机构之间的关系，其救济方式主要为行政复议和行政诉讼等途径。

六 遇到法律规定冲突时如何适用？

【案例回顾】

原告李某通过了某市人事局组织的2007年考试录用公务员的笔试和面试。2007年7月26日，市人事局按湘人发（2007）33号文件和国人部发（2005）1号《公务员录用体检通用标准（试行）》规定，委托该市四三〇医院对已通过面试和笔试的考生进行体检，原告李某体检结论为"不合格"。2007年8月3日，人事局以同样的体检依据，委托该市另一家医院对李某进行复检，结论为：肝功能无损害，大三阳，无症状和体征，根据湘人发（2005）31号文件附1第七项可诊断慢性活动性乙肝，不合格。体检后，市人事局电话通知原告：体检不合格，不予录用。但在2007年3月1日，人事部办公厅、卫生部办公厅下发国人厅发（2007）25号《关于印发〈公务员录用体检操作手册〉（试行）的通知》则明确规定"单纯大、小三阳而无肝脏生化异常者，不应按现症肝炎患者对待，而应按乙型肝炎病原携带者对待，作合格结论"。在体检时，原告要求市人事局按国人厅发（2007）25号文件规定的标准执行，而市人事局不同意适用该文件。为此原告向法院起诉。①

【以案释法】

本案最关键的是法律规定出现冲突时如何适用的问题。法律的效力，一般说来，法律高于行政法规、地方性法规、规章；行政法规的效力高于地方性法规、规章；地方性法规的效力高于本级和下级地方政府规章。省、自治区的人民政府制定的规章的效力高于本行政区域内的较大的市的人民政府制定的规章。

《立法法》对"效力层级"有明确的规定。例如，第九十八条规定："宪法具有最高的法律效力，一切法律、行政法规、地方性法规、自治条例和单行条例、规章都不得同宪法相抵触。"第九十九条规定："法律的效力高于行政法规、地方性法规、规章。行政法规的效力高于地方性法规、规章。"第一百条规定："地方性法规的效力高于本级和下级地方政府规章。省、自治区的人民政府制定的规章的效力高于本行政区域内的设区的市、自治州的人民政府制定的规章。"具体到地方性法规和部门规章的效力裁决问题，第一百零六条规定："地方性法规、规章

---

① 杨建顺：《完善标准和证据制度，以正当程序确保权利救济实效性——张先著公务员录取资格案评析》，载《中国法律评论》2019年第2期。

之间不一致时，由有关机关依照下列规定的权限作出裁决：（一）同一机关制定的新的一般规定与旧的特别规定不一致时，由制定机关裁决；（二）地方性法规与部门规章之间对同一事项的规定不一致，不能确定如何适用时，由国务院提出意见，国务院认为应当适用地方性法规的，应当决定在该地方适用地方性法规的规定；认为应当适用部门规章的，应当提请全国人民代表大会常务委员会裁决；（三）部门规章之间、部门规章与地方政府规章之间对同一事项的规定不一致时，由国务院裁决。根据授权制定的法规与法律规定不一致，不能确定如何适用时，由全国人民代表大会常务委员会裁决。"

在本案中，原人事部办公厅和原卫生部办公厅联合发布的国人厅发（2007）25号《关于印发〈公务员录用体检操作手册〉（试行）的通知》显然是根据立法法的规定，依法律和国务院的行政法规、决定、命令，在其部门的权限范围内，制定的部门规章，又因为涉及了两个以上国务院部门职权范围的事项，所以两个部门联合制定了规章。部门规章在与上位法没有冲突的情况下，适用于全国范围。而湘人发（2007）33号文件是由湖南省委组织部和湖南省人事厅共同制定的，并非一个地方性法规，只是地方政府一个部门的规范性文件，它的效力自然劣于部门规章。所以，当这两个文件发生冲突时，适用部门规章，也就是国人厅发（2007）25号文件，是无疑的。何况湘人发（2007）33号文件也明确指出要适用更早的部门规章国人部发（2005）1号文件，而国人厅发（2007）25号文件只是国人部发（2005）1号文件所列各项体检标准的细化，并没有增加新的规定。

【总结提示】

法律冲突主要是指两个或两个以上法律规范的调整事项相同却规

定不可并用的法律效果，导致当其同时指涉同一案件事实时只能择一而适用的情形。就司法实践而言，判断法律冲突的最终目的在于正确选择适用法律规范。立法法对于法律冲突规定了三大适用选择规范，即"上位法优先"、"新法优先"和"特别法优先"；另一方面，立法法赋予地方立法权并将其扩大到设区的市，还未对地际冲突的适用规则作出规定。

法律冲突的存在可能引发社会纷争，损害公民权利和利益，妨碍经济发展和社会进步，损害法治建设和国家形象。鉴于此，未来我国立法还可进一步补充相关适用规则，作出更为明确的实践指引。一是，关于三大法律冲突适用规则。一方面，可以明确规定异阶冲突的抵触无效规则；另一方面，理论和实务上对新旧冲突与普特冲突的界限普遍存在误识，因此有必要加入该两冲突中不同法律规范的事实构成关系，前者为全同关系，后者为从属关系。二是，关于地际冲突的适用规则。立法法规定了地方立法体制，却未规定地际冲突的适用规则，因此有必要统一规定行为地法规则、身份地法规则、有利于当事人规则和裁处地法规则。三是，关于裁决机制的适用范围和适用前提。其一，修正新普旧特冲突送请裁决的规定，代之以明确的适用规则，即"新的一般规定没有废止旧的特别规定的，优先适用旧的特别规定"；其二，其他两类特殊法律冲突的送请裁决，可规定以"不能确定如何适用"为送请前提。解决法律冲突虽非一日之功，但也不能消极坐等。毕竟，解决法律冲突是国家法治建设的重要组成部分，也是保障公民权益、促进社会稳定发展的必要条件。①

---

① 余文唐：《法律冲突基本问题疏辨》，载《山东法官培训学院学报》2023年第3期。

七 如何践行"宪法至上"原则?

【案例回顾】

孙某是一位27岁的湖北武汉青年,2001年在某科技学院艺术设计专业毕业,2003年2月24日受聘于某服装有限公司。2003年3月17日晚10时许,孙某因未携带任何证件外出,被执行清查任务的公安分局某街道派出所民警收容送至市收容遣送中转站。2003年3月18日晚10时许,孙某被收容后因自报有心脏病被送至市收容人员救治站治疗;3月19日晚,孙某因向其他收容救治人员的亲属喊叫求助,遭致乔某的忌恨,乔某遂与李某商量,决定将孙某调至该站另一处,让室内的收容救治人员对其进行殴打。第二天上午10时许,孙某被发现伤重后经抢救无效死亡。4月25日,《南方都市报》以被收容者孙某之死为题,首次披露了孙某惨死事件。次日,全国各大媒体纷纷转载此文,并开始追踪报道。

6月5日上午,孙案开庭。6月9日孙案一审判决:主犯乔某被判处死刑,李某被判处死缓。其他参与的9名被告人也分别被判处三至十五年有期徒刑。同日,孙案涉及的民警、救治站负责人、医生及护士一共6人,因玩忽职守罪,被分别判处二至三年有期徒刑。[①]

【以案释法】

人身自由是宪法赋予我国公民的一项基本权利,在不需要履行

---

① 李恩慈、郑贤君:《由孙志刚案看宪法基本权利的限制》,载《法学家》2004年第2期。

严格的法律程序情况下，就可以轻易限制公民的人身自由权，致使本意虽然也是出于履行社会救助和城市管理职能的《城市流浪乞讨人员收容遣送办法》，在一些地方却成了严重侵犯公民人身自由的"依据"。《宪法》第三十七条明确规定："中华人民共和国公民的人身自由不受侵犯。任何公民，非经人民检察院批准或者决定或者人民法院决定，并由公安机关执行，不受逮捕。禁止非法拘禁和以其他方法非法剥夺或者限制公民的人身自由，禁止非法搜查公民的身体。"显然，这一宪法规定精神在《城市流浪乞讨人员收容遣送办法》中难以得到很好的体现。2003年，孙某事件发生后，在社会上引起极大反响，社会各界普遍认为该行政法规与宪法相抵触，以至当时有学者上书全国人大常委会法工委，建议审查该法规。这一事件引起了党和国家的高度重视，2003年6月20日，国务院公布了《城市生活无着的流浪乞讨人员救助管理办法》，《城市流浪乞讨人员收容遣送办法》同时废止。随后，国务院各有关部门按照国务院的部署，统一清理和废止了一批本部门制定的与上位法相抵触、不适宜继续实施的规范性文件。

【总结提示】

"宪法至上应该成为中国法治之路的灵魂"[1]，它是法律至上性原则的核心内容，强调与其他法律相比宪法居于母法和最高法的地位，即宪法作为根本法构成国家制定法的基础和核心，在国家整个法律体系中的层次、地位和效力最高，其他法律的制定都必须以宪法为依据，不能与其规定相抵触。"一切法律、行政法规和地方性法规都不得与宪

---

[1] 周叶中：《宪法至上：中国法治之路的灵魂》，载《法学评论》1995年第6期。

法相抵触",这是对宪法至上原则的明确表述。

从法治的总体实践而言,宪法至上意味着宪法的最高权威,强调权力的公共性和非人格化,要求所有公权力以宪法为基础,并受宪法约束,还要求一般立法和具体的执法、司法切实保护公民基本权利。作为一种制度,宪法至上的法制地位表明了宪法在政治制度和法律制度中的双重根本性和在政治法律实践中的最高权威。坚持宪法至上,维护宪法权威,推动宪法实施,是习近平法治思想指引下推进全面依法治国的根本性安排。[①]

八 宪法是否保护公民的举报权?

【案例回顾】

2009年4月上海青年王某在网上发帖举报家乡河南违法征地,遭到河南省灵宝市公安机关的跨省追捕。那么,公民对于国家机关及其工作人员的违法行为,是不是有权利进行批评、举报呢?这样的权利在宪法上有依据吗?[②]

【以案释法】

《宪法》第四十一条规定:"中华人民共和国公民对于任何国家机关和国家工作人员,有提出批评和建议的权利;对于任何国家机关和国家工作人员的违法失职行为,有向有关国家机关提出申

[①] 秦前红:《宪法至上:全面依法治国的基石》,载《清华法学》,2021年第2期。

[②] 惊鸿:《2009年热点法制事件》,载《政府法制》2010年第1期。

诉、控告或者检举的权利，但是不得捏造或者歪曲事实进行诬告陷害。对于公民的申诉、控告或者检举，有关国家机关必须查清事实，负责处理。任何人不得压制和打击报复。由于国家机关和国家工作人员侵犯公民权利而受到损失的人，有依照法律规定取得赔偿的权利。"

由此可见，公民对于国家机关工作人员的行为，是有权利提出批评、举报、申诉或者控告的，但是不得捏造或者歪曲事实进行诬告陷害。而对于国家机关来讲，对于公民的批评或者举报，必须查清事实，不得进行打击报复。并且，对于国家机关和国家工作人员侵犯公民权利而致使公民受到损失的，公民可以依照《国家赔偿法》的规定，取得赔偿。

【总结提示】

在现实生活中，部分国家机关工作人员法治意识淡薄，因此侵犯公民权利的事件时有发生。随着公民法律意识的增强，相当一部分权利受到侵害的人拿起法律武器，来维护自己的权利。然而，在公民行使权利的过程中，时常会受到打压。上述案例就是这方面活生生的例子。

根据有关规定，公民举报享有以下几个方面的权利：（1）举报权。举报权是宪法赋予公民的一项民主监督权利。对于公民的举报，任何人不得压制和打击报复。（2）要求回避权。举报人发现举报机构接待的工作人员有法定回避情形的，有权要求其回避。（3）查询结果权。公民举报后，在一定期限内得不到答复时，有权向受理机关询问，要求给予负责的答复。（4）要求保护权。《刑事诉讼法》第一百一十一条第三款规定："公安机关、人民检察院或者人民法院应当保障报案人、控告人、举报人及其近亲属的安全。报案人、控告人、举报人如果不愿公开自己的姓名和报案、控告、举报的行为，应当为他保守秘密。"（5）享有物质和精神奖励权。对举报违法犯罪的有功人员和单位，举报受理机关根据规定，给予其精神、物质奖励。（6）其他权利。如举报人有选择举报方式的自由等。

公民举报负有以下几个方面的义务：（1）举报义务。《刑事诉讼法》第一百一十条第一款规定："任何单位和个人发现有犯罪事实或者犯罪嫌疑人，有权利也有义务向公安机关、人民检察院或者人民法院报案或者举报。"（2）据实举报义务。举报应实事求是，应如实提供被举报人的姓名、单位和违法犯罪事实；不得捏造事实，伪造证据，诬告陷害他人。（3）遵守举报工作有关规定，维护社会秩序和工作秩序。

九　国旗的宪法权威如何落实？

【案例回顾】

2013年11月的一天，重庆某烈士陵园广场梯道中间的国旗被人用黑色黏稠液体投掷污损。这一严重政治案件发生在红色革命烈士陵园，且作案时间临近"11·27"大屠杀烈士牺牲纪念日，案件性质十分恶劣，在当地群众中激起了极大愤慨，大家纷纷表示："这里是革命烈士的安息之处，我们每个人都视这里为最神圣的地方，想不到竟有人胆敢如此嚣张！"此案引起了中央的高度关注，市委领导要求尽快组织侦破，消除影响。12月1日下午，公安干警将犯罪嫌疑人张某抓获归案。经审讯，张某交代了制作油漆鸡蛋并到现场投掷污损国旗的作案过程。①

【以案释法】

国旗是为宪法所规定的国家象征，受到法律保护。《宪法》第一百四十一条第一款明确规定，中华人民共和国国旗是五星红旗。落实国家认同是宪法赋予部门法的重要任务，为此，《刑法》第二百九十九条规定，在公共场合故意以焚烧、毁损、涂划、玷污、践踏等方式侮辱中华人民共和国国旗、国徽的，处三年以下有期徒刑、拘役、管制或者剥夺政治权利。《国旗法》第二十三条规定："在公共场合故意以焚烧、毁损、涂划、玷污、践踏等方式侮辱中华人民共和国国旗的，依法追究刑事责任；情节较轻的，由公安机关处以十五日以下拘留。"

【总结提示】

中华人民共和国国旗是五星红旗。红色，象征革命；五星呈黄色，象征红色大地上呈现光明。大星代表中国共产党，四颗小星环拱于大星右侧，并各有一个角尖正对大星的中心点，象征中国共产党领导下的中国人民大团结和人民对党的衷心拥护。

国旗具有强烈的宪法意义，它象征着统一国家，以及对中央政权的皈依，宣示着政治理念与理想。近代以来，列强入侵，内忧外患，江河破碎，民族危亡，在此情境之中逐渐形成的国旗观，早已超出了国家交往的标识、符号，具有唤醒民族主义、爱国主义，用来号召维护国家统一、抵抗外来侵略的作用。这也成为中国人最为根本的国旗

---

① 艾其来：《宪法知识党员干部读本（以案释法版）》，中国民主法制出版社2016年版，第18页。

观。任何对国旗的不恭、亵渎、焚烧，都难以为国人所容忍，更不会以表达自由来开脱。①

国家象征无法取代国家标志所指向的"功能性基础"，而国家标志也无力负担国家象征的"意义格局"，国家象征和国家标志互相成就，应当完整地以"国家象征和标志"作为宪法学上的规范概念与基本范畴。国旗法、国徽法、国歌法将"国旗"、"国徽"、"国歌"定位为"中华人民共和国的象征和标志"具有合理性和科学性。此外，相较于政治领域、日常生活领域等各个社会子系统所共享的基础功能，宪法强调以规范文本填充国家象征和标志"实质意义"上的"国家认同"，并同时维护国家象征和标志"形式意义"上指代的"国家主权和地位"。国家象征和标志能够塑造公民的国家认同，反映的是主权国家的权威和地位，捍卫国家象征和标志的宪制地位是必须维护的必然。②

十 如何落实行政不得干预司法？

【案例回顾】

云南省保山市委原常委、组织部长杨光银干预司法活动、插手具体案件处理案。2019年7月，保山市隆阳区人民法院在办理云南某建设工程公司合同纠纷一案中，时任保山市委常委、组织部长杨光银向该

---

① 余凌云：《国旗的宪法意义》，载《法学评论》2015年第3期。
② 杜吾青：《国家象征和标志的宪法学阐释：以国家认同为中心》，载《交大法学》2020年第3期。

院院长过问该案的审理情况。该院长按照案件监督的有关规定，向案件承办法官询问了有关案情，未对该案件的审判过程进行干预，但对相关情况未按规定记录填报。之后，案件依法进行了判决。2020年11月24日，保山市中级人民法院决定对该院长在全市法院通报批评。杨光银因涉嫌其他违法犯罪，已移交司法机关处理。[①]

【以案释法】

《宪法》第一百二十六条："人民法院依照法律规定独立行使审判权，不受行政机关、社会团体和个人的干涉。"

我国宪法规定，人民法院依法进行独立公正的审判，为法官依法独立行使职权提供必要的保证。人民法院依照法律规定独立行使司法权力，不受行政机构、社会组织和个人的干预。原则上，若确需实施行政干预必须具备以下条件：（1）行政机关对所干预事项具有法定的行政权力，并依此代表国家实施干预活动，干预具有权威性；（2）行政机关与被干预者存在上下级关系或管理与被管理的关系，没有这种关系，干预无效；（3）行政机关实施行政干预要有法律依据或政策依据，不能任意干预。

为确保司法机关依法独立公正行使职权，根据宪法法律规定，出台了具体的三项规定：一是《领导干部干预司法活动、插手具体案件处理的记录、通报和责任追究规定》。规定要求，各级领导干部应当带头遵守宪法法律，维护司法权威，支持司法机关依法独立公正行使职权。任何领导干部都不得要求司法机关违反法定职责或法定程序处理

[①]《中央政法委通报6起关于防止干预司法"三个规定"记录填报的典型案件》，中华人民共和国最高人民检察院官网，https://www.spp.gov.cn/spp/zdgz/202111/t20211120_535981.shtml。

案件，都不得要求司法机关做有碍司法公正的事情。①二是《司法机关内部人员过问案件的记录和责任追究规定》。规定要求，司法机关内部人员应当依法履行职责，严格遵守纪律，不得违反规定过问和干预其他人员正在办理的案件，不得违反规定为案件当事人转递涉案材料或者打探案情，不得以任何方式为案件当事人说情打招呼。②三是《关于进一步规范司法人员与当事人、律师、特殊关系人、中介组织接触交往行为的若干规定》。规定要求，司法人员与当事人、律师、特殊关系人、中介组织接触、交往，应当符合法律纪律规定，防止当事人、律师、特殊关系人、中介组织以不正当方式对案件办理进行干涉或者施加影响。③

【总结提示】

完整的司法独立不仅是指法院组织的独立，也包括法官个人的独

---

① 哪些行为属于违法干预司法活动？（1）在线索核查、立案、侦查、审查起诉、审判、执行等环节为案件当事人请托说情的；（2）要求办案人员或办案单位负责人私下会见案件当事人或其辩护人、诉讼代理人、近亲属以及其他与案件有利害关系的人的；（3）授意、纵容身边工作人员或者亲属为案件当事人请托说情的；（4）为了地方利益或者部门利益，以听取汇报、开协调会、发文件等形式，超越职权对案件处理提出倾向性意见或者具体要求的；（5）其他违法干预司法活动、妨碍司法公正的行为。

② 司法机关内部人员哪些行为属于违反规定干预办案？（1）在线索核查、立案、侦查、审查起诉、审判、执行等环节为案件当事人请托说情的；（2）邀请办案人员私下会见案件当事人或其辩护人、诉讼代理人、近亲属以及其他与案件有利害关系的人的；（3）违反规定为案件当事人或其辩护人、诉讼代理人、亲属转递涉案材料的；（4）违反规定为案件当事人或其辩护人、诉讼代理人、亲属打探案情、通风报信的；（5）其他影响司法人员依法公正处理案件的行为。

③ 严禁司法人员与当事人、律师、特殊关系人、中介组织哪些接触交往行为？（1）泄露司法机关办案工作秘密或者其他依法依规不得泄露的情况；（2）为当事人推荐、介绍诉讼代理人、辩护人或者为律师、中介组织介绍案件，要求、建议或者暗示当事人更换符合代理条件的律师；（3）接受当事人、律师、特殊关系人、中介组织请客送礼或者其他利益；（4）向当事人、律师、特殊关系人、中介组织借款、租借房屋，借用交通工具、通讯工具或者其他物品；（5）在委托评估、拍卖等活动中徇私舞弊，与相关中介组织和人员恶意串通、弄虚作假、违规操作等行为；（6）司法人员与当事人、律师、特殊关系人、中介组织的其他不正当接触交往行为。

立。法院组织的独立意味着法院行使审判权、法院的人财物不受其他组织的非法干涉，法官个人的独立意味着法官审判时只服从于事实和法律，不受案外因素的干扰。

我国是社会主义国家，国家的一切权力属于人民。人民通过各级代表大会制度行使权力，其他国家机关都是人民代表大会产生的，并受其监督。据此而言，在现行制度下我国"一府两院"的地位是平等的，司法权和行政权是作为平等的国家权力而存在的。司法独立是法律权威的前提条件和制度基础。在现代法治国家树立法治的权威、培养公民对法治的信仰是实现长治久安的有效途径。只有通过法律的手段才能起到定分止争、合理化解矛盾的作用。而司法权本质上是一种判断权，它的正确实施和运用必须以独立行使为前提。

十一　如何对待技术时代的权力滥用？

【案例回顾】

2022年6月22日郑州市纪委监委通报，郑州市委政法委常务副书记、市新冠疫情防控指挥部社会管控指导部部长冯献彬，团市委书记、市新冠疫情防控指挥部社会管控指导部副部长张琳琳，擅自决定对部分村镇银行储户来郑赋红码，安排市委政法委维稳指导处处长赵勇，市大数据局科员、市疫情防控指挥部社会管控指导部健康码管理组组长陈冲，郑州大数据发展有限公司副总经理杨耀环，对储户在郑扫码人员赋红码。据统计，共有1317名村镇银行储户被赋红码，其中446人系入郑扫场所码被赋红码，871人系未在郑但通过扫他人发送的郑州场所码被赋红码。依据《中国共产党纪律处分条例》《中华人民共和国公职人员政务处分法》，经研究决定对冯献彬等人的滥用职权行为予以政务处分：给予冯献彬同志撤销党内职务、政务撤职处分；给予张琳琳同志党内严重警告、政务降级处分；给予陈冲同志政务记大过处分；给予杨耀环、赵勇同志政务记过处分。通报中还指出，擅自对不符合赋码条件的人员赋红码，严重损害健康码管理使用规定的严肃性，造成严重不良社会影响，是典型的乱作为。[①]

【以案释法】

关于河南村镇银行千余名维权储户被赋红码这一案例，是典型的滥用职权行为。民众行使其基本权利却因被赋红码后寸步难行。这不符合法治建设的要求，侵犯了宪法的禁止限制公民人身自由，违背了紧急法治的原则，严重僭越了所遵循的和坚守的最基本的法律保留原则，也侵蚀了实质性的宪法原则即比例原则。

一是依法治国与公民人身自由不受侵犯。《宪法》第五条规定："中华人民共和国实行依法治国，建设社会主义法治国家。国家维护社会主义法制的统一和尊严。一切法律、行政法规和地方性法规都不得同宪法相抵触。一切国家机关和武装力量、各政党和各社会团体、各企业事业组织都必须遵守宪法和法律。一切违反宪法和法律的行为，必须予以追究。任何组织或者个人都不得有超越宪法和法律的特权。"第三十七条规定："中华人民共和国公民的人身自由不受侵犯。任何公民，非经人民检察院批准或者决定或者人民法院决定，并由公安机关执行，不受逮捕。禁止非法拘禁和以其他方法非法剥夺或者限制公民的人身

---

① 佟西中：《1317名储户被赋红码，5官员遭问责 学者：公权力绝不能被滥用》，中国新闻周刊网，https://www.inewsweek.cn/society/2022-06-23/15953.shtml。

自由，禁止非法搜查公民的身体。"

二是紧急法治原则，即便在紧急状态中，仍然要坚持法治原则，而不能打破常规的法律制度，滥用紧急权。公民基本权利的保护，在紧急状态下仍然要通过法律保障公民最低限度的人权。

三是法律保留原则。法律保留原则是指在涉及公民权利义务等事项方面，只有法律明确授权，行政机关才能实施相应的管理活动。法律保留包括宪法意义上的法律保留和行政法意义上的法律保留。宪法意义上的法律保留是指在国家法律体系内，某些重大事项只能由国家人民代表机关以正式法律的形式规定，而不能由其他国家机关特别是行政机关代为规定，实际上是有关国家议会的专属立法事项。行政法意义上的法律保留是指行政机关的管理活动必须具有法律的授权根据，只有在法律明确规定行政机关可以采取某种行为的情况下，行政机关才能采取该种行为。《立法法》第十一条规定："下列事项只能制定法律：（一）国家主权的事项；（二）各级人民代表大会、人民政府、监察委员会、人民法院和人民检察院的产生、组织和职权；（三）民族区域自治制度、特别行政区制度、基层群众自治制度；（四）犯罪和刑罚；（五）对公民政治权利的剥夺、限制人身自由的强制措施和处罚；（六）税种的设立、税率的确定和税收征收管理等税收基本制度；（七）对非国有财产的征收、征用；（八）民事基本制度；（九）基本经济制度以及财政、海关、金融和外贸的基本制度；（十）诉讼制度和仲裁基本制度；（十一）必须由全国人民代表大会及其常务委员会制定法律的其他事项。"第十二条规定："本法第十一条规定的事项尚未制定法律的，全国人民代表大会及其常务委员会有权作出决定，授权国务院可以根据实际需要，对其中的部分事项先制定行政法规，但是有关犯罪和刑罚、对公民政治权利的剥夺和限制人身自由的强制措施和处罚、司法制度等事项除外。"

四是遵循比例原则。"作为公法的'帝王原则',比例原则是公权力行使应遵循的基本准则……哪里有权力和权利,哪里就应当有比例原则。"比例原则的核心意旨在于提醒政府采取行政措施时必须考虑其必要性和限度,用简单的话说就是"切勿过分"。比例原则的功能在于实现手段和目的、政府应急管理和相对人权益保护之间的平衡,尤其是在政府所采取的应急措施会给相对人造成不利影响时,应把这种不利影响控制在最小限度,把给社会和公民带来的损害降到最低。《突发事件应对法》第十一条第一款:"有关人民政府及其部门采取的应对突发事件的措施,应当与突发事件可能造成的社会危害的性质、程度和范围相适应;有多种措施可供选择的,应当选择有利于最大程度地保护公民、法人和其他组织权益的措施。"其中的第一句"有关人民政府及其部门采取的应对突发事件的措施,应当与突发事件可能造成的社会危害的性质、程度和范围相适应"是比较典型的狭义比例原则表述,这要求政府在采取措施时需要对可能造成的社会危害的性质程度做出预估。在风险不确定的情况下,是采取一种更谨慎保守的态度以更激烈的方式去应对,还是按照平常状态下对危险确定的方式去应对,是否可以给予立法机关或者行政机关更大的裁量权。不论裁量权的大小,均要遵守两个底线:一个是不能触碰基本权利的本质内涵,另一个是要遵循紧急状态及其宗旨宣布的程序。

此外,除了国家法律体系,还依据党内法规体系中的《中国共产党纪律处分条例》《公职人员政务处分法》《中国共产党问责条例》对这起职权滥用事件中的其他相关人员以及市委进行了严肃问责。

【总结提示】

这一事件本质上是一种典型的权力滥用，严重侵犯了公民的基本权利，涉及宪法所规定的依法治国与公民人身自由不受侵犯，也关乎紧急法治原则、立法法的法律保留原则及《突发事件应对法》的比例原则。

但其与传统、一般意义上的权力滥用不同，它是在新技术背景下的法律规制问题。在现代社会，保障人身自由的问题日益复杂化，涉及新的科技手段应用主体的问题，相关的立法应对此做出更明确和系统的回应。当前，技术手段与公权力在某种程度上造成权力滥用风险加大，成为技术治理的一种异化形式。针对技术手段进行规制，已成为一个迫在眉睫的问题，至少应在地方性法规层面，对其主体（例如，明确技术手段的应用主体，包括政府部门、企业和其他相关机构，规定其职责和权限）、客体（例如，规定技术手段应用的范围和对象，确保其合法性和合理性）、程序（制定详细的程序规范，确保技术手段的应用过程公开、透明，接受公众和独立机构的监督）、内容（对技术手段的具体内容和应用场景进行详细规定，防止任意扩展和滥用）、使用情形（明确规定技术手段在何种情形下可以被使用，避免在无必要的情况下侵害公民权利）、法律责任（设定明确的法律责任，对滥用技术手段导致的侵权行为予以严惩，保障受害者的救济途径）等方面进行统一的立法。

总体来看，数字时代的公权力滥用及其潜在危害必须引起高度警惕。对于数字时代中公权力的限制和公民基本权利的保护，宪法学界和宪法实务界需要采用新的思维和视角，对宪法的规定进行新的解释和拓展，以更好地保障公民的基本权利。在此过程中，应注重技术治理的透明性和问责机制，确保技术手段的应用不会侵犯个人自由和隐私权。

十二　如何实现有效"质询"？

【案例回顾】

根据《中华人民共和国各级人民代表大会常务委员会监督法》（以下简称《监督法》）和《云南省实施〈中华人民共和国各级人民代表大会常务委员会监督法〉办法》的有关规定，2022年11月30日上午，云南省十三届人大常委会三十五次会议召开质询会议，就招投标领域隐性壁垒等问题对云南省发改委开展质询。这是监督法实施以来，省人大常委会首次开展质询。《关于招投标领域隐性壁垒等问题的质询案》由吴绍吉等10位省人大常委会组成人员联名提出。此次云南省人大常委会依法组织开展质询，是贯彻落实党中央关于优化营商环境决策部署和省委工作要求的重要举措，也是运用刚性手段增强监督实效的有益探索。云南省人大常委会组成人员直面矛盾、严肃质询，体现了为人民依法履职的高度自觉；省发展改革委负责同志直面问题、认真作答，体现了依法接受人大监督的高度自觉。[1]

【以案释法】

云南省人大常委会质询云南省发改委的主要宪法依据如下：《宪法》第七十三条"全国人民代表大会代表在全国人民代表大会开会期

---

[1]《2022年度中国十大宪法事例发布暨研讨会举行》，微信公众号"明德公法"，2023年1月11日。

间，全国人民代表大会常务委员会组成人员在常务委员会开会期间，有权依照法律规定的程序提出对国务院或者国务院各部、各委员会的质询案。受质询的机关必须负责答复"。第一百零四条"县级以上的地方各级人民代表大会常务委员会讨论、决定本行政区域内各方面工作的重大事项；监督本级人民政府、监察委员会、人民法院和人民检察院的工作；撤销本级人民政府的不适当的决定和命令；撤销下一级人民代表大会的不适当的决议；依照法律规定的权限决定国家机关工作人员的任免；在本级人民代表大会闭会期间，罢免和补选上一级人民代表大会的个别代表"。

质询权是我国各级人大及其常委会的工作者，针对本级国家行政部门与司法部门的一系列违规违法活动与失职行为可以予以质问并要求其及时回答的一种特殊权力。质询权不仅具备职权性和权威性，同时还具有一定的程序性特征。从法律性质层面上来看，质询权是宪法赋予人大的一项权力，而非代表个人的一种特殊权力。作为宪法赋予人大的权力，质询权体现了我国政治体制中对权力监督和制衡的重视。质询权的程序性特征要求其在行使过程中遵循一定的法律程序，以保证其公正性和合法性。质询权的职权性和权威性使其成为人大监督行政和司法部门的重要手段，有助于维护国家法治和社会公正。实践中，地方人大常委会提出质询的数量非常少，一个重要原因是询问在很大程度上替代质询。云南省的质询案激活了一个长期处于休眠状态的质询权，对于维护人大权威具有非常重要的现实意义。

【总结提示】

质询权的制度设计是以《宪法》第七十三条为核心的一系列规范组成，包括《全国人大组织法》第二十一条、二十五条、三十条、三十七条,《全国人大议事规则》第十二条、第四十八条至五十条,《全国人大常委会议事规则》第三十九条至四十二条,《全国人大和地方各级人大代表法》第三条、十四条,《地方组织法》第二十四条、五十三条、五十四条。

质询是各级人大常委会行使监督权的重要形式,被质询的机关必须在法定的时间内,以法定的形式作出答复。需要注意的是,质询不是故意"挑刺""找茬",但也不能泛泛而问、纸上谈兵,要"敢于"质询,"善于"质询,要通过前期深入调研,解决了"问什么"的问题。如今,质询已具备常态化开展趋势,地方人大常委会做出积极探索。2023年9月22日,云南省十四届人大常委会五次会议召开质询会议,聚焦农村生活污水设施运行不畅、治理成效不明显问题进行质询。这是继2022年11月30日云南省人大常委会首次开展质询以来的第三次质询会议。

未来,质询需要更突出问题导向、结果导向,更强调监督整改紧盯问题解决。下一步,云南省人大常委会将继续围绕民生领域群众普遍关心的热点难点问题,进一步推动质询工作规范化、常态化,以更刚性的监督手段解决群众急难愁盼问题,回应人民关切。

十三 宪法与部门法如何实现互动?

【案例回顾】

2010年,齐某某通过考试获得山东省某大学的入学资格。录取通知书由该校发出后,由她就读的某市八中转交。同学陈某某得知后,从市八中领走录取通知书,并在其父的运作下,以齐某某的名义到大学就读直至毕业。毕业后，陈某某仍然使用齐某某的姓名，到中国银行某支行工作。齐某某发现陈某某冒用其姓名后，以姓名权、受教育权及相关权益被侵害为由，向人民法院提起民事诉讼，以陈某某、陈父、大学、市八中和市教育委员会为被告。请求法院判令被告：停止侵害、赔礼道歉并赔偿原告经济损失16万元，精神损失40万元。后法院判决陈某某等以侵犯姓名权的手段，侵犯了齐某某依据宪法规定所享有的受教育的基本权利，并造成了具体的损害后果，应承担相应的民事责任。因此，法院判令陈某某等赔偿齐某某的复读费、为将农业户口转为非农业户口缴纳的城市增容费、为诉讼支出的律师费等直接经济损失，并判令其侵权所得的工资收入归齐某某所有。

此外，高考被冒名顶替上大学的还有陈某秀案例，山东冠县陈某秀高考"落榜"16年后，2020年5月21日，陈某秀参加完成人高考在学信网上查到自己在山东理工大学的就读学籍和学历，发现自己被冒名顶替上大学。2020年6月29日，山东省纪委监委发布陈某秀被冒名顶替上大学问题的调查处理情况，陈某萍、陈某鹏、张某等有关人员被依规依纪依法处理。

【以案释法】

从齐某某案到陈某秀案的变与不变。变化有三：第一，保护方式的发展。在齐案中，最初尝试通过批复的方式引用宪法条文来保护个人权利，但最终采用了民法中的姓名权进行民事权利保护。这一变化体现了从直接援引宪法到依靠具体法律条文的过渡，增强了法律适用的具体性和可操作性。第二，法律保护领域的拓展。陈案从民法保护拓展到刑法领域，从保护姓名权益到保护身份（《刑法修正案（十一）》），保护方式在法律类型上有所变化。第三，保护范围的扩展。在齐案中，主要是通过民法来处理相关问题，而在陈案中，则可以援引刑法进行处理，这扩展了对侵犯姓名权的保护范围，使法律保护更加广泛和深入。不变之处有三：第一，宪法的使用方式不变，基本权利在宪法实施中的作用依旧主要体现在立法实施上。宪法作为根本大法，其原则和精神通过具体法律得以体现和执行，确保基本权利的实际保障。第二，法律体系日益复杂，刑法对社会生活的介入程度越来越高，刑事治理的趋势日益明显。这反映了社会对法律保护需求的增加，以及刑法在维护社会秩序和保护公民权利中的重要地位。第三，未来如何更有效保护公民的基本权利。相比事后追偿，事前预防就显得更为重要。为了避免所谓的"暗箱操作"，应通过信息公开、政策透明和过程透明化来增强法律的公信力和执行力。①

【总结提示】

如何看待宪法与部门法的关系？任何部门法都能在宪法上找到依据，因此在分析法律问题的时候，不能只谈宪法或只谈部门法，宪法与部门法的交互影响理论值得进一步精细化的研究。党的十九届四中全会提到推进宪法全面实施的体制机制，而在探讨研究宪法问题的时候，是无法抛开部门法去实现的。

本例的核心是受教育权被侵犯，但是很多环节或者侵犯权利的手段实际上涉及很多部门法。比如，陈某秀被冒名顶替，其姓名权受到侵犯（《民法典》第一百一十条），存在民法上的赔偿问题；各个环节的运作涉及邮政、教育、公安、人事多个部门的失职，涉及行政问责和纪检监督的问题；这些手段的运作也触发了刑法上的责任（《刑法修正

---

① 《2020年度中国十大宪法事例发布暨研讨会举行》，微信公众号"明德公法"，2021年2月24日。

案（十一）》）。

从理论上看，宪法与部门法的关系有三重维度考察。一是"法律对宪法的具体化"。宪法约束立法机关，立法机关通过制定具体法律将宪法的原则和条文具体化，以形成部门法秩序。这个过程使得宪法的抽象原则能够在具体的法律框架中得以实施，确保法律体系的一致性和连贯性。二是"法律的合宪性解释"。一旦法律制定出来，就进入执法和司法的层次。在现代法治国家，宪法具有最高法律效力，国家权力在行使职权时负有落实宪法精神的义务。法秩序的位阶原理要求所有法律的解释和适用都必须符合宪法的规范。这意味着在执法和司法过程中，任何法律条文的解释和应用都应当与宪法保持一致，确保法律实践不偏离宪法精神。三是"法律的合宪性审查"。如果部门法的规范或其解释存在偏离宪法轨道的可能，就需要进行合宪性审查。宪法不仅赋予立法者在各法律部门进行立法的权力，同时也设置了权限、程序等边界控制，以作为判断法律合宪与否的依据。合宪性审查机制的存在，确保了法律体系的稳定和统一，防止法律条文或解释偏离宪法精神，从而维护宪法的最高权威。[1]

十四　能否拒收现金医保费？

【案例回顾】

2020年11月23日，在湖北省宜昌市秭归县茅坪镇西楚社区，一

---

[1] 张翔：《宪法与部门法的三重关系》，载《中国法律评论》2019年第1期。

位老人冒雨以现金形式缴纳医保被拒，引起了广泛关注。在视频中，我们可以看到老人身材佝偻，拿着现金来交医保，然而，工作人员告诉他，"要么告诉你的亲戚来交，要么你自己在手机上下载一个App在手机上缴费，就只有这两种方式"，拒绝了老人用现金缴费。11月24日，宜昌市医保局回应称，医保缴费方式很多，其中并没有不收现金的相关规定。因为社区人员不够灵活，只是为了自己方便，医保障局已对其进行严肃调查，并派专人去老人家中为老人办理医保手续。①

【以案释法】

宜昌市医保局工作人员拒收现金医保费的行为首先是一个违法事件，违反了《中华人民共和国人民币管理条例》和国务院办公厅印发的体现宪法精神的《关于切实解决老年人运用智能技术困难的实施方案》。该案例的宪法性在于工作人员缺乏宪法意识，以方便自己的方式来执法。主要体现为以下几点：一是未依照《宪法》第三十三条第三款"国家尊重和保障人权"的精神来理解和适用社会保险法；二是未依照《宪法》第四十五条第一款"中华人民共和国公民在年老、疾病或者丧失劳动能力的情况下，有从国家和社会获得物质帮助的权利。国家发展为公民享受这些权利所需要的社会保险、社会救济和医疗卫生事业"的规定，未保障公民在年老时从国家和社会获得物质帮助的权利。三是未依循《宪法》第四十九条第四款"禁止破坏婚姻自由，禁止虐待老人、妇女和儿童"的精神来理解，其行为明显有刁难、虐待老人之嫌。四是未理解《宪法》第二十七条第二款"一切国家机关和国家工

---

① 《太心酸！老人冒雨用现金交医保被拒！刚刚，国家出手了：不得拒收现金、不得将健康码作为人员通行唯一凭证》，微信公众号"北大法宝"，2020年11月25日。

作人员必须依靠人民的支持，经常保持同人民的密切联系，倾听人民的意见和建议，接受人民的监督，努力为人民服务"的精神。

此外，《中华人民共和国人民币管理条例》第一章第三条明确规定："中华人民共和国的法定货币是人民币。以人民币支付中华人民共和国境内的一切公共的和私人的债务，任何单位和个人不得拒收。"

【总结提示】

该案提醒机关工作人员，在实际工作中，应时时牢记宪法精神。一是要处理好法律与科技的关系，在科技发展与应用过程中严格遵循宪法精神，特别是宪法关于尊重和保障人权的规定。科技的进步和创新应在宪法框架内进行，确保不侵犯公民的基本权利和自由。二是必须以宪法为根本活动准则，宪法是国家的根本大法，机关工作人员必须以宪法为最高准则，维护宪法的尊严，确保宪法得到全面实施。所有行政和司法活动都应在宪法的指导下进行，确保各项工作合法合规，体现宪法的权威。三是要完善国家机关工作人员学习宪法的制度，推动领导干部加强宪法学习，增强宪法意识，带头学习宪法，带头学习宪法、维护宪法、宣传宪法、运用宪法。

老年人被智能科技边缘化涉及到宪法对老年人这一特殊群体的权利保护问题。本案中关于老年人的这种技术帮助，直接涉及老年群体生活的方便性、生活的水准以及受到一种平等对待和再次融入社会的心理问题，这是老年人的一种人权。[①]《宪法》第三十三条倡导的法律面前一律平等、国家尊重和保障人权，通过论证可以将老年人的这种获得技术帮助的权利解释为宪法上的未列举权利，这与《宪法》第四十五

---

① 杨斌、金栋昌：《老年数字鸿沟：表现形式、动因探寻及弥合路径》，载《中州学刊》2021年第12期。

条获得物质帮助权等构成老年群体的宪法权利体系。同时，在技术飞速发展以及普遍适用的现实情境下，还应该关注另外一种形式的不平等。倘若技术不平等仅仅是传统不平等的延续的话，从帮助的角度缓解该问题并不足够，更应考虑到技术适用的不平等是如何与传统不平等融合的，以及如何从宪法上回应。应当从正向维度考虑，即技术能否作为一种穿透性力量，在宪法的规范、导引下，以消解此种不平等，创造更加公平和美好的社会环境。通过这一过程，我们可以更好地实现宪法的精神和目标，维护每一个公民的基本权利和尊严。[①]

十五　如何理解地方规范性文件备案审查的现实适用？

【案例回顾】

2017年5月，北京大学、上海财经大学、浙江财经大学、人力资源和社会保障部劳动科学研究所4家单位的学者联名向全国人大常委会法工委法规备案审查室寄送了一份审查建议，认为广东、云南、江西、海南、福建、辽宁、贵州等七个省的地方立法中有关"超生即辞退"的相关规定违反法律规定。为纠正和防止地方立法随意突破法律规定，建议对地方人口与计划生育条例中增设用人单位解除劳动合同法定情形的规定予以审查。具体主要提出四方面的审查建议：一是《劳动合同法》第三十九条关于用人单位可以单方解除劳动合同的情形的

---

① 《2020年度中国十大宪法事例发布暨研讨会举行》，微信公众号"明德公法"，2021年2月24日。

规定，属于封闭列举式规定和纪律处分基准性规定，地方人口与计划生育条例不得增设规定，不得与其相抵触。二是计划生育关系是公民与国家之间的法律关系，属行政法范畴，旨在"实现人口与经济、社会、资源、环境的协调发展"；劳动关系是劳动者与用人单位之间的法律关系，属社会法范畴，旨在保护劳动者合法权益；公民违反计划生育规定，是违反其对国家的公民义务，而不是违反其对用人单位的劳动义务。以干预劳动关系的方式落实计划生育政策，混淆两种性质不同的法律关系，是法律手段运用的错位。三是地方人口与计划生育条例规定违背了《劳动法》《劳动合同法》及国务院《女职工劳动保护特别规定》确定的女职工特殊劳动保护精神，女职工违规生育的，有权受到包括不得歧视性解雇在内的特殊劳动保护。四是地方人口与计划生育条例规定与新形势下国家计生政策转型的取向不符。

全国人大常委会法工委分别向广东、云南、江西、海南、福建五个地方人大发函，建议这五地根据本省实际情况对地方人口与计划生育条例中有关企业对其超生职工给予开除或者解除劳动（聘用）合同的规定适时作出修改。理由是地方人口与计划生育条例的有关规定，因现实情况与立法之初相比发生了重大变化，原则上应适时作出调整；暂时难以调整的，在执行上也应有所变化，至少应减缓执行力度，以适应时代和政策变化，适应改革发展要求。这也是立法体现适当性的必然要求。

其中，福建省人大常委会于2016年2月、2017年11月对《福建省人口与计划生育条例》进行了修改。在本案中，福建省×县早年间为了落实本省的计划生育条例，专门制定了《×县贯彻〈福建省计划生育条例〉实施办法》（以下简称《办法》）。根据2016年修改以前的条例规定，对于违反计划生育义务的公民，《办法》规定了"超生即开除公职"的处罚。然而，在福建省人大常委会修改计划生育条例之后，地方政府并未及时作出调整。2019年，福建省×县人大常委会法工委根据公民审查建议对该县人民政府颁布的《办法》进行审查。×县人大常委会认为，该《办法》系于1993年根据当时的《福建省计划生育条例》制定的，在当时的历史条件下，该文件符合中央文件精神和相关法律法规，是合法有效的文件。但随着社会的发展，我国的计划生育政策已进行了重大调整。《福建省计划生育条例》历经多次修正，根据2016年2月19日《福建省人民代表大会常务委员会关于修改〈福建省人口与计划生育条例〉的决定》，现已全面实施两孩政策，该文件与上位法律法规相抵触，已不再适用，应当予以清理，建议×县政府法制办及时对《办法》进行修订。2019年，×县政府法制办已按照县人大常委会的相关建议开展清理修订工作。①

【以案释法】

该案例在一定程度上反映了地方人大与地方政府之间的监督与被监督关系。现实中，备案审查职权并未得到地方人大常委会应有的重视，规范性文件与上位法不一致，超越法定权限设置行政许可、行政处罚、行政强制等情况偶有发生。②例如本案中×县政府没有主动采取措施自行修改实施办法，而是×县人大常委会法工委根据公民审查建议对该县人民政府颁布的《办法》进行审查的行为。依据《宪法》制定的《监督法》明确规定人大监督对象是"一府两院"，该案例便是彰

---

① 《全国人大常委会法工委：备案审查典型案例》，微信公众号"明德公法"，2019年12月14日。

② 陈淑娟：《地方人大规范性文件备案审查的实践与建议》，载《人大研究》2016年第11期。

显了县人大常委通过备案审查的监督形式,以实现法律监督,清理了与上位法相抵触的规范性文件,从而维护我国法制统一,保障我国公民权利。

同时,该案例是地方规范性文件备案审查制度的参照。首先,依循行政机关内部逻辑,案例中的×县政府作为《办法》的制定机关,在福建省人大常委会于2016年完成相关法律的修改工作后,直至2019年都未及时主动清理其制定的规范性文件。并且,2010年发布的《福建省行政机关规范性文件备案审查办法》第六条规定,各级人民政府发布的以及经县级以上人民政府批准以办公厅(室)名义发布的规范性文件,应当报送上一级人民政府备案。第十八条规定,备案机关定期对发布机关的规范性文件报送备案工作进行检查。但本案例中,上一级人民政府也未及时采取措施。其次,依循规范性文件监督的双重逻辑(分别是行政机关的内部监督与权力机关的外部监督),除了刚述及的下级政府规范性文件报送上级政府备案审查的行政机关内部监督外,地方县级以上政府规范性文件还应报同级人大常委会备案。根据《福建省各级人民代表大会常务委员会规范性文件备案审查规定》第五、十、十一条的规定,规范性文件应当在发布之日起三十日内报送本级人大常委会备案,县级以上地方人民政府、人民法院、人民检察院认为该规范性文件存在审查不适当情形时,有权要求本级人大常委会对其进行审查。但从2019年公民提起审查建议的结果而言,县人民法院、县人民检察院并没有提出,县人大常委会也未主动且及时地审查。①

---

① 焦洪昌主编《宪法学案例研究指导》,中国政法大学出版社2023年版,第324—326页。

【总结提示】

福建省县级人大常委会审查纠正本级政府关于因超生开除公职的规范性文件案例，反映了备案审查制度的地方路径。尤其是随着我国经济社会、法治工作的发展完善，地方国家机关需提高备案审查工作水平，及时处理不符合现实情境的规范性文件。一方面，可通过备案审查工作培训、交流会、讲座等形式提升备案审查的能力；另一方面，人大应加强主动审查，强化人大、政府备案审查工作之间的协作配合，可建立审查建议互通、研究意见交流等信息联系渠道。[①]

事实上，备案审查制度是一项具有中国特色、符合中国国情的宪法监督制度。党的二十大明确提出完善和加强备案审查制度。这是以习近平同志为核心的党中央在新的历史征程上对备案审查提出的更高要求，也是备案审查制度首次写入党的全国代表大会报告，具有里程碑的重要意义。2022年12月，习近平总书记在《谱写新时代中国宪法实践新篇章——纪念现行宪法公布施行40周年》一文中对完善宪法监督制度，推进宪法监督的规范化、程序化建设作出重要指示。2023年12月29日，十四届全国人大常委会七次会议审议通过《全国人民代表大会常务委员会关于完善和加强备案审查制度的决定》，在法律制度层面对备案审查工作作出系统规定。在新的历史阶段，全面贯彻党中央的部署要求，落实关于完善和加强备案审查制度的决定，准确把握备案审查制度的性质与定位，系统总结实践经验，对推进法治中国建设具有重要意义。[②]

---

① 焦洪昌主编《宪法学案例研究指导》，中国政法大学出版社2023年版，第326页。
② 张勇：《加强宪法监督　完善备案审查制度》，载《中国法治》2024年第3期。